中国社会科学院创新工程学术出版资助项目

社会蓝皮书
BLUE BOOK OF
CHINA'S SOCIETY

2017 年
中国社会形势分析与预测

SOCIETY OF CHINA ANALYSIS AND FORECAST
(2017)

主 编／李培林 陈光金 张 翼
副主编／李 炜 范 雷 田 丰

社会科学文献出版社
SOCIAL SCIENCES ACADEMIC PRESS (CHINA)

图书在版编目（CIP）数据

2017 年中国社会形势分析与预测 / 李培林，陈光金，

张翼主编. -- 北京：社会科学文献出版社，2016.12（2017.4 重印）

（社会蓝皮书）

ISBN 978 - 7 - 5201 - 0112 - 7

Ⅰ. ①2⋯　Ⅱ. ①李⋯　②陈⋯　③张⋯　Ⅲ. ①社会分

析 - 中国 - 2016②社会预测 - 中国 - 2017　Ⅳ. ①D668

中国版本图书馆 CIP 数据核字（2016）第 290441 号

社会蓝皮书

2017 年中国社会形势分析与预测

主　　编 / 李培林　陈光金　张　翼

副 主 编 / 李　炜　范　雷　田　丰

出 版 人 / 谢寿光

项目统筹 / 邓泳红　桂　芳

责任编辑 / 桂　芳　张　媛

出　　版 / 社会科学文献出版社·皮书出版分社（010）59367127

地址：北京市北三环中路甲 29 号院华龙大厦　邮编：100029

网址：www. ssap. com. cn

发　　行 / 市场营销中心（010）59367081　59367018

印　　装 / 三河市尚艺印装有限公司

规　　格 / 开　本：787mm × 1092mm　1/16

印　张：25.25　字　数：381 千字

版　　次 / 2016 年 12 月第 1 版　2017 年 4 月第 2 次印刷

书　　号 / ISBN 978 - 7 - 5201 - 0112 - 7

定　　价 / 89.00 元

皮书序列号 / PSN B - 1998 - 002 - 1/1

社会蓝皮书编委会

主要编撰者简介

李培林　男，山东济南人。博士，研究员，中国社会科学院副院长，中国社会学会学术委员会主任。主要研究领域：发展社会学、组织社会学、工业社会学。主要代表作：《村落的终结》（专著）、《社会结构转型——中国经济体制改革的社会学分析》（专著）、《和谐社会十讲》（专著）、《另一只看不见的手——社会结构转型》（专著）、《转型中的中国企业：国有企业组织创新论》（合著）、《新社会结构的生长点》（合著）、《社会冲突与阶级意识——当代中国社会矛盾问题研究》（合著）、《国有企业社会成本分析》（合著）、《中国社会发展报告》（主编）、《中国新时期阶级阶层报告》（主编）等。

陈光金　男，湖南醴陵人。博士，研究员，中国社会科学院社会学研究所所长，《社会学研究》主编。主要研究领域：农村社会学、社会分层与流动、私营企业主阶层。主要研究成果：《中国乡村现代化的回顾与前瞻》（专著）、《新经济学领域的拓疆者——贝克尔评传》（专著）、《当代中国社会阶层研究报告》（合著）、《当代英国瑞典社会保障》（合著）、《内发的村庄》（合著）、《中国小康社会》（合著）、《当代中国社会流动》（合著）、《多维视角下的农民问题》（合著）、《当代中国社会结构》（合著）等。

张　翼　男，甘肃静宁人。博士，研究员，中国社会科学院社会发展战略研究院院长。主要研究领域：工业社会学、人口社会学、家庭社会学、社会流动、社会融合等。主要代表作：《就业与制度变迁：下岗职工与农民工——两个特殊群体的就业》（专著）、《国有企业的家族化》（专著）、《中国人社会地位的获得：阶级继承与代内流动》（论文）、《中国城市社会阶层冲突意识研究》（论文）、《当前中国中产阶层的政治态度》（论文）、《农民工进城落户意愿与中国近期城镇化道路的选择》（论文）、《中国婚姻家庭的变化态势》（论文）。

李　炜　男，陕西西安人。博士，研究员，中国社会科学院社会学研究所社会发展研究室主任。主要研究领域：发展社会学、社会分层、社会研究方法。主要研究成果：《当代中国社会阶层研究报告》（著作/合著）、《当代中国社会流动》（著作/合著）、《农民工在中国社会转型中的经济地位和社会态度》（论文/合著）、《当代中国社会阶层的主观性建构和客观实在》（论文/合著）、《中韩两国社会阶级意识比较研究》（论文）。

范　雷　男，浙江嵊州市人。博士，副研究员，中国社会科学院社会学研究所社会发展研究室研究人员。主要研究领域：发展社会学。主要研究成果：《当代中国民生》（著作/合著）、《当代中国城市化及其影响》（著作/合著）、《当代中国生活质量》（著作/合著）、《80后青年的政治态度》（论文）、《城市化进程中的劳动力市场分割》（论文）、《当前中国住房状况与住房不平等》（论文）。

田　丰　男，安徽蚌埠人。中国社会科学院社会学研究所青少年与社会问题研究室副主任，副研究员。主要研究领域：人口与家庭社会学、青少年与大学生、社会问题与社会治理、社会分层、调查研究方法。主要研究成果：《当代中国家庭生命周期》（专著）、《家庭负担系数研究》（专著）、《城市工人与农民工的收入差距研究》（论文）、《改革开放的孩子们——中国"70后"和"80后"青年的公平感和民主意识研究》（论文）、《消费、生活方式和社会分层》（论文）、《高等教育体系与精英阶层再生产——基于12所高校调查数据》（论文）。

摘　要

本报告是中国社会科学院"社会形势分析与预测"课题组 2017 年度分析报告（社会蓝皮书），由中国社会科学院社会学研究所组织研究机构专家、高校学者以及国家政府研究人员撰写。

本报告以"扩大中等收入群体规模，构建现代橄榄形社会"为主题，分析了 2017 年中国经济社会发展的形势，指出在总体形势稳中向好的同时也面临诸多难题和挑战。报告认为，当前全社会最终消费增长对经济增长的贡献度跳跃性上升至 71%，是以资本形成增长速度尤其是民间固定资产投资增速急剧下降为代价的，需要继续深化经济体制改革，更好地发挥市场机制在经济资源配置中的决定性作用，为民间投资增长创造条件和空间。报告认为，在实施供给侧结构性改革的过程中，要全面考虑中国作为人口大国和人力资源大国的现实国情，坚持就业优先思维，在推动经济结构调整和产业升级的同时，通过技术创新、管理创新等全面创新发展好传统的劳动密集型产业。报告强调，要高度重视城乡居民收入和消费增速双双下滑的形势，做好稳定居民收入增长、扩大居民消费工作，要继续致力于缩小全体居民收入差距，不断扩大中等收入群体规模。报告特别关注社会保障体制改革和医疗卫生体制改革的进展，社会秩序、食品药品安全和环境安全的形势，以及社会舆情和公众社会心态状况，提出要继续深化改革、加强社会治理、做好舆情和社会心态引导工作。

本书各篇分报告，以翔实的统计数据和实地调查资料为依据，分别讨论了供给侧结构性改革对劳动就业的影响，分析了农村土地制度改革和农业生产发展中出现的新问题；研究了居民收入和消费增长新形势，分析了扩大中等收入群体规模面临的挑战和难题；以老年人、青年人、特大城市新社会阶

层以及一般社会公众为对象，调查研究了他们的工作、生活、态度和价值观念状况，特别探讨了公众对转基因产品的认知和态度以及其中存在的各种问题；研究了社会保障制度和体系发展的新进展和新方向，探讨了教育和医疗卫生事业改革发展的新趋势和新问题、新挑战；分析了社会治安、网络舆情以及食品药品安全和环境质量的总体态势和需要予以高度重视的问题。在这些问题上，各篇分报告都提出了具有针对性的对策建议。

序
大众消费与我国发展的新阶段

李培林

我国发展目前进入一个新成长阶段，出现一系列不同于以往的新特征，认真研究和准确把握这些新特征，对于我们理解经济社会发展的规律，促进经济社会持续发展，至关重要。

一 经济社会发展的新阶段

我国经济发展已经进入一个新阶段，即经济新常态。与此同时，大规模的、迅疾的、粗放的城镇化建设和农民工进城的潮流也转为更加注重发展质量的新型城镇化阶段。这个新阶段主要有以下几个方面的特点。

一是增长动力的转换。近若干年来，投资和出口对经济的拉动作用不断下降，特别是出口，拉动作用几乎降为零，有时候对经济增长还是负的作用。现在虽然我们说创新成为第一驱动力，但创新是需要久久为功的，不能奢望短期内创新成为经济增长主要的推动力。比较明显的是，国内消费对经济增长的拉动作用明显增强，2016 年前三季度，国内消费对经济增长的贡献已经达到 70% 以上。但是国内消费对经济增长贡献率的这种快速提高，并非国内消费的绝对量大幅度增加，而是由于投资和出口作用的下降而造成了比例上消费贡献率的大幅度增加。所以说，扩大消费依然是促进今后经济社会持续发展的重要因素。

二是产业结构的升级。这是从一个大规模的加工生产、贴牌生产、引进生产的"中国制造"阶段向有更多自主知识产权、有更高技术含量、有更

高附加值的产品生产的"中国创造"阶段的转变。但这种转变是长期的、艰难的，有时甚至是痛苦的和要经受打压的，是中国作为世界工厂向一个更高的、受发达国家主导的产业链升级，要受到技术创新能力、配套生产能力、工程师队伍和劳动力素质等种种条件约束。

三是新型城镇化的推进。依赖土地城镇化收益即土地出让金进行大规模城市建设的过程已经接近尾声，随着劳动力总量的持续减少，农民工进城的大潮也逐渐退去。新型城镇化更加注重人的城镇化和城乡一体化，而人的城镇化并不仅仅是户籍的变更，更实质的是同城同工同权，城乡一体化也更需要城乡基础设施建设和公共服务的均等化。原来可以挣钱的城镇化现在很多情况下变得要花钱了。

四是全面深化改革的启动。改革已经从经济改革扩展到几乎所有的领域，特别是社会领域。改革进入深水区，好改的、容易改的、普遍获益的改革都已经进行了，剩下要改的都是硬骨头、险礁滩、要深刻触动既有利益格局的。很多关键的、重点的改革，都需要多领域体制改革和制度安排的配合。

这个新阶段，其实并不是我们很早就准确预期到了。改革开放的前30年，我国经济总量（GDP）的增长率虽然有较大的上下波动，但保持了年均增长9%～10%，按照其他国家和地区的发展经验，特别是按照东亚的增长模式，我们原以为还会有一个15～20年的年均增长7%～8%的阶段。但是没有想到，我国一下子就进入一个GDP围绕6.5%增长率微小波动的阶段。现在大多数经济学家都认为，中国出现了一个经济增长呈现"L形"的阶段，并预期这是一个长期的态势且经济不会出现大起大落。我们从一个经济增长年均10%的阶段一下子过渡到一个6.5%的阶段，这是我们大多数人原本没有预料到的一个新的结果。

与此同时，经济社会发展也出现一些引人注意的新情况。比如城乡居民收入的增长，在改革开放前30年，绝大多数年份都慢于GDP的增长，但近若干年来，出现了城乡居民收入增长快于GDP增长的情况，特别是农民收入连续多年快速增长。现在我国提出，"十三五"期间城乡居民收入要与经济同步增长。当然也有学者认为，工资增长过快会降低企业竞争力，但我认为劳动力竞争市场上的工资价格上涨，恐怕主要还是受劳动力供求关系变化的影响，而不是由于对劳工的保护过度。

目前，我国社会商品零售总额的增长是快于 GDP 增长的，也没有出现较大的波动，但从一个长周期来看，它的增长率并不是大幅度上升的，而是下降的。从统计数据上看，我国近 15 年来的最终消费率和居民消费率，不但不是增长的反而是下降的。从 2000 年到 2014 年，在长达十几年的过程当中，我国的最终消费率，即社会消费总额占 GDP 的比重，从 63.3% 下降到 50.6%。最终消费包括政府的消费和居民的消费，居民消费率下降到更低的水平。不用说与发达国家相比，就是与世界平均水平相比，我国的最终消费率和居民消费率也是偏低的。

我国这种消费率偏低的情况，似乎并不符合收入决定消费定律，也不符合国际社会对中国游客在世界各国狂购的印象。一般来讲，消费总需要以收入为基础。但中国的收入有时又是很难准确算清楚的。从政府的财政收入看，虽然近几年遇到一定困难，但从 1994 年到 2014 年的长达 20 年中，仅税收就年均增长 16%，现在达到数万亿美元，是一个非常庞大的数字，这还不包括各地政府数额很大的土地出让金。这 20 年中，老百姓手里也积累了很多钱，城乡居民储蓄存款余额也从 1994 年的 3200 多亿美元增长到 2014 年的 7 万多亿美元。现在整个国家城乡居民储蓄存款的余额大概相当于当年 GDP 的 70% 以上。从理论上来讲，全部城乡居民的收入减去他们的消费，剩下的那个钱才能化作投资、手持现金和储蓄等。但是实际上，每一年居民储蓄增加的部分，就远大于收入减去消费后剩余的部分。我们粗略地估计，大概中国居民的隐性收入（未被统计的）占全部收入的 20%~25%。

为什么有这么多的钱，老百姓储蓄的欲望仍然很高？我认为很重要的一个原因，是和我们的收入结构有关系，和社会领域的制度安排有关系。也就是说，收入决定消费的含义，不仅是收入的水平有重要影响，收入的结构、收入的分配以及相关的制度安排也有重要的影响。

二 促进大众消费面临的问题

第一个问题是收入差距对大众消费的影响。改革开放以来收入差距呈持续扩大态势，以家庭人均年收入的基尼系数来衡量，收入差距扩大的态势到2008年达到顶点，2008年以来的这七八年基尼系数处于一个微弱下降的态势中。一些学者和一些民众对国家统计局的这一数据表示怀疑，因为这与学术界社会调查的结果和人们的感受似乎有差距。学术界社会调查基于被访者回忆的抽样调查方法与统计局基于调查户簿记制度的收入调查方法不同，结果的绝对值有差异是可以理解的。根据中国社会科学院社会学研究所的全国社会状况连续调查的数据，我国收入差距变化的态势与国家统计数据显示的态势是一致的，近几年都处于微弱缩小的走向。

之所以出现这种数据上显示的差距缩小态势和人们的感受不一样，是因为在影响收入差距的因素当中，一个最大的因素是城乡差距。城乡差距大概能够解释整个差距的40%左右，城乡差距最近几年在缩小，所以这对整个数据的影响是非常大的。与此同时，个人的差距实际上现在还是在扩大，但是它对整体的影响不如城乡差距和区域差距这么大。人们往往对城乡整体收入差距的缩小难以感受到，而对社会成员个人之间收入差距的扩大感受强烈。

收入差距较大的这个收入结构因素，对消费产生较大影响。我国家庭的消费率（消费占收入的比重）呈现随家庭收入增加而递减的现象，也就是说收入越高的家庭消费率越低，收入越低的家庭消费率越高。所以当一个社会收入差距过大的时候，会出现一个现象，有钱的人消费饱和了，不消费，而大量需要消费的人又没有钱，这样就会造成大众消费增长的一个瓶颈。

第二个问题是中等收入群体对大众消费的影响。根据目前的一些研究结果，中等收入群体较之高收入群体和低收入群体，是消费弹性更大的群体。消费弹性和消费率不同，消费率通常是一个家庭、一个群体的客观的消费平均比率，而消费弹性是指与消费理念有关的消费行为的可能性。很多研究证明，在现代化的过程中，中等收入群体或中产阶层是大众消费潮流形成的主体，他们引领消费的理念、行为和潮流。国际学术界也普遍预言，中国的中等收入群体或中产阶层，将会成为世界上最庞大的消费市场。但直到目前，根据各种定义测算的我国中等收入群体家庭或中产阶层家庭的比重，都在25%～30%。虽然涉及的人口绝对数很大，但比例还相对较小，还有很大的增长空间。现阶段我国在阶层认同上有一个比较特殊的现象，就是认同"中层"的比例偏低，只有约40%，而这个比例在其他国家通常在60%左右，这可能是转型期的特有现象，但会对大众消费产生不利的影响。消费是为了满足，在基本需求满足之后，它会向更高的需求、多样化的需求上升，所以我们说消费有时也是一种品位、一种理念、一种潮流。要引领大众消费理性、适度、有效地发展，则商品的供给得跟上消费的升级。

　　第三个问题是社会体制的安排对大众消费的影响。通过对我国城乡家庭消费结构的分析，我们发现，有三个因素对家庭消费行为产生了较大影响，这就是子女教育支出、个人承担的医疗支出和住房支出。由于这三个方面的支出较大，而且预期支出难以确定，所以家庭为规避未来消费风险而产生高储蓄倾向。也就是说，随着你的家庭收入的增长，你却越来越不确定未来你的子女教育要花多少钱，不确定未来看病个人要拿多少钱，不确定未来买房子要支付多少钱。所以，要在教育、医疗、住房等方面做出制度性安排，稳定家庭预期，才能促进大众消费。

　　第四个问题是人口老龄化对大众消费的影响。我国人口老龄化的速度和老年人绝对数量的快速增长，也是我们未曾预料到的一个结果。约30年前，中国的人口还非常年轻，人口结构呈金字塔形，越年轻的人口比例越高，十几年前，人口结构变成橄榄形，即典型的人口红利时代，劳动年龄人口的比例达到高峰点，本来以为这个时期会持续一段较长时间，但现在看来，老龄化的速度比我们预想得要快。快速的老龄化和老年人口的大量增加，会对大众消费产生重要影响，因为根据对消费行为代际差异的研究，老年人的消费行为比青年人要更趋于保守。我希望企业家们要注意关注老年人消费这个未来的庞大市场，你看看那么多老年人到日本去买马桶盖，这也不是什么高科

技，说明我们对于这个市场没有给予足够的关注。这是中国的一个特殊性，也是具有巨大开发潜力的方面。

三 促进大众消费的政策建议

促进大众消费是我国未来经济社会发展很关键的一环。改革开放以前，我国在亟须快速建立重工业体系和商品短缺的情况下，倡导"先生产、后生活"，对生产和消费循环的规律以及消费需求的意义认识不足。今天，在经济社会发展进入新阶段的时候，大众消费对经济增长和社会发展都成为非常重要的因素，需要从各个方面加强研究，为政策选择提供科学支撑。我提出以下几点建议。

一是确保在"十三五"时期城乡居民收入与经济发展同步增长，这虽然写入了"十三五"的规划目标，但还不能说完全没有争议。权衡城乡居民收入增长与劳动力工资增长的利弊，同步增长固然也会产生人力成本增长的压力，但缓慢增长带来的问题更多。要建立公务员工资正常增长机制，使专业技术人员工资体现其人力资本和劳动价值，完善城乡居民增加财产性收入制度安排，提高农民财产收益。

二是坚定缩小收入差距的信心和决心。现在收入差距缩小的态势还不能说非常稳定，很多国家的经验表明，差距缩小要经历漫长过程，而且容易反弹。要注重通过改善收入分配的结构和大规模减少贫困人口来促进大众消费，要研究家庭消费与减免个人所得税挂钩的办法，要减轻中低收入群体的税收负担。即便是到2020年基本消除了现行标准下的绝对贫困人口，我国的相对贫困人口和低收入人口的规模还是较大，要对促进大众消费的难度有充分的估计。

三是要加大社会体制改革的力度。特别是在教育制度、医疗制度、住房制度、养老制度方面，要形成促进大众消费的体制机制，完善包括机会公平在内的社会公平保障机制。既要防止民粹主义超越发展阶段的福利追求，也要为促进大众消费提供预期稳定的制度安排。

最后，我们希望未来中国能够形成一个庞大的中等收入群体，引领大众消费的潮流和走向。这个群体的快速成长，主要靠来自农民工领域的技术阶层的递增和大学毕业生群体的补充，要提高技术工人地位，要避免大学生走进社会以后跌入中层以下，这样，未来的社会才能够实现一个长期平稳的发展。

参考文献：

陈斌开、陈琳、谭安邦：《理解中国消费不足：基于文献的评述》，《世界经济》2014 年第 7 期。

顾欣、应珊：《我国城镇居民不同收入群体的消费需求分析》，《江苏社会科学》2016 年第 5 期。

李培林、朱迪：《努力形成橄榄型分配格局——基于 2006—2013 年中国社会状况调查数据的分析》，《中国社会科学》2015 年第 1 期。

上海研究院社会调查和数据中心课题组：《扩大中等收入群体，促进消费拉动经济》，《江苏社会科学》2016 年第 5 期。

孙慧：《城镇居民收入结构转型实证研究》，《统计研究》2012 年第 10 期。

前　言

　　本书是中国社会科学院"社会形势分析与预测"课题组第25本分析和预测社会形势的年度社会蓝皮书。

　　2017年社会蓝皮书的议题有以下几个突出的方面。

1. 经济社会发展总体形势稳中向好

　　2016年，全球经济仍然复杂多变，国际油价波动下行，国际汇率变动无常，全球经济的不确定性持续增多。在这种情况下，中国经济总体形势仍然保持平稳，并且呈现稳中有进、稳中提质、好于预期的态势。经济结构继续调整升级，去产能、去库存、去杠杆、降成本、补短板初见成效。服务业继续保持快速发展态势，工业向中高端发展，高技术产业增加值和装备制造业增加值更快增长。公共财政收入增速继续下降，低于国内生产总值增速，但高于年初预期水平，同时国家继续实施积极财政政策，财政预算支出和实际支出仍然保持较快增长，社会发展领域的财政预算支出和实际支出的增长更加突出。全国劳动就业形势好于预期，劳动关系协调工作取得进展，部分地区继续提高最低工资水平。居民收入的平均增长低于上年同期水平，城乡居民收入差距继续微幅收缩，中等收入群体规模不断扩大。居民消费增长潜力得到进一步释放，社会总消费拉动经济增长的作用更加突出。社会保障制度进一步完善，城乡医保整合工作取得显著进展。教育领域综合改革全面深化，教育现代化进程加快推进。医疗卫生事业在改革中发展，分级诊疗、公立医院、"三医联动"成为医改重点，改革的内容、目标和路径更加明确，考核更加严格。社会秩序和社会安全形势继续好转，食品药品安全和环境安全形势总体呈良性变化态势。社会舆情和社会心态总体积极向上，广大青年和新社会阶层的工作和生活态度普

遍乐观进取。

2. 经济社会发展需要应对若干难题和挑战

2016 年经济社会发展形势，无论是从外部环境看，还是从内部的结构和质量方面看，仍然面临不少挑战和难题。整个国民经济仍处在转型升级、动能转换的关键阶段，经济持续发展的基础尚不牢固。经济增长从要素驱动向创新驱动的转变亟待加速推进，民间投资增长速度显著下降，亟须深化市场化改革。在推动供给侧结构性改革的同时，更加需要加大力度促进劳动就业和劳动关系协调有机结合。农业生产呈现更加显著的下行趋势，需要继续深化农村土地制度改革，加快推进农业现代化建设。居民收入和消费支出的增速双双下滑，稳定居民收入增长、继续缩小收入差距成为更加紧迫的任务。社会保障制度体系的系统整合任重道远，在稳固和继续推进医保制度和体系整合的同时，需要考虑和探究养老保险制度和体系整合的可能性和路径。医疗卫生体制的深度改革需要从局部迈向全局，克服碎片化难题，巩固缓解"看病贵"的成果，继续努力解决"看病难"的问题。中等收入群体规模扩张面临城乡之间和地区之间不平衡的挑战，需要进一步促进城乡和地区协调发展、共享发展。社会秩序、食品药品安全和环境安全形势喜中有忧，必须继续加大社会治理和环境治理力度。以互联网和手机微信等新媒体为载体的社会舆情压力有降有升，需要进一步做好引导舆情、引导公众预期的工作。

本书的作者来自专业的研究和调查机构、大学以及政府有关研究部门，除总报告外，各位作者的观点，只属于作者本人，既不代表总课题组，也不代表作者所属的单位。

本书涉及的大量统计和调查数据，由于来源不同、口径不同、调查时点不同，所以可能存在着不尽一致的情况，请在引用时认真进行核对。

本课题研究受到中国社会科学院的重点资助，本课题研究活动的组织、协调以及总报告的撰写，均由中国社会科学院社会学研究所负责。

本年度"社会蓝皮书"由陈光金、张翼、李炜、张丽萍、范雷、田丰、邹宇春、崔岩负责统稿，李培林审定了总报告，傅学军负责课题的事务协调和资料整理工作。社会科学文献出版社社长谢寿光、皮书分社社长邓泳红、编辑桂芳和张媛为本书的出版做了大量工作，在此表示诚挚谢意。

编者

2016 年 11 月 20 日

目 录

社会蓝皮书

V　附录

皮书数据库阅读 **使用指南**

总 报 告

General Report

B.1

扩大中等收入群体
建设现代橄榄形社会

——2016~2017 年中国社会形势分析与预测

中国社会科学院"社会形势分析与预测"课题组

陈光金 执笔*

摘　要：　2016 年是中国经济社会发展第十三个五年规划的开局之年。
按照中共十八届五中全会提出的"创新、协调、绿色、开放、
共享"五大发展理念和稳增长、调结构、转方式、补短板、
惠民生的战略部署，中国经济总体保持平稳，经济结构进一
步调整，经济增长质量有所提升。社会发展形势向好，民生
继续得到改善。中等收入群体规模不断扩大，中国社会发展
进入加快建设现代橄榄形社会的新阶段。在经济社会发展过

---

* 陈光金，中国社会科学院社会学研究所所长，研究员。

程中，也存在若干风险和需要重点解决的问题。

关键词： 发展理念　民生　中等收入群体　社会治理

　　2016 年是中国经济社会发展第十三个五年规划的开局之年。按照中共十八届五中全会提出的"创新、协调、绿色、开放、共享"五大发展理念和稳增长、调结构、转方式、补短板、惠民生的战略部署，中国经济总体保持平稳，经济结构进一步调整，经济增长质量有所提升。社会发展形势向好，民生继续得到改善。在国内生产总值增长率相比上年同期微幅下降的同时，劳动就业总体形势好于预期。城乡居民收入增长基本与经济增长同步，城乡居民消费增长略高于同期收入增长，最终消费对经济增长的贡献显著增大；国家财政支出继续向民生和社会发展事业倾斜，社会保障体系进一步完善。社会结构现代化进程继续推进，中等收入群体规模不断扩大，中国社会发展进入加快建设现代橄榄形社会的新阶段。

一　2016年中国经济社会发展总体形势

　　2016 年，全球经济仍然复杂多变，国际油价波动下行，国际汇率变动无常，全球经济的不确定性持续增多增大。在这种情况下，中国经济总体形势仍然保持平稳，并且呈现稳中有进、稳中提质、好于预期的态势。经济结构继续调整升级，去产能、去库存、去杠杆、降成本、补短板初见成效。服务业继续保持快速发展态势，工业向中高端发展，高技术产业增加值和装备制造业增加值更快增长。公共财政收入增速继续下降，低于国内生产总值增速，但高于年初预期水平，同时国家继续实施积极的财政政策，财政预算支出和实际支出仍然保持较快增长，社会发展领域的财政预算支出和实际支出的增长更加突出。全国劳动就业形势好于预期，调查失业率维持较低水平，劳动关系协调工作取得进展，部分地区继续提高最低工资水平。居民收入的平均增长低于上年同期水平，但城乡居民收入差距继续微幅收缩；居民消费增长潜力得到进一步释放，城乡居民消费平均增长速度略高于收入的平均增长速度，社会总消费对经济增长的拉动作用更加突出。社会保障制度进一步完善，城乡医保整合工作取得显著进展，促进了社会公平。社会秩序和社会安全形势继续好转，社会和谐稳定状况在经济增速下行的情况下保持良好态势。

（一）国民经济平稳增长，经济质量得到提升

2016 年，全国各地区各部门贯彻落实党的十八届五中全会提出的"创新、协调、绿色、开放、共享"五大发展理念和稳增长、促改革、转方式、补短板、惠民生的战略部署，积极适应引领新常态，坚持稳中求进的工作总基调，推进供给侧结构性改革，适度扩大总需求，加快培育经济增长的新动能，国民经济运行形势总体平稳，在平稳中推动经济发展，提升经济质量，经济增长好于预期。据国家有关部门初步核算，1~9 月，中国国内生产总值达到 529971 亿元，按可比价格计算，同比增长 6.7%，略低于上年同期的增长速度，但本年度经济运行的稳定性呈现增强态势。从环比增长情况看，2015 年前三个季度分别为 1.6%、1.9%、1.7%，2016 年分别为1.2%、1.9%、1.8%。更加重要的是，经济增长质量得到提升。

全国 PPI 降幅不断收窄，在连续 54 个月同比持续下降之后，到 9 月份首次由负转正，表明中国工业领域供求关系有了重要变化。供给侧结构性改革取得积极进展。前三季度原煤产量同比下降 10.5%，到 8 月规模以上工业企业产成品存货连续 5 个月同比下降，到 9 月末商品房待售面积连续 7 个月减少，在环境保护、农林水和基础设施等以往处于"短板"状况的领域投资较快增长。产业结构继续升级，1~9 月，服务业增加值占 GDP 的比重为 52.8%，比上年同期提高 1.6 个百分点；在整个服务业中，与民生改善相关的旅游、文化、体育、健康、养老等所谓"五大幸福产业"快速发展，据 1~8 月规模以上服务业企业调查，旅游服务业营业收入同比增长 7.5%，文化及相关产业服务业同比增长 14.7%，体育服务业同比增长 30.7%，健康服务业同比增长 16.9%，养老服务业同比增长 17.7%。工业领域高技术

产业和装备制造业的投资需求扩大。1~9月，其增加值的增速分别比规模以上工业增加值的增速高4.6个和3.1个百分点，呈现向中高端转移的态势。以新产业、新技术、新业态、新模式、新产品、新服务为代表的新经济快速增长，战略性新兴产业、高技术产业保持10%以上的增长速度，网上零售额累计增长26.1%，新能源汽车销售额累计增长83.7%。

全国固定资产投资增长率相比上年同期有所回落，但仍处于较高水平。据统计，1~9月，全国固定资产投资（不含农户）同比名义增长8.2%，扣除价格因素影响后实际增长9.5%，并且从月度统计结果看呈现增速加快态势。投资来源结构继续调整，分所有制看，民间新增投资规模远超国有控股新增投资规模。1~9月，国有控股投资151617亿元，民间投资261934亿元，后者是前者的1.73倍，在全国固定资产新增投资总额中后者占到61.4%。分产业来看，第一产业和第三产业固定资产投资增速明显快于第二产业增速。1~9月，第一产业投资13402亿元，同比增长21.8%；第二产业投资167497亿元，同比增长3.3%；第三产业投资246008亿元，同比增长11.1%，其中基础设施投资83245亿元，同比增长19.4%；三次产业固定资产新增投资总额之比为1∶12.5∶18.4（以第一产业为1）。

（二）国家财政收入增长好于预期，财政支出继续向民生和社会发展倾斜

鉴于全国经济增长下行压力持续存在以及政策性降税减税等减收性因素的影响，年初出台的国家一般预算收入增幅预计仅为3.3%。随着国民经济运行形势实际呈现总体平稳和稳中求进的态势，国家财政收入增长明显好于预期。据统计，2016年1~9月，全国一般公共预算收入121400亿元，同比增长5.9%。其中，中央一般公共预算收入54628亿元，同比增长4.4%，同口径增长1.5%；地方一般公共预算本级收入66772亿元，同比增长7.2%，同口径增长9.8%。全国一般公共预算收入中税收收入100881亿元，同比增长6.6%。

财政支出继续向民生和社会发展领域倾斜。从年初国家财政支出预算情

况看，对社会保障和救助、住房保障、扶贫攻坚等民生领域的支出受到特别重视，在社会保障和救助、企业和机关事业单位退休人员养老金、医药卫生、脱贫攻坚、保障性安居工程等方面，中央财政支出预算都呈现两位数的增长态势。

从实际财政支出看，社会发展领域财政支出增长显著。据统计，1～10月，全国公共财政的教育支出 21395 亿元，增长 11.4%；社会保障和就业支出 17801 亿元，增长 12.8%；医疗卫生与计划生育支出 10792 亿元，增长 18.4%；城乡社区支出 16546 亿元，增长 27.4%；住房保障支出 5143 亿元，增长 18.4%。

（三）劳动就业稳定增长，劳动关系调节取得进展

2016 年全国劳动就业形势同样好于预期。根据有关部门对全国主要劳动力市场的监测调查，劳动力的需求继续略大于劳动供给，这是劳动就业形势向好的重要表现。据统计，1～9 月，城镇新增就业 1067 万人，提前完成全年预期目标。城镇失业人员再就业 426 万人；就业困难人员实现就业 125 万人，超额完成全年 120 万人的目标任务。在劳动就业总体形势平稳增长的情况下，失业率也处于较低水平，据有关部门对 31 个大城市的调查，9 月份城镇调查失业率低于 5%，是 2013 年以来的最低水平。高校毕业生有 765 万人，创历史新高，加上中职毕业生，两项新增就业人数达 1200 多万人。国家采取多方措施，拓宽就业渠道，确保本年度高校毕业生就业水平稳定。据有关机构调查，大多数高校毕业生就业心态乐观，并且继续放低就业待遇期望，期望月薪平均值低于 5000 元。

在经济增长速度继续下行的情况下，劳动就业形势好于预期，原因是多方面的。总的来讲，中国经济增长速度保持在中高速区间，经济规模持续扩大，经济增长拉动就业的能力相对增强。产业结构不断优化，第三产业增加值占 GDP 的比重不断上升，为劳动就业增长和就业质量提高提供了空间和机遇。从国际经验看，第三产业的就业带动能力要比第二产业高出 20% 左右。还要注意到，近年来，国家持续推进简政放权的改革，鼓励"大众创

业、万众创新"的一系列政策措施密集出台，对于促进劳动就业也是利好因素。据统计，2016 年 1~9 月，全国新登记注册企业 400 多万户，平均每日新登记企业 1.46 万户，与上年同期相比每日多增企业 2000 户，尽管它们多数是中小微型企业，但将对劳动就业产生显著的拉动作用。此外，劳动年龄人口的总量及其占总人口的比重都在持续下降，农村外出劳动力增幅也在下降，一定程度上减轻了城镇就业压力。据统计，7~9 月份，农村外出务工劳动力总量 17649 万人，同比增加 95 万人，增幅仅为 0.5%。最后，国家近年来密集出台的各项就业创业促进政策，开始发挥实际的就业促进效应，降低了经济增速下行对劳动就业的不利影响。

劳动关系协调取得进展。截至 2016 年 9 月底，全国共有辽宁、江苏、重庆、上海等 9 个地区调整了最低工资标准，平均增幅 10.7%。与此同时，全国劳动人事争议调处机制不断完善，劳动保障监察执法制度建设进一步加强，制定出台了企业劳动保障守法诚信等级评价办法和重大劳动保障违法行为社会公布办法，将劳动用工、工资支付情况作为企业诚信评价的重要依据，实行分类分级动态监管。截至 9 月底，全国各级劳动保障监察机构共查处各类劳动保障违法案件 24.3 万件，主动检查用人单位 140.1 万户，督促用人单位与 160.1 万名劳动者补签劳动合同，追发劳动者工资等待遇 286.2 亿元。

（四）城乡居民收入继续增长，中等收入群体规模较快扩张

城乡居民收入增长出现新的态势。总的来说，城乡居民收入继续增长，但同比增速明显下降。1~9 月，全国居民人均可支配收入累计 17735 元，同比名义增长 8.4%，扣除价格因素影响后实际增长 6.3%。分常住地看，城镇居民人均可支配收入 25337 元，同比名义增长 7.8%，扣除价格因素影响后实际增长 5.7%；农村居民人均可支配收入 8998 元，同比名义增长 8.4%，扣除价格因素影响后实际增长 6.5%。城乡居民收入差距继续缩小，城镇居民人均可支配收入是农村居民人均可支配收入的 2.82 倍，比上年同期缩小 0.01 倍。

应当注意的是，中国社会的收入差距并不仅仅表现在城乡居民收入差距

一个维度上，行业差距、地区差距以及社会成员差距都对总体的收入差距有重要影响。总的来说，这些方面的收入差距近年来也不断缩小，加上国家对低收入和贫困人口的转移支付力度逐年加大，并且努力缩小不同社会阶层和群体间的转移性收入的差距，中国社会的总体收入差距2009年以来不断缩小，全国居民收入分配基尼系数从2008年的0.491下降到2015年的0.462。收入分配差距缩小，从社会阶层结构来说，意味着中等收入群体规模的扩大。

如何界定中等收入群体，在国际上都是一个重大的理论和实践问题。如果把家庭人均收入在城乡居民家庭人均可支配收入中位数的75%以下、75%~125%、125%~200%和200%以上，分别作为界定低收入群体、中低收入群体、中高收入群体和高收入群体的标准，[①] 利用中国社会科学院社会学研究所2015年开展的全国社会状况综合调查（CSS2015）数据来测算，结果显示，在所有被调查户中，不包括未提供家庭收入信息的被调查户，2014年低收入群体占39.9%，中低收入群体占18.9%，中高收入群体占18.5%，高收入群体占22.8%，若把中低收入群体与中高收入群体合并成中等收入群体，则中等收入群体所占比重为37.4%。

（五）居民消费物价水平略有回升，人民生活消费继续扩张

2016年中国居民消费物价指数总体上有所回升。据统计，1~9月，居民消费价格同比上涨2.0%，比上年同期消费物价指数提高大约0.6个百分点，但总体还在可接受的水平上。同期，城镇居民消费价格涨幅为2.0%，农村消费价格涨幅为1.8%；食品价格涨幅为4.8%，非食品为1.3%。在食品中，鲜菜的价格涨幅为12.3%，畜肉类为12.4%，猪肉涨幅尤其大，达到21.2%（10月份有所回落）。

同期，全社会消费品零售总额238482亿元，同比名义增长10.4%，扣

---

① 此一界定标准为中国社会科学院社会学研究所"中俄社会变迁比较研究"课题组与俄罗斯科学院社会学研究所研究人员共同研究确定的相对标准。这里予以借用，特此感谢。

除价格因素影响后实际增长 9.8%，相比上年同期回落 0.6 个百分点。从零售消费品分类增长情况看，属于消费升级类的商品零售额增长较快，与文化、教育、养老、健康、保健等相关的产品服务的消费也持续增长。另外，在作为新业态的互联网零售业的发展方面，1~9 月全国网上零售额 34651 亿元，同比增长 26.1%。消费拉动经济增长的作用加速增强，1~9 月，消费对经济增长的贡献率达到 71%，比 2015 年同期增加 13.3 个百分点，比 2014 年同期增加 21.9 个百分点；资本形成的贡献率为 36.8%，同比略有下降；净出口对经济增长的负贡献率继续提高，达到 -7.8%，而上年同期仅为 -1.8%。

城乡居民的消费同样继续增长。1~9 月，全国居民人均生活消费支出 12247 元，比上年同期增长 6.4%。其中，城镇居民家庭人均生活消费支出 16797 元，同比增长 5.3%；农村居民家庭人均生活消费支出 7017 元，同比增长 8.2%。农村居民生活消费支出增速快于其收入增速和城镇居民家庭人均生活消费支出增速，而城镇居民家庭人均生活消费支出增速则继续慢于其家庭人均收入增速，这一趋势延续了近 5 年时间，表明现阶段确实是农村居民消费较快增长时期。

（六）社会保障和救助体系更加完善，教育和医疗卫生事业稳步发展

2016 年，中国社会保险覆盖范围持续扩大，截至 9 月底，全国基本养老、基本医疗、失业、工伤、生育保险参保人数分别为 8.71 亿人、6.98 亿人、1.78 亿人、2.16 亿人、1.82 亿人，分别比上年底增加 1225 万人、3247 万人、506 万人、187 万人、397 万人。城乡居民基本医疗保险制度整合工作取得进展。年初国务院下发《关于整合城乡居民基本医疗保险制度的意见》，其后全国已有 20 个省份出台了整合制度相关文件，这一举措有利于解决医保制度碎片化问题，促进社会公平和人员流动，增进人民福祉。社会保险待遇稳步改善，全国 1 亿多位企业和机关事业单位退休人员待遇增加，部分地区城乡居民养老保险基础养老金标准得到提高。最低生活保障水

平随着经济社会发展而继续提升，第三季度，全国城镇居民最低生活保障平均标准为 486.2 元/（人·月），支出水平为 322.9 元/（人·月），同比名义增长率分别为 10.8% 和 9.3%，快于同期城镇居民人均可支配收入增长率；农村平均标准为 301.0 元/（人·年），支出水平为 295.3 元/（人·月），同比名义增长率分别为 17.8% 和 15.9%，既显著高于同期农村居民人均可支配收入增长率，也显著高于同期城镇低保水平增长率，为缩小城乡居民收入差距做出了贡献。精准扶贫、精准脱贫工作取得成效，国家对扶贫事业加大投资力度，2016 年中央财政预算安排拨付财政扶贫资金 660.95 亿元，比上年增加 200 亿元。

中国教育事业的发展，从若干数量指标来看，已经达到或超过世界中上收入国家的水平。目前，全国学前教育毛入学率为 75%，达到世界中上收入国家平均水平；小学净入学率为 99.9%，初中毛入学率为 104%，九年义务教育普及率超过世界高收入国家平均水平；高中阶段毛入学率为 87%，高等教育毛入学率为 40%，均高于世界中上收入国家平均水平。

中国医疗卫生体制改革继续深化，分级诊疗和公立医院改革是 2016 年医改重点，改革内容和目标更为明确，考核更为严格。在此基础上，国家启动以"三医联动"的系统化改革为主题的改革新思路。国家财政对医疗卫生事业的投入力度加大，城乡居民医保的人均政府补助标准提高到 420 元；全国新增 100 个公立医院试点城市，中央财政对每个新增试点城市按照 2000 万元的标准予以一次性补助，对所有试点城市有公立医院的市辖区按照每个 100 万元的标准给予补助；人均基本公共卫生服务经费财政补助标准提高到 45 元，中央财政安排城乡医疗救助补助资金达到 160 亿元。这样，中国的"看病难"问题得到缓解。

（七）妇女儿童发展事业成就巨大，社会公益事业和社会组织继续进步

2011 年，国务院颁布《中国儿童发展纲要（2011～2020 年）》（以下简称《纲要》）。五年来《纲要》实施总体进展顺利，在可监测的 33 项重点统

计指标中，有31项指标提前实现《纲要》目标，总达标率达到93.9%。
2015年，婴儿死亡率为8.1‰，五岁以下儿童死亡率为10.7‰，分别比
2010年下降5个和5.7个千分点，儿童的生命质量持续提高。农村义务教
育学生营养改善计划实施五年来，中央财政累计安排资金1591亿元，为
699个国家连片特困地区县农村义务教育学生提供营养膳食补助，标准为每
生每天4元。

2011年，国务院还颁布了《中国妇女发展纲要（2011~2020年）》（以
下简称《纲要》）。五年来，《纲要》实施总体进展顺利，在可监测的54项
重点统计指标中，有44项指标提前实现或基本实现《纲要》目标，总达标
率81.5%。2015年，孕产妇死亡率为20.1/10万，比2010年降低近10个
十万分点，并且已经基本消除全国孕产妇死亡率的城乡差距。在教育方面，
性别差距基本消除。2015年，高等教育在校生中女研究生占全部研究生的
49.7%；普通本专科女生占全部本专科在校生的52.4%，成人本专科女生
占56.9%。在劳动参与方面，2015年全国女性就业人员占全社会就业人员
的比重为42.9%，超过《纲要》规定40%的目标；女性公务员比例不断提
高，2015年中央机关及其直属机构新录用的女公务员占录用总人数的
51.9%，地方新录用公务员中女性占总人数的比重达到44.1%。

民众的社会公益意识不断增强，社会公益事业参与不断增加。2016年
前三季度，国家民政部门直接接受和由其他部门转交的社会捐款总计49.1
亿元。社会自我组织化程度继续提高，社会组织继续增长，但与上年同期增
速相比有所回落。2016年前三季度，全国有社会团体32.8万个，民办非企
业单位34.2万个，基金会5204个，总计67.5万多个，分别比上年同期增
长2.5%、8.9%、14.8%和5.6%。

二 2016年中国经济社会发展的挑战和难题

2016年的经济社会发展形势，就其本身而言总体上是好于预期的，但
无论是从外部环境看，还是从内部的结构和质量方面看，仍旧面临不少挑战

和难题。整个国民经济仍处在转型升级、动能转换的关键阶段，国内因素和国际因素相互影响，不稳定、不确定因素仍然较多，经济持续发展的基础尚不牢固。经济增长从要素驱动向创新驱动的转变亟待加速推进，民间投资增长速度显著下降，亟须深化市场化的改革。推动供给侧结构性改革，更加需要加大力度促进劳动就业和劳动关系协调有机结合。农业生产相对于上年度呈现更加显著的下行趋势，需要继续深化农村土地制度改革，加快推进农业现代化建设。居民收入和消费支出的增速双双下滑，稳定居民收入增长、继续推动收入差距缩小成为更加紧迫的任务。社会保障制度体系的系统整合和医疗卫生体制的深度改革仍然任重道远，克服地区间经济社会发展不平衡是根本条件。中等收入群体规模扩张面临城乡之间和地区之间不平衡的挑战，需要进一步促进城乡和地区协调发展，促进共享发展。社会秩序、食品药品安全和环境安全形势有喜有忧，需要继续加大社会治理和环境治理力度。

（一）民间固定资产投资增速显著下降，大宗农产品普遍出现负增长

2016 年，消费拉动经济增长的贡献率，以超乎寻常的幅度提高，即从 2015 年 1~9 月的 58.4% 猛增到 2016 年 1~9 月的 71%。实际上，2015 年前三季度全社会消费品零售总额的实际增幅为 10.4%，2016 年同期的实际增幅为 9.8%，后者低于前者 0.6 个百分点。因此，除了其本身的实际增长外，导致其对经济增长的贡献幅度猛增的因素，首先是经济增长速度本身的下滑，其次是新增投资的增长速度下降和净出口的负增长。出口的负增长主要是全球经济形势所致，而投资增速下滑的重要原因则是民间固定资产投资增速显著下降。2016 年前三季度，民间固定资产投资增速仅为 2.5%，比 2015 年同期增速低了 9.6 个百分点；比较而言，2016 年前三季度国有控股固定资产投资增长 21.1%，比 2015 年同期增速高出个 9.7 个百分点。但由于民间固定资产投资份额远远大于国有控股固定资产投资份额，所以民间固定资产投资的迅猛下降，决定了 2016 年资本形成对 GDP 增长的贡献率继续下降，即从 2015 年前三季度的 43.4% 下降到 2016 年前三季度的 36.8%，降幅达

6.6个百分点。可见，如果民间固定资产投资增速能够保持上年同期水平甚至有所加快，则消费对经济增长的贡献率便不可能有如此迅猛的提升。

2016年的农业生产从长时段来看仍然是丰收的，全国夏粮总产量13926万吨，是历史上的第二高产年；秋粮也将丰收。但相对于2015年来说，2016年全国农业生产仍在多个方面出现不同程度的下行趋势。2016年夏粮产量同比下降1.2%（2015年同期则是增长3.3%），其中早稻产量同比下降2.7%（2015年同期下降0.9%）。肉类生产形势更加不容乐观。前三季度，全国猪牛羊禽肉同比减产1.1%，其中猪肉同比减产3.6%，生猪存栏数同比减少3.4%，生猪出栏数同比减少3.7%。与此同时，中国农业生产还受到来自价格明显高于国际市场价格的"倒挂"现象的压力，这是2016年以来中国粮食安全中出现的突出问题。这就带来一个两难问题。一方面，当国外粮食价格比国内低时，中国不能进口太多粮食，否则将会打压国内农民生产积极性，损害农民利益；另一方面，尽管国内粮食库存量大，但中国难以大批量出口粮食，否则需要付出巨额价差补贴。

（二）全方位自主创新亟待加速推进，劳动力市场用人需求与供给侧结构性改革目标不尽协调

供给侧结构性改革要求去产能、去库存、去杠杆、补短板、降成本，这"三去一补一降"都需要加速推进自主创新，尤其是自主技术创新，从而使得国民经济增长从主要依靠要素驱动转向主要依靠创新驱动。长期以来，中国的技术进步更多地来源于对国外技术的引进和吸收，自主创新能力相对薄弱。然而，随着国民经济的发展，中国作为发展中国家所具有的后发优势逐渐弱化，技术引进和吸收对经济增长的推动逐渐减弱。据研究，技术进步的速度在逐年递减，其对全要素生产率（TFP）的贡献率也在下降。相应地，TFP对经济增长的贡献远远小于生产要素投入对经济增长的贡献，后者的贡献率在一般年份都超过75%。在实际实施"三去一补一降"战略的过程中，运作方式上急于求成以致过于简单化；对于调结构、转方式，一些地方简单地认为就是减少传统的尤其是劳动密集型的产业，转向中高端产业。作为一个人口

大国和人力资源大国，在全球化的时代背景下，中国需要体系比较完整的产业结构，这就要求全方位地推进自主创新，通过自主创新来发展中高端产业，同时提升传统的、中低端的、劳动密集型的产业的效率和质量。

供给侧结构性改革对劳动就业产生了值得重视的影响。从有关部门对全国主要城市劳动力市场的监测调查结果看，尽管三个季度都存在需求略大于供给的情况，亦即求人倍率超过1，但相比上年同期，出现一些重要趋势。一是上半年求人倍率的同比和环比都呈下降趋势，第三季度略有回升。一季度的求人倍率比上年同期和上季度分别减少0.05和0.03，二季度的求人倍率比上年同期和上季度分别下降了0.01和0.02，三季度的求人倍率比上年同期和上季度分别上升了0.01和0.05，同比总体上是下降趋势。二是岗位空缺数和市场求职人数均呈下降趋势，但岗位空缺数的减少总体上要大于求职人数的减少。与上年同期相比，一季度的岗位空缺数和求职人数分别减少22.9万人和0.5万人，各自下降4.5%和0.1%；二季度分别减少50.8万人和45.3万人，各自下降9.5%和9%；三季度分别减少29.5万人和29.7万人，各自下降了6.1%和6.8%。三是总体上无专业技能和专业技术职称的非熟练劳动力的市场求人倍率低于1，而在具备一定职业技能或技术职称的求职者中，具有一定职业技能的熟练劳动力的市场需求呈增长趋势，而具有专业技术职称的求职者的市场需求则总体呈下降趋势。一季度，与上年同期相比，对高级技师和技师的用人需求有所增长，增长率分别为23.4%和2.2%，对其他各类技术等级的用人需求均有所减少，对初级、中级、高级专业技术职称的用人需求则分别减少4.4%、9.5%和5.0%；二季度，对高级技师的用人需求增长18.9%，对其他各技术等级的用人需求均有所减少，对初级、中级、高级专业技术职称的用人需求分别减少14.2%、13.6%和3.0%；三季度，对高级技师和技师的用人需求有所增长，增长率分别为21.5%和1.4%，对其他各类技术等级的用人需求均有所减少，对初级、中级、高级专业技术职称的用人需求分别减少14.9%、11.9%和7.2%。可见，劳动力就业的结构性矛盾比以往更加突出；而对作为自主创新重要力量的专业技术人员的用人需求下降，也与宏观经济政策调整方向不一致。

（三）城乡居民收入增速双双下降，缩小收入差距的难度加大

与经济增长下行相呼应，2016年城乡居民人均可支配收入增速同比双双下降。前三季度，城乡居民人均可支配收入的增速比上年同期降低1.4个百分点，其中城镇居民和农村居民的人均可支配收入增速相比上年同期分别下降1.1个百分点和2.6个百分点；并且，与本年度同期GDP增速相比，城乡居民人均可支配收入、城镇居民人均可支配收入和农村居民可支配收入的增速分别低了0.4个、1.0个和0.2个百分点。另外，本年度城乡居民人均可支配收入差距的缩小幅度，仅及上年同期缩小幅度的1/3，表明缩小城乡收入差距的难度加大。这种趋势不利于扩大中等收入群体规模。

从扩大中等收入群体规模、建设现代橄榄形社会的时代要求看，城乡之间和地区之间的不平衡也是一个重要的不利因素。利用CSS2015的数据进行分析的结果显示，城镇居民中的中低收入群体占18.9%，中高收入群体占23.1%，而农村居民中的这两个占比分别为18.8%和12.9%，城乡居民中的中低收入群体所占比重差距很小，但城镇居民中的中高收入群体所占比重比农村居民中的相应比重高出10.2个百分点，差距显著；另外，农村居民和城镇居民中的低收入群体所占比重分别为58.4%和24.4%，高收入群体所占比重分别为9.9%和33.6%。分地区来看，东部、中部和西部地区的中低收入群体比重分别为18.2%、20.4%和17.4%，中高收入群体的比重分别为20.5%、19.2%和15.3%，西部地区扩大中等收入群体规模的难度更大；同时，东部、中部和西部地区的低收入群体比重分别为28.5%、43.4%和49.0%，高收入群体的比重分别为32.8%、17.1%和18.4%。比较起来，城镇和东部地区基于收入分配的橄榄形社会结构已现雏形，而农村和中西部地区的社会结构基本上还是金字塔形的。

（四）社会保障制度系统整合任重道远，医疗卫生体制深度改革仍然艰难

社会保障制度的碎片化问题一直受到社会诟病。2016年启动了城乡居

民医保体系的整合，但各地区进度不一。已经出台相关制度和政策的 20 个省份，目前多半还在研究相关细节问题，尚未真正付诸实施；其余 11 个省份，还停留在研究制定相关制度和政策的层面，未见制度和政策出台的时间表。城乡居民养老保险体系的整合问题更加复杂，难度更大。总的来说，社会保障制度的系统整合任重道远。另外，在社会救助体系方面，城乡差异有所缩小，但仍不可小视。2016 年第三季度，城镇居民最低生活保障支出水平平均为 322.9 元/（人·月），农村平均为 161 元/（人·月），前者是后者的 2.01 倍；比上年同期的 2.13 倍缩小了 5.6%，缩小幅度仍不理想。

2016 年医疗卫生体制改革继续深入，但难度仍然很大。"看病贵"的问题初步得到缓解，但主要表现在公立医院的药品费用占比下降，而零售药品费用总额和其占药品总费用的比重都在继续上升，使得人均药品费用支出仍然呈上升趋势。"看病难"的问题仍然比较严重，卫生总费用的上涨趋势尚未得到有效控制，用于医疗卫生的财政支出和医保资金仍然面临较大压力；同时，医疗卫生费用的使用效率也存在问题，并且尚未引起足够的重视。民营医疗机构有所发展，但是服务量仍比较少，一直是公立医院的微不足道的"补充"，甚至民营基层医疗机构的数量也呈现下降态势。2016 年医疗卫生体制改革的重点是实施"分级诊疗"和深化公立医院改革，但改革效果尚待观察。

（五）社会秩序状况有喜有忧，食品药品和环境安全问题不可轻视

在社会治安领域，总的来看，人民群众的生命安全保障状况进一步改善，但财产安全形势依然严峻。从统计数据看，从 2010 年到 2015 年，杀人刑事案件由 13410 起下降到 9200 起，下降 31.39%；伤害刑事案件由 174990 起下降到 132242 起，下降 24.43%；抢劫刑事案件由 237258 起下降到 86747 起，下降率达到 63.44%，表明社会公众广泛关心的以"杀人"、"伤害"和"抢劫"为主的"人身安全"问题不断显著缓解。但与此同时，"财产安全"在新时期面临前所未有的风险和挑战，突出表现为诈骗案件数量急剧上升。据统计，2015 年与财产安全相关的刑事案件达 717.40 万起，

比上年增加 63.43 万起，增幅为 9.7%。其中诈骗案件一项就增加了 26.45 万起，占总增量的 41.70%。另外，有关部门最新数据显示，"新兴"的金融诈骗案件数量剧增，突出表现为电信诈骗发案数的飞速增长，从 2010 年的 10 万起增加到 2015 年的 59 万起。2016 年上半年，电信诈骗案件再度高发，且涉外案件增多，"互联网金融"、"虚拟货币"以及"金融互助"等成为不法分子进行诈骗的重要平台。另外，民间纠纷调解案件数量也呈现上升趋势。据统计，2015 年，全国调解房屋、宅基地纠纷数量为 65.3 万件，同比增长 0.93%；调解邻里纠纷数量为 237.5 万件，同比增长 0.59%。

食品安全的总体形势较好，从 2015 年进行的食品和农产品安全抽检情况看，总体合格率分别达到 96.8% 和 95%。但其中存在的问题仍然不可忽视，不安全的食品和农产品直接危害着人民群众的身体安全。据有关机构的监测，中国社会食源性疾病数量呈现逐年缓慢递增趋势。2015 年，全国食源性疾病共发生 2401 起，中毒人数 21374 人，其中 139 人死亡。在导致食品安全问题的诸多因素中，农兽药残留、微生物超标和滥用不合法添加剂是主要因素。在药品安全形势方面，问题相对更多一些。2015 年，国家药品不良反应监测网络收到药品不良反应/事件报告 139.8 万份，较上年增长 5.3%。其中，新的和严重药品不良反应/事件报告 39.3 万份，占同期报告总数的 28.2%。药品不良反应报告县级覆盖率达到 96.6%，全国每百万人口平均报告数量达到 1044 份。

在环境安全方面，中国生态环境保护的复杂性、紧迫性和长期性没有改变。总体来看，中国环境保护依然滞后于经济社会发展。由于多阶段、多领域、多类型的问题长期累积叠加，环境承载能力已经达到或者接近上限，环境污染重、生态受损大、环境风险高，生态环境恶化趋势尚未得到根本扭转。在大气环境质量方面，主要污染物排放量仍然很大，污染程度高，部分地区冬季雾霾频发高发。在水环境质量方面，重点流域支流污染严重，城镇河流沟渠存在黑臭水体，湖泊富营养化形势严峻。在土壤环境质量方面，长三角、珠三角、东北老工业基地等部分区域污染问题突出，西南、中南地区的土壤重金属超标范围比较大，不少大中城市面临着工业企业关闭和搬迁后废弃污染场地修复再利用问题。生态环境方面，水土流失、土地沙化依然严重，生态被破坏的速度远高于自然生态恢复的速度。

三 2017年中国社会发展态势与政策建议

作为中国经济社会发展第十三个五年规划的开局之年，2016年的经济运行和社会发展的形势总体处在合理范围之内，2017年的经济社会发展将在稳定2016年发展成果的基础上，继续遵循"创新、协调、绿色、开放、共享"的发展理念，在经济发展方面将进一步推进去产能、去成本、去杠杆、补短板、降成本的工作，在民生和社会发展方面进一步促进社会公平。在2016年10月召开的党的十八届六中全会上，习近平总书记指出，当前，民生工作面临的宏观环境和内在条件都在发生变化，过去人民群众有饭吃、有学上、有住房是基本要求，现在人民群众对收入稳步提升、优质医疗服务、教育公平、住房改善、环境优美和空气洁净等有更多层次的需求。我们要适应这些新变化，要按照守住底线、突出重点、完善制度、引导预期的工作思路，集中力量搞好基础性、兜底性民生建设，统筹做好教育、收入分配、就业、社会保障、医疗卫生、住房等方面的工作。

（一）深化经济体制改革，构建科学合理的经济结构和动力体系

科学合理的经济发展动力体系建设要符合中国现实国情。一方面，要继续加大经济结构调整力度，加快产业升级和自主创新进程，大力发展中高端制造业和新兴服务业；另一方面，要通过广泛深入的技术创新、管理创新和劳动力技能素质提升，改造传统的、中低端的和劳动密集型的产业，提高这些产业的效率和质量，更好地发挥这些产业满足人民群众的一般需求和庞大相对非熟练劳动力队伍的就业需求的作用。中国经济调结构和转方式不能像一些发达国家那样把传统的、中低端的和劳动密集型的产业转移到国外，在国内主要发展所谓中高端产业，必须坚持两条腿走路的战略，构建中低端和中高端产业共同发展的产业结构体系。

在经济增长动力三驾马车中，消费的拉动作用更加突出和强大，投资的拉动作用相应减弱，净出口对经济增长的贡献甚至是负值。在目前的情况下，这种格局具有特殊性甚至扭曲性。投资增长的意义仍然不可忽视。必须深化经济体制改革，进一步转变政府职能，进一步发挥市场机制在经济资源配置领域的决定性作用，推动民间资本投资的增长。2016年9月份以来，民间固定资产投资出现企稳回升态势，9月份当月民间投资增长率提高到4.5%，主要原因就是市场环境在好转，企业的利润情况在改善，而且工业品出厂价格也在提升。

2017年要继续深化农村土地制度改革，加快农业现代化进程，改变农业生产下降的局面。2016年农业产业固定资产投资增长较快，农地使用权、宅基地使用权和集体用地使用权的改革取得成效，2017年将加快推进农村土地"三权"改革进程，为农业现代化进程加速创造制度条件。与此同时，要尽快推进农业经营方式的转变，进一步提高农业劳动力的技能素质，不断提高农业劳动生产率，扭转中国农业劳动生产率低于发达国家甚至低于新兴经济体的态势。

（二）继续推进就业创业工程，进一步做好劳动关系协调工作

在全面实施"三去一补一降"战略的过程中，要继续坚持就业优先，大力推进就业创业。要做好重点劳动力群体的就业工作、化解去产能过程中产生的退出劳动力再就业安置工作，以去产能任务重、待岗职工多、失业风险较大的就业困难城市和企业为重点，继续开展困难地区就业援助专项行动。要更好地组织实施高校毕业生就业创业促进计划和农民工返乡创业三年行动计划，提高高校毕业生和返乡农民工就业创业水平。要继续促进以创业带动就业，推进创业孵化示范基地建设，营造鼓励创业创新的社会氛围。要加强公共就业服务，加快推进公共就业服务信息化建设和应用，进一步提升服务能力和管理水平；继续完善人力资源服务行业发展政策体系，培育一批龙头骨干企业和行业领军人才，推进人力资源服务产业园建设。

要加强劳动关系协调。近两年来，中国劳动关系协调问题有所回潮。据统计，2015年，各地劳动人事争议调解组织和仲裁机构共处理劳动争议172.1万件，同比上升10.4%；2016年前三季度，全国劳动人事争议调解仲裁机构共受理案件超过110万件，同比也略有上升。另外，在一些行业，如建筑、交通、水利等工程建设领域和劳动密集型加工制造、餐饮服务业领域，超时劳动和拖欠工资问题也有所抬头。在推进"降成本"的过程中，职工工资水平的增长也是一个有争议的问题，需要理性解决。要进一步加强化解过剩产能职工安置工作中劳动关系处理工作，确保化解过剩产能过程中职工劳动关系处理工作平稳有序。要总结和推进集体合同制度实施攻坚计划，进一步完善调解仲裁制度，完善劳动人事争议多元处理机制，加强拖欠农民工工资争议案件处理工作。要加大劳动保障监察执法力度。完善欠薪预警、工资保障、工资支付违法失信联合惩戒、行政执法与刑事司法衔接等制度机制。

（三）进一步改革和完善收入分配体制，促进社会公平和中等收入群体增长

2016年城乡居民收入增长速度同比下滑已成定局，结合以往经验判断，全年城镇居民家庭人均可支配收入增速不会超过6%，农村居民人均可支配收入增速将在6.5%左右。城乡居民收入增速放缓带来了居民消费增长的放缓，不利于消费拉动经济增长作用的进一步发挥。1~9月，城乡居民收入差距缩小幅度减小，这一局面难以通过第四季度的可能变化来加以改变。2017年要进一步深化收入分配制度改革，促进经济社会发展的共建共享。要保持就业人员工资水平稳定增长，继续合理调节高收入，推动低收入群体的收入较快增长，确保城乡居民收入增长与国民经济增长同步。要加快缩小城乡居民和各社会群体之间的转移支付差距，为缩小社会总体收入差距做出应有的贡献。

推动中等收入群体规模扩大，是缩小收入差距的重要途径。要加快人口城镇化进程，减少农村人口，从一个方面缩小农村低收入群体的规模。

要高度重视农村经济社会发展问题，推进农业现代化进程，提高农业劳动生产率，为农民增收创造新的渠道和来源，继续实施好精准扶贫和精准脱贫战略，减少农村贫困人口并帮助他们致富，从另一个方面缩小农村低收入群体规模。要继续加快中西部地区的经济社会发展，推动中西部地区城乡低收入人口增收，逐步和较快地缓解中等收入群体发展的地区间不平衡问题。

（四）继续完善社会保障体系，进一步加快社会事业改革发展

社会保障体系建设是保基本、兜底性的民生事业。2017年要继续推动各地抓好阶段性降低社会保险费率的落实，深化机关事业单位养老保险制度改革。要加快城乡居民基本医疗保险制度整合进程，开展长期护理保险制度试点和生育保险与基本医疗保险合并实施试点。要推进工伤保险基金省级统筹，加强建筑业参加工伤保险工作，继续提高在建项目特别是新开工项目的参保率，建立健全职工非因工或因病丧失劳动能力程度鉴定标准，加强工伤预防费管理。要继续做好社会保险扩面和征缴工作，增加社会保险基金收入，更好地防范社保基金支付穿底风险。要在实施城乡基本医疗保险制度整合的基础上总结经验，研究和探索社会养老保险制度整合问题，使其能够有效配合新型城镇化的推进和更加有利于人员流动。

教育发展事业和医疗卫生事业是与民生发展关系最为密切的社会事业。要继续深化教育体制改革，促进城乡和地区间的教育公平。重点仍然是进一步提升义务教育阶段城乡和地区间教育资源配置的公平性，提高高中阶段教育的质量，以及根据高等教育发展的需要和劳动力市场的要求，合理规划普通高中教育和高中阶段职业教育。在医疗卫生体制改革方面，要结合医保支付方式改革，做好药品目录调整工作。要继续深化公立医院改革，扭转目前出现的民营医院经营下滑的态势，夯实基层医疗卫生体系，继续缓解"看病难"的问题。要进一步提高医疗卫生资源的使用效率，解决好医疗机构药品费用占比下降的同时药品零售费用占比上升所致个人医疗卫生费用继续上升的问题，真正破解"看病贵"的顽症。

（五）进一步加强和创新社会治理，确保社会秩序及食品、药品和环境安全

现阶段中国社会秩序总体形势较好，但各种新老问题仍然层出不穷。要进一步加强和完善社会治理。要加快推进社会治安网络信息防控体系建设，编织好防治结合的"天网"。要进一步加强城乡社区安全防控能力建设，把"短租房集中社区"、"村改居社区"和"拆围墙社区"作为社区安全防控重要切入点，提升社区安全治理能力。面对当前中国物流安全风险及监管体系缺失的困境，要汲取英国、美国和日本等国家物流寄递安全监管经验，结合我国物流寄递运营的现实情况，尝试构建回应性监管视野下的物流安全监管体系。

在促进食品药品安全方面，要加大追查农药兽药残留源头以及处罚违禁药物使用和非法添加行为的力度。要严格监管食品药品生产环境和保存条件，有针对性地管控食品添加剂滥用行为，鼓励使用新型保鲜技术。要加强食源性疾病相关知识宣传，增加官方食品药品安全信息发布，发挥舆论正面导向作用。要建立和完善多部门、跨地区、开放型的信息资源共享平台，实现食品药品安全信息互通共享，实现食品药品安全问题的共同防治和及时应对。目前，国家卫计委已发布 683 项食品安全国家标准，加上待发布的 400 余项整合标准，共涵盖 1.2 万余项指标，初步构建起符合我国国情的食品安全国家标准体系，要加大这些标准的宣传力度和违反相关标准问题的治理力度。

环境保护和环境问题治理极为重要。环境质量事关人民群众最直接、最现实的利益，良好环境是最公平的公共产品，是最普惠的民生福祉。习近平总书记曾经指出，"环境就是民生，青山就是美丽，蓝天也是幸福"。必须贯彻落实好绿色发展的理念，从生产生活的各方面各环节全面治理环境问题。要更加严格地执行国家环境保护相关法律法规，以法治精神和制度治理环境问题。要不断提升政府、企业和公众的环保责任意识，提升企业和公众参与环境保护的意识。要创造更好的制度和社会环境条件，动员社会公众和

社会组织与政府和企业一起，共同参与环境问题的治理，形成全方位和全民参与的环境治理新格局。

参考文献

国家民政部：《社会服务统计季报（2016年3季度）》，http：//www. mca. gov. cn/article/sj/ tjjb/qgsj/20160033/2016年3季度季报. html。

国家食品药品监督管理总局：《2015年度药品核查报告》，http：//www. cfdi. org. cn。

国家食品药品监督管理总局：《国家药品不良反应监测年度报告（2015年）》，http：//www. sda. gov. cn/WS01/CL0844/158940. html。

国家统计局：《前三季度国民经济运行稳中有进、稳中提质》，http：//www. stats. gov. cn/tjsj/ zxfb/201610/t20161019_ 1411224. html。

国家统计局：《〈中国儿童发展纲要（2011～2020年）〉中期统计监测报告》，http：//www. stats. gov. cn/tjsj/zxfb/201611/t20161103_ 1423705. html。

国家统计局：《〈中国妇女发展纲要（2011～2020年）〉中期统计监测报告》，http：//www. stats. gov. cn/tjsj/zxfb/201611/t20161103_ 1423701. html。

人力资源和社会保障部："2016年第三季度新闻发布会（文字实录）"，http：//www. china. com. cn/zhibo/2016 – 10/25/content_ 39551391. htm? show = t。

邬琼：《中国全要素生产率的测算及分解》，http：//www. sic. gov. cn/News/455/6841. htm，2016年9月。

中国人力资源市场信息监测中心：《部分城市公共就业服务机构市场供求状况分析》，2016年第一至第三季度，http：//www. lm. gov. cn。

发 展 篇

Reports on Social Development

B.2

2016年中国城乡居民收入和消费报告

吕庆喆*

摘　要：　2016年，中国居民收入平稳增长，收入差距逐步缩小，消费
水平继续提高。但也出现了制约居民收入增长和消费的因素，
如经济增速放缓，居民增收压力加大；收入分配格局不尽合
理，制约居民消费升级；社会保障不够健全，影响即期消费
扩张；消费软环境的隐忧，影响居民消费意愿和消费信心；
公共产品投入不足，降低居民消费倾向和消费预期等。预测
2017年，中国经济将继续保持增长，增速为6.5%左右，居
民收入和消费也将保持增长态势。

关键词：　居民收入　居民消费　生活质量

* 吕庆喆，博士，国家统计局统计科学研究所高级统计师。

一 居民收入平稳增长，收入差距逐步缩小

（一）居民收入平稳增长，农村快于城镇

2015年，全国居民人均可支配收入21966.2元，是2010年的1.75倍，按可比价格计算，年均实际增长8.9%。其中，城镇居民人均可支配收入31194.8元，是2010年的1.66倍，按可比价格计算，年均实际增长7.7%；农村居民人均可支配收入11421.7元，是2010年的1.82倍，按可比价格计算，年均实际增长9.6%。农村居民收入增速快于城镇居民（见表1）。

表1 2010~2015年居民人均可支配收入及增长情况

年份	全国居民		城镇居民		农村居民	
	绝对数（元）	指数（上年=100）	绝对数（元）	指数（上年=100）	绝对数（元）	指数（上年=100）
2010	12522.2	—	18779.1	—	6271.3	—
2011	14550.8	10.3	21426.9	8.4	7393.9	11.4
2012	16509.6	10.6	24126.7	9.6	8389.3	10.7
2013	18310.7	8.1	26467.0	7.0	9429.6	9.3
2014	20167.0	8.0	28844.0	6.8	10489.0	9.2
2015	21966.2	7.4	31194.8	6.6	11421.7	7.5

资料来源：《中国住户调查年鉴2016》。

2016年前三季度，全国居民人均可支配收入17735元，同比名义增长8.4%，按可比价格计算，实际增长6.3%。其中，城镇居民人均可支配收入25337元，同比名义增长7.8%，按可比价格计算，实际增长5.7%；农村居民人均可支配收入8998元，同比名义增长8.4%，按可比价格计算，实际增长6.5%。农村居民收入增速仍快于城镇居民。

（二）收入差距逐步缩小

1. 居民收入基尼系数逐步回落

2002年中国居民收入基尼系数达到0.472，2008年更是高达0.491。但自2009年基尼系数开始逐步回落，2015年已回落到0.462（见图1）。

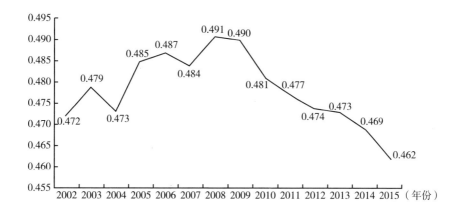

图1　2002～2015年中国居民收入基尼系数

资料来源：国家统计局住户调查资料。

2. 城乡居民收入比逐渐缩小

随着城乡一体化进程的不断加快，在居民收入稳步增长的同时，城乡收入差距过大的局面正在逐步改变，城乡居民收入之比（以农民收入为1）从2009年的3.333∶1缩小至2015年的2.951∶1（见图2）。

（三）各地区居民收入差距虽然较大，但差距逐渐缩小

2015年，全国31个省（区、市）中居民人均可支配收入最高的为上海，达49867元，而最低的为西藏，为12254元，最高是最低的4.07倍。其中，城镇居民和农村居民人均可支配收入最高的均为上海，分别达52962元和23205元，而最低的均为甘肃，分别为23767元和6936元，城镇居民和农村居民人均可支配收入最高的分别是最低的2.23倍和3.35倍（见表2）。

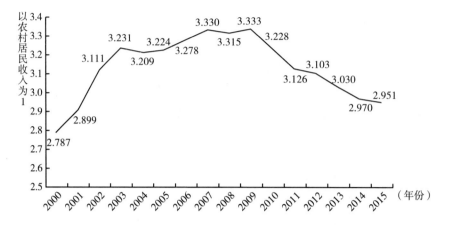

图2 2000～2015年城乡居民收入差距

资料来源：《中国统计年鉴2016》。

表2 各地区2015年城乡居民收入的比较

地　区	全部居民人均可支配收入		城镇居民人均可支配收入		农村居民人均可支配收入	
	金额(元)	排名	金额(元)	排名	金额(元)	排名
北　京	48458	2	52859	2	20569	3
天　津	31291	4	34101	6	18482	4
河　北	18118	19	26152	22	11051	14
山　西	17854	20	25828	23	9454	23
内蒙古	22310	10	30594	10	10776	19
辽　宁	24576	8	31126	9	12057	9
吉　林	18684	15	24901	27	11326	11
黑龙江	18593	16	24203	30	11095	13
上　海	49867	1	52962	1	23205	1
江　苏	29539	5	37173	4	16257	5
浙　江	35537	3	43714	3	21125	2
安　徽	18363	18	26936	14	10821	18
福　建	25404	7	33275	7	13793	6
江　西	18437	17	26500	15	11139	12
山　东	22703	9	31545	8	12930	8
河　南	17125	24	25576	24	10853	17
湖　北	20026	12	27051	13	11844	10
湖　南	19317	13	28838	11	10993	15

续表

地 区	全部居民人均可支配收入		城镇居民人均可支配收入		农村居民人均可支配收入	
	金额(元)	排名	金额(元)	排名	金额(元)	排名
广 东	27859	6	34757	5	13360	7
广 西	16873	25	26416	17	9467	22
海 南	18979	14	26356	19	10858	16
重 庆	20110	11	27239	12	10505	20
四 川	17221	23	26205	21	10247	21
贵 州	13697	29	24580	28	7387	30
云 南	15223	28	26373	18	8242	28
西 藏	12254	31	25457	25	8244	27
陕 西	17395	21	26420	16	8689	26
甘 肃	13467	30	23767	31	6936	31
青 海	15813	27	24542	29	7933	29
宁 夏	17329	22	25186	26	9119	25
新 疆	16859	26	26275	20	9425	24

资料来源：由《中国统计年鉴2016》数据整理获得。

从全国31个省（区、市）城镇和农村居民人均收入的变异系数来看，自2006年开始呈缩小趋势。全国31个省（区、市）城镇居民人均收入差异系数由2006年的0.285逐渐缩小到2015年的0.249，农村居民人均收入差异系数由2006年的0.454逐渐缩小到2015年的0.336（见图3、图4）。

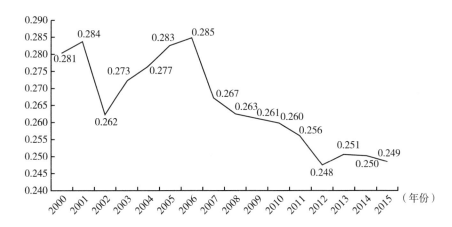

图3 2000~2015年全国31个省（区、市）城镇居民人均收入变异系数

资料来源：由历年《中国统计年鉴》数据计算获得。

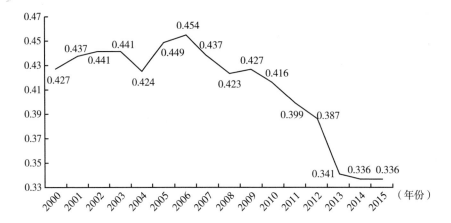

图4 2000～2015年全国31个省（区、市）农村居民人均收入变异系数

资料来源：由历年《中国统计年鉴》数据计算获得。

二 城乡居民消费水平继续提高，差距依然较大

（一）城乡居民消费水平继续提高，农村增速快于城镇

2015年，城乡居民人均消费水平为19308元，是2000年的5.2倍，按可比价格计算，年均实际增长8.5%。其中，城镇居民人均消费水平为27088元，是2000年的3.9倍，按可比价格计算，年均实际增长6.6%；农村居民人均消费水平为9630元，是2000年的5.0倍，按可比价格计算，年均实际增长7.7%。农村居民人均消费水平增长快于城镇居民，特别是自2011年以来，较为明显（见表3）。

2016年前三季度，全国居民人均消费支出12247元，按可比价格计算，实际增长6.4%。其中，城镇居民人均消费支出16797元，按可比价格计算，实际增长5.3%；农村居民人均消费支出7017元，按可比价格计算，实际增长8.2%。农村居民人均消费支出增速也快于城镇居民。

表3 2000~2015年城乡居民家庭消费水平

年 份	绝对数(元)			城乡消费水平对比(农村居民=1)	指数(上年=100)		
	全体居民	农村居民	城镇居民		全体居民	农村居民	城镇居民
2000	3721	1917	6999	3.7	110.6	106.6	109.7
2005	5771	2784	9832	3.5	109.7	106.8	108.5
2010	10919	4941	17104	3.5	109.6	107.4	107.9
2011	13134	6187	19912	3.2	111.0	112.9	108.2
2012	14699	6964	21861	3.1	109.1	108.9	107.2
2013	16190	7773	23609	3.0	107.3	108.6	105.3
2014	17778	8711	25424	2.9	107.7	109.9	105.6
2015	19308	9630	27088	2.8	107.2	109.2	105.1

资料来源:《中国统计年鉴2016》。

(二)消费升级换代趋势明显

2016年前三季度,在生活用品及服务支出中,居民人均用于购买化妆品等个人用品的支出增长16.7%,家政服务支出增长27.3%;在交通通信支出中,居民人均用于购买汽车、移动电话的支出分别增长15.2%和10.5%,上网费和邮费分别增长15.7%和14.4%;在教育文化娱乐支出中,居民人均用于景点门票、健身活动和电影演出票等支出分别增长16.0%、13.9%和10.5%。此外,旅馆住宿和美容美发洗浴的支出分别增长10.3%和11.1%。

从一些实物指标看也能说明消费正在升级换代,比如居民家庭人均管道天然气、液化石油气和抽油烟机购买量分别增长11.3%、19.3%和14.9%,说明居民使用能源更加清洁、烹饪方式更加环保;人均汽油购买量增长19.9%,说明居民以车代步出行增多;人均空调购买量增长19.4%,说明居民日常生活更加舒适。

(三)城乡之间、地区之间消费水平差距依然较大

中国城乡之间居民消费水平一直差距较大,2000年城乡居民消费水平

之比高达 3.7，最近几年开始有所好转，至 2015 年已下降到 2.8（见表 3）。

2015 年，全国 31 个省（区、市）居民消费水平最高的为上海，达 45816 元，最低的为西藏，为 8756 元，最高值是最低值的 5.2 倍。其中，城镇居民和农村居民消费水平最高的均为上海，分别达 48750 元和 23005 元，而最低的均为西藏，分别为 17466 元和 5412 元，城镇居民和农村居民人均消费水平最高的分别是最低的 2.8 倍和 4.3 倍（见表 4）。

表 4　各地区 2015 年城乡居民消费水平比较

地 区	全部居民消费水平		城镇居民消费水平		农村居民消费水平		城乡消费水平对比（农村居民 =1）
	金额（元）	排名	金额（元）	排名	金额（元）	排名	
北　京	39200	2	41846	2	22315	2	1.9
天　津	32595	3	35290	4	19922	5	1.8
河　北	12829	29	17924	30	7666	28	2.3
山　西	14364	23	19018	29	8809	20	2.2
内蒙古	20835	8	26872	9	11814	10	2.3
辽　宁	23693	7	28567	7	13707	6	2.1
吉　林	14630	20	19358	28	8837	19	2.2
黑龙江	16443	15	21660	18	9238	15	2.3
上　海	45816	1	48750	1	23005	1	2.1
江　苏	31682	4	37515	3	20428	3	1.8
浙　江	28712	5	33359	5	19953	4	1.7
安　徽	13941	24	20251	23	7674	27	2.6
福　建	20828	9	25202	11	13631	7	1.8
江　西	14489	22	19362	27	9432	14	2.1
山　东	20684	10	26993	8	12651	9	2.1
河　南	14507	21	21821	17	8271	22	2.6
湖　北	17429	12	23561	14	9542	13	2.5
湖　南	16289	16	22770	15	9785	12	2.3
广　东	26365	6	32393	6	13344	8	2.4
广　西	13857	25	21076	20	7439	29	2.8
海　南	17019	14	23626	13	9124	16	2.6
重　庆	18860	11	25795	10	8337	21	3.1
四　川	14774	19	20114	24	10039	11	2.0
贵　州	12876	28	20082	25	7866	24	2.6

地 区	全部居民消费水平		城镇居民消费水平		农村居民消费水平		城乡消费水平对比
	金额(元)	排名	金额(元)	排名	金额(元)	排名	(农村居民 =1)
云 南	13401	27	20699	21	7820	25	2.6
西 藏	8756	31	17466	31	5412	31	3.2
陕 西	15363	17	21877	16	7944	23	2.8
甘 肃	11868	30	19480	26	6255	30	3.1
青 海	15167	18	21217	19	9109	17	2.3
宁 夏	17210	13	24041	12	9050	18	2.7
新 疆	13684	26	20532	22	7694	26	2.7

资料来源:《中国统计年鉴2016》。

三 制约居民收入和消费的因素

(一)经济增速放缓,居民增收压力加大

随着经济增速放缓,居民收入增速也出现了回落。中国国内生产总值增速由2011年的9.5%回落到2015年的6.9%,年均增长7.9%;而同期居民人均可支配收入增速也由10.3%回落到7.4%,年均增长8.9%。目前正处于经济转型和结构调整的关键时期,部分行业去产能、调结构,将给就业和增收带来较大压力。

(二)收入分配格局不尽合理,制约居民消费升级

长期以来,中国居民收入在国民收入分配中所占比重偏低。2015年,劳动者报酬占国内生产总值的比重为47.9%,低于发达市场经济国家54%~65%的水平。由于劳动者报酬是大部分居民的主要收入来源,其占国内生产总值比重偏低直接导致居民消费能力不足。

从城乡居民收入分配格局看,城乡居民收入比近年来虽呈逐年缩小趋势(2015年缩小至2.951∶1),但收入绝对差距依然较大。从城乡居民收入分

组特征看，城镇最高 20% 收入组人均可支配收入为 65082.2 元，最低 20% 收入组仅为 12230.9 元，高低收入分组收入比达 5.32∶1；农村最高 20% 收入组人均可支配收入为 26013.9 元，最低 20% 收入组仅为 3085.6 元，高低收入分组收入比达 8.43∶1。高收入人群消费倾向偏低，而低收入人群消费水平偏低，城乡之间、不同群体之间巨大的收入差距显然会制约整体居民消费水平提升。

（三）社会保障不够健全，影响即期消费扩张

部分居民，特别是中低收入者对未来支出不确定性的风险预期，以及对未来生活保障的信心不足，将会导致这部分居民倾向于控制即期消费，增加储蓄以防范未来风险。社会保障体系的健全与完善，特别是政府在基础教育、医疗、养老等社会保障方面支出的加大，对降低居民未来风险预期、扩大居民即期消费有重要的积极意义。

（四）消费软环境的隐忧，影响居民消费意愿和消费信心

近年来，随着各地市场监管和整治力度加大，市场秩序有所改善。但相关管理体制不健全、监管机制不完善，使得消费环境还存在许多隐患，市场上消费不安全的事件时有发生，"消费潜规则"层出不穷。尤其是互联网销售业务迅猛发展，活跃了消费品市场，同时也给市场秩序维护带来猝不及防的挑战。利用互联网或网络电商平台进行制假售假，由于其形式多样且比较隐蔽，不仅增大了相关部门查处的难度，也加大了消费者权益保护的难度。频发的消费安全事件，特别是食品消费安全事件使得城乡居民对消费安全的信心受到打击，严重影响居民消费信心和消费意愿，使消费者不敢消费、不放心消费，制约了消费需求的增长。

（五）公共产品投入不足，降低居民消费倾向和消费预期

目前，在社会保障、医疗、养老、教育等基础性公共服务方面投入相对滞后，直接导致居民预期消费支出增加、当期消费支出减少。加上近期部分

城市房价上涨过快，而中低收入家庭的住房保障体系尚处于探索发展阶段，使得居民住房消费预期支出大幅增加，很大程度上挤占了其他当期和未来消费。

四 促进城乡居民收入和消费的建议

2016年是"十三五"规划的开局之年，也是供给侧结构性改革元年。受世界经济复苏疲弱、中国经济发展周期调整、产能过剩依然严重等多重因素影响，中国经济增长仍面临下行压力，但随着中国坚持积极的财政政策，加大改革攻坚力度，经济增长呈现底部企稳迹象，估计全年经济增长速度为6.7%左右。2017年将是中国经济持续筑底的一年，仍将面临多重困境，预测经济增长率为6.5%左右。为促进中国城乡居民收入和消费的持续增长，建议如下。

（一）采取有力措施，确保城乡居民收入快速稳定增长

当前国际国内经济形势复杂多变，经济增长面临各种不确定因素的挑战。面对经济下行压力的挑战，通过深化各领域改革，提升经济增长质量和效益，努力保持经济较快增长，可为带动城乡居民收入实现较快增长奠定良好的物质基础。继续稳定提高工薪阶层工资水平，保持工资性收入得到持续增长。各级政府需继续加大投入，进一步完善社保体系，提高底线民生的保障水平，让更多的低收入和弱势群体享受到经济发展带来的红利。

（二）加快供给侧的调整步伐，创新消费供给

第一，加快服务业发展，引导传统服务业企业经营模式转型升级，鼓励和支持大型服务业企业依托优势发展连锁业态，大力发展"互联网＋"服务，不断提高服务业水平并扩大其规模，让城乡居民享受更加便利、更高水平的服务，从而促进城乡居民消费升级。第二，积极引导消费金融，加大城乡消费信贷产品体系创新力度，完善消费信贷的个人征信和资信评估体系。

大力推动信用平台建设，积极支持居民家庭住房、装修、大宗耐用消费品、新型消费品以及文化、教育、旅游、养老等服务消费领域的合理消费信贷需求。第三，加大个性化、多样化的新型消费供给力度，拓展服务、信息、健康养老、休闲旅游、文化体育、医疗保健、教育、绿色循环等新型消费领域。第四，加快消费导向的投资转型，投资重点转向教育、医疗、社会保障等公共产品领域，使投资与消费相匹配。

（三）减轻消费负担，提振消费者信心

首先，要积极推进基本养老、基本医疗、基础教育、保障性住房以及最低生活补助等保障体系建设，切实减轻城乡居民消费负担，提高城乡居民对未来收入和消费的心理预期，促进城乡低收入群体充分释放其消费需求，缩小城乡消费差距。其次，要构建高效的消费市场监管体系，改善消费环境：一是进一步完善消费市场监管的法律法规，建立成熟的市场准入和退出机制，保证市场交易的公平，维护交易双方的基本权益，构建公平和谐的市场环境；二是严格执法，经常性开展商品质量监测，依法惩治侵权假冒违法行为；三是加强消费市场基础设施建设，特别是加快农村地区水电路气等基础设施升级改造，完善信息网络建设；四是建立健全商品流通网络，加快发展现代流通模式，积极培育农村小商品市场。

（四）做好精准脱贫工作，帮助贫困群众彻底摆脱贫困

"十三五"期间，扶贫开发工作进入啃硬骨头、攻坚拔寨的冲刺期。如果能抓住这一机遇，克服各种困难，带领全国5575万农村贫困人口脱贫致富，势必会促进农村经济、社会快速发展，推动农村居民收入水平整体迈上一个新的台阶。因此，一是要严格落实国家各项扶贫惠民政策，将资金、项目用到刀刃上，确保精准扶贫政策落地落实。二是要认真总结以往扶贫工作的经验与教训，对症下药，坚持落实分类施策、因人因地施策、对症施策和针对贫困类型施策。三是要理清思路，做好长远脱贫致富奔小康规划，建立长效致富机制，帮助贫困群众彻底摆脱贫困。

（五）改善投融资环境，拓宽居民增收渠道

目前居民投资理财的方式还比较单一，主要靠银行存款利息、理财投资以及股票债券收益，投资渠道有待进一步拓宽。对城镇居民来说，主要是拓宽理财渠道来增加收入。要加大居民理财投资知识宣传力度，增强投资意识和风险意识，引导居民参与合理的投资理财；创新金融产品，拓宽投资领域，合理引导居民通过债券、股票、基金、保险和不动产进行投资，增加红利、租金和利息等财产净收入；同时还要规范中小企业资本市场，保护投资者特别是中小投资者合法权益，通过强化投资理财渠道监管、规范交易方式来保护民间投资的合法权益。对农村居民来说，主要是通过农村产权制度改革来增加收入。要加快完善村经济合作社股份合作制改革，赋予农民对落实到户的集体股份的占有、收益、有偿退出及抵押、担保和继承等权利。探索土地流转新模式，推进土地流转进程，提高流转收益。同时还要创新农村金融产品和服务方式，创造良好的农村金融环境，为农民增加财产性收入创造便利条件。

参考文献

中华人民共和国国家统计局编《中国统计年鉴2016》，中国统计出版社，2016。

国家统计局住户调查办公室编《中国住户调查年鉴2016》，中国统计出版社，2016。

国家统计局中国经济景气监测中心编《中国经济景气月报》2016年第10期。

李培林、陈光金、张翼：《2016年中国社会形势分析与预测》，社会科学文献出版社，2015。

中华人民共和国国家统计局编《中国发展报告2016》，中国统计出版社，2016。

B.3

2016年中国产业结构调整对高校
毕业生就业的影响*

莫荣　汪昕宇**

摘　要：　2016年城镇新增就业企稳回升，9月份累计城镇新增就业1067万人，全国城镇登记失业率为4.04%，提前完成全年就业目标任务。化解过剩产能中就业压力增大，政府就业政策力度也不断加大，先后出台了三个就业有关政策。当前就业形势保持稳定，主要是基于经济增速保持在合理区间、产业结构不断优化、改革红利释放、就业政策发挥作用等四个方面的因素。产业的区域转移对高校毕业生就业地分布产生了一定影响，产业转型升级背景下毕业生在第三产业就业的比例最高，毕业生从事教育、医疗、信息类职业的比例持续增加。建议高度重视高校毕业生就业工作，关注毕业生的就业稳定性问题；优化针对高校毕业生的创业服务，提供更丰富有效和灵活多样的服务；加强人才需求的统计与预测工作，提高高等院校人才培养与市场需求之间的符合度；重视毕业生的就业质量。

关键词：　结构调整　就业　高校毕业生

---

* 本报告是国家社科基金重大课题"产业转型升级下的高校毕业生就业研究"（14ZDA068）的阶段性成果，课题首席专家莫荣研究员，感谢刘军研究员、丁塞尔副研究员对本报告的贡献，感谢麦可思公司的数据支持。

** 莫荣，人力资源和社会保障部国际劳动保障研究所所长、研究员、博导，研究所学术委员会主任，中国就业问题专家，主要研究劳动就业、人力资源管理、职业培训、国际劳动保障和大数据等问题。汪昕宇，北京联合大学人力资源管理研究所所长、教授，主要研究高校毕业生、农民工的就业问题。

一 2016年就业形势分析

（一）城镇新增就业企稳回升，提前完成全年就业目标任务

1. 提前实现城镇新增就业1000万人的就业目标，失业率控制在低位

2016年以来，城镇新增就业呈现震荡回升走势。一季度全国城镇新增就业人数318万人，同比减少6万人，降幅低于2015年同期（20万人）。二季度减幅逐渐收窄，三季度新增就业先抑后扬，7月份大幅下滑，8、9月份又回暖向好。2016年1~9月，城镇新增就业累计1067万人，同比增加1万人，提前完成全年1000万人的目标任务。

三季度末，全国城镇登记失业率为4.04%，低于4.5%的年度调控目标。城镇失业人员再就业426万人。就业困难人员实现就业125万人，完成全年120万人的目标任务①。

2. 化解过剩产能中就业压力增大，政府就业政策力度不断加大

2015年底召开的中央经济工作会议对加强供给侧结构性改革做出部署，明确2016年经济工作去产能、去库存、去杠杆、降成本、补短板的五大任务。2016年《政府工作报告》提出了具体的指标要求，人社部门承担职工安置的任务。2016年以来，在去产能和经济增速放缓的双重压力下，劳动就业领域矛盾开始出现，新增就业减少，群体性事件多发。去产能、去库存企业面临多年积累的问题，包括企业大幅降薪甚至长期欠薪，导致职工收入大幅下滑、家庭生活难以维持；企业由于经营困难拖欠了相关的福利待遇、社会保险费等历史遗留问题；部分职工尤其是煤矿企业职工技能单一、年龄偏大，矿区就业岗位少，就业困难等。

从处置情况看，人力资源和社会保障部、国家发展改革委等七部门

---

① 人力资源和社会保障部：《2016年三季度人力资源和社会保障工作进展情况及下一步工作安排》，http://www.mohrss.gov.cn/gkml/xxgk/201610/t20161026_258197.htm。

2016 年 4 月份出台了《关于在化解钢铁煤炭行业过剩产能实现脱困发展过程中做好职工安置工作的意见》，明确了"坚持企业主体、地方组织、依法依规，更多运用市场办法，因地制宜、分类有序、积极稳妥地做好职工安置工作，维护好职工和企业双方的合法权益，促进失业人员平稳转岗就业，兜牢民生底线，为推进结构性改革营造和谐稳定的社会环境"的总体要求。

人力资源和社会保障部 2016 年 6 月份制定了《关于实施化解过剩产能企业职工特别职业培训计划》，从 2016 年至 2020 年，利用 5 年左右时间组织化解过剩产能企业失业人员和转岗职工参加培训，探索职工培训新模式，完善政策措施和培训服务体系，力争使有培训愿望和需求的企业失业人员和转岗职工都能接受一次相应的政府补贴性职业培训。11 月又制定了《关于开展东北等困难地区就业援助工作的通知》，明确以去产能任务重、停产职工多、失业风险上升的就业困难城市和企业为重点，以帮扶去产能中失业人员、停产停工企业职工、高校毕业生等重点群体就业为目标，发挥部门职能优势，采取与东部地区劳务对接协助、大中城市联合招聘活动、高层次人才促就业专项行动、技工院校校企合作培养行动等多项措施，促进重点群体就业创业；发挥群团组织的优势，开展工会解困脱困活动、青年见习助就业行动、高校就业困难学生精准帮扶行动以及妇女巧手帮扶行动等；搭建政企合作平台，推出电商专项帮扶活动、移动出行专项帮扶活动、人力资源服务企业联合招聘行动等。这些政策对稳定就业形势起到了重要作用。

在经济下行压力加大的背景下，当前就业局势总体保持稳定，主要是四方面因素共同作用的结果。一是经济增速保持在合理区间，经济规模持续扩大，为就业增长奠定了基础；二是产业结构不断优化，第三产业发展增加了就业岗位；三是改革红利持续释放，创业能动性加强，创业持续活跃；四是就业政策持续发挥效能，新政策不断完善，及时解决了出现的问题。同时，中国经济发展和劳动力市场韧性比较强，回旋余地大。如发达地区转型升级虽然成效显现，但落后地区加快后发赶超，提供了较为充足的就业岗位；服务业保持较快增长，新产业、新业态不断涌现，也创造了大量新的就业机会。与此同时，中央对就业工作高度重视，实施宏观调控更加注重促进就业效果,地方政府也把狠抓就业创业政策落实作为应对下行压力的关键举措,加大工作和资金投入力度,提早开展春风行动、就业援助月等专项服务活动,帮扶了重点群体就业,稳定了就业局势。

(二)受结构性调整的影响,劳动力市场发生新变化

1. 求人倍率有所回升,但市场供求数量受经济增速下降的影响显现

据人力资源和社会保障部的 100 个城市公共就业服务机构市场供求数据①,2016 年三季度人力资源市场求人倍率结束上半年持续走低态势,环比上升 0.05,达到 1.10。市场招聘岗位数同比降幅小于求职人数,改变了自 2015 年一季度以来降幅持续大于求职人数的走势,意味着市场需求相对增加,劳动者择业机会有所增加。

但 2016 年三季度与上年同期相比,需求人数和求职人数分别减少了 29.5 万人和 29.7 万人,各下降了 6.1% 和 6.8%,供求双方进入就业市场的数量基本同步减少。本季度与上季度相比,需求人数和求职人数环比分别减少了 25.1 万人和 41.4 万人,求职人数下降数量更大一些,各下降了 5.3% 和 9.2%。

与 2015 年同期和上季度相比,东、中、西三大区域市场的供求人数均呈下降态势。与 2015 年同期相比,东部地区市场用人需求和求职人数分别减少了 19.9 万人和 17.6 万人,各下降了 7.3% 和 7.1%,基本同步;中部地区市场用人需求和求职人数分别减少了 7.5 万人和 7.8 万人,各下降了 5.9% 和 6.9%,也基本同步;西部地区市场用人需求和求职人数分别减少了 2.1 万人和 4.3 万人,各下降了 2.6% 和 5.9%,求职人数减少量大于需求减量。

2016 年第三季度东部和西部地区求职人数降幅较大,是季度求职人数下降的主要原因。与上季度相比,东部地区市场需求人数和求职人数分别减少了 12.8 万人和 24.8 万人,各下降了 5% 和 9.8%;中部地区市场需求人数和求职人

---

① 人力资源和社会保障部:《2016 年第三季度部分城市公共就业服务机构市场供求状况分析》,http://www.chrm.gov.cn/Content/842/2016/4/100889.html。

数分别减少了6.8万人和7.5万人，各下降了5.2%和6.2%；西部地区市场需求人数和求职人数分别减少了5.5万人和9万人，各下降了6.5%和12.1%。

2.制造业结构调整结果显现，第二和第三产业用工此消彼长

2016年三季度，一、二、三产业市场需求人数所占比重分别为1.8%、40%和58.2%[①]（见图1）。与2015年同期相比，第二产业的需求比重下降了1.1个百分点，第三产业的需求比重上升了0.8个百分点；与上季度相比，第二产业的需求比重下降了0.8个百分点，第三产业的需求比重上升了0.9个百分点。

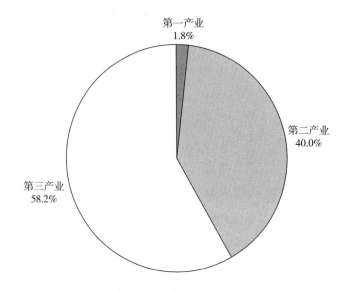

图1　按产业分组的需求人数比重

分行业来看，83.8%的企业用人需求集中在制造业（33.6%），批发和零售业（14.1%），住宿和餐饮业（10.6%），居民服务和其他服务业（10.1%），租赁和商务服务业（6.5%），信息传输、计算机服务和软件业（4.8%），建筑业（4.1%）等行业。

与上季度和2015年同期相比，制造业的用人需求比重分别下降了0.5

---

① 人力资源社会保障部：《2016年第三季度部分城市公共就业服务机构市场供求状况分析》，http://www.chrm.gov.cn/Content/842/2016/4/100889.html。

个和 1.4 个百分点，处于持续的结构调整中；批发和零售业的用人需求比重环比上升了 0.9 个百分点、同比下降了 0.4 个百分点，有企稳回升的势头；虽然住宿和餐饮业的需求比重分别下降了 0.1 个和 0.8 个百分点，但居民服务和其他服务业的用人需求比重分别上升了 0.4 个和 0.2 个百分点，有利于第三产业就业数量的增加；信息传输、计算机服务和软件业的用人需求比重环比下降了 0.2 个百分点、同比上升了 0.6 个百分点，也是一种回升的态势；建筑业的用人需求比重分别下降了 0.3 个和 0.1 个百分点，仍然处于结构调整中；租赁和商务服务业的用人需求比重分别上升了 2.4 个和 0.2 个百分点，表明了整体经济的回升需求。

3. 从职业供求状况看，结构调整带来的供求矛盾表现突出

62.3% 的用人需求集中在生产运输设备操作工、商业和服务业人员两大职业，其需求所占比重分别为 32% 和 30.3%[①]。从求职人员情况看，求职人员也主要集中在生产运输设备操作工、商业和服务业人员，其所占比重分别为 29.9% 和 26%，两者合计约占总求职人数的 55.9%，低于需求方所占的比重，这类人员短缺的问题仍然存在。

与上季度和 2015 年同期相比，生产运输设备操作工的用人需求比重环比上升了 1.2 个百分点、同比下降了 1 个百分点，表明了企业生产经营开始回升；但与上季度和 2015 年同期相比，这一职业的求职比重环比上升了 0.8 个百分点、同比下降了 0.5 个百分点，低于需求方的增速，进一步加大了供求的结构性矛盾。与上季度和 2015 年同期相比，商业和服务业人员的需求比重分别下降了 1.2 个和 0.3 个百分点，其求职比重环比和同比分别下降了 1.1 个和 0.4 个百分点，表明互联网销售对商业的冲击仍然没有结束，供求双方都在下降中。

专业技术人员、办事人员和有关人员的用人需求也比较大，所占比重分别为 16.9% 和 10.8%，但这两个职业的求职比重分别为 15.2% 和 16.3%，表明专业技术人员需求略大于供给，而办事人员和相关人员供给大于需求状况

---

① 人力资源社会保障部：《2016 年第三季度部分城市公共就业服务机构市场供求状况分析》，http://www.chrm.gov.cn/Content/842/2016/4/100889.html。

较严重。

从供求状况对比来看，除办事人员和有关人员、单位负责人需求较弱外，其他各类职业岗位空缺与求职人数的比值均大于1，市场用人需求大于劳动力供给（见图2）。

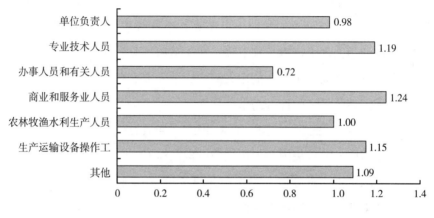

图2　按职业类别分组的供求人数对比

二　产业结构调整对高校毕业生就业的影响

21世纪以来，中国高校毕业生数量进入了快速增长期，毕业生人数由2001年的114万人快速增长到2016年765万人的历史新高。我们以高校本科和专科毕业生为研究对象，重点利用麦可思公司高校毕业生毕业半年后的就业状态数据，并结合有关统计资料和调研，对2011~2015届本科和专科毕业生的就业状况进行分析。

（一）产业的区域转移对毕业生就业地分布产生了一定影响，毕业生在经济发达地区就业比例下降，在中西部欠发达地区的就业比例有明显上升

按毕业生就业地区域和经济发展状况，我们将毕业生就业地分为泛长江

三角洲区域经济体、泛渤海湾区域经济体、泛珠江三角洲区域经济体、西南区域经济体、中原区域经济体、陕甘宁青区域经济体、东北区域经济体和西部生态经济区8个区域。从毕业生就业地分布的整体情况来看，毕业生的就业地以泛长江三角洲区域、泛渤海湾区域、泛珠江三角洲区域为主，2015届毕业生在这三个区域就业的比例分别为23.6%、21.9%和20.3%，合计达到65.8%；其次是西南区域和中原区域，2015届毕业生在这两个区域就业的比例分别为12.0%和10.6%；再次是东北区域和陕甘宁青区域，2015届毕业生的就业比例分别为5.1%和4.6%。2015届毕业生在西部生态经济区的就业比例最低，为1.9%（见图3）。

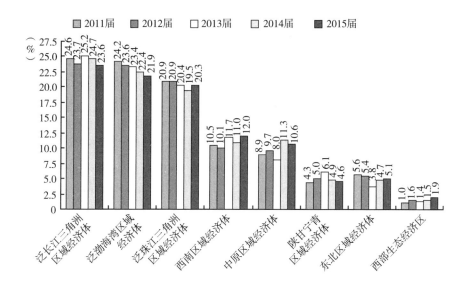

图3　2011～2015届毕业生就业的区域分布

从2011～2015届本科毕业生就业地的变动来看，呈现三种态势：一是毕业生在泛长江三角洲、泛渤海湾、泛珠江三角洲和东北等区域的就业比例呈现一定的下降趋势，2015届毕业生较2011届毕业生，四区域就业比例分别下降了1.0个百分点、2.3个百分点、0.6个百分点和0.5个百分点；二是毕业生在西南、中原和陕甘宁青等区域的就业比例呈现一定的上升趋势，2015届毕业生较2011届毕业生，三区域就业比例分别上升了1.5个百分

点、1.7 个百分点和 0.3 个百分点；三是西部生态经济区因区域发展和人口特点，其所能承接的就业人数较少，但由于基数较低，2015 届毕业生较 2011 届毕业生也呈现较明显的增加，就业比重上升了 0.9 个百分点。专科毕业生就业区域的分布与变化特点相近。

毕业生就业区域分布的变化体现了中国产业转移、产业结构调整给毕业生就业带来的影响。近年来，中国中西部地区正在积极主动承接沿海发达地区产业梯度转移，大力推进自身城镇化、工业化进程，其产业规模和结构发生积极变化，带动了对高校毕业生的需求。东部等经济发达地区在产业转移的同时也积极进行产业的转型升级，由低端制造业和服务业逐步向高端智能制造业和服务业转型，用人单位对劳动力的需求数量和需求结构也相应发生了较大变化，对低端操作型劳动力的需求在减少，对高端技术型人才的需求大幅上升。这种变化使得高校毕业生总体上在经济发达地区就业的数量有所下降。

（二）产业转型升级下毕业生在第三产业就业的比例最高，且呈明显上升趋势

2011～2015 届毕业生就业的产业分布，按照就业比例从高到低，依次是第三产业、第二产业和第一产业。比较 2011～2015 届毕业生就业的产业分布及其变化发现，第一产业的就业比例变化不大，基本维持在 1.3% 左右，而第二产业的就业比例呈下降态势，第三产业的就业比例呈显著上升趋势，2015 届毕业生的变动幅度最大。2015 届毕业生在第三产业的就业比例达到了 62.98%，比 2014 届毕业生增加了 4.96 个百分点，涨幅为 8.55%；在第二产业的就业比例下降到 35.71%；第一产业则保持在 1.30%（见图 4）。

总体上，第三产业是吸收毕业生就业的主体，这符合第三产业具有较强岗位再生能力和劳动力承载能力、劳动力需求量较大的特点，这也是中国大力发展第三产业、优化产业结构的结果，是产业结构调整的重要体现。2015 年，中国第三产业占 GDP 的比重首次突破 50%，达到 50.5%。未来随着第三

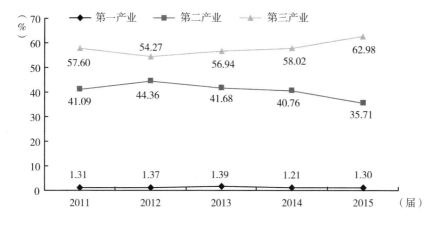

图4 2011~2015届毕业生就业的产业分布

产业比重的提升，毕业生在第三产业就业的比例还将进一步增加，同时通过优化第三产业的内部结构，可以进一步提高第三产业对劳动力的承载能力。

（三）毕业生在建筑业、教育业就业的比例最高，在医疗和社会服务护理业就业的比例上升最快，本专科毕业生的就业行业分布有差异

1. 四大行业名列毕业生就业量前茅，累计约占1/3

从2011~2015届毕业生就业的行业分布看，就业的前十大行业基本保持不变，其中建筑业、教育业、金融业、媒体信息及通信业始终保持在前四位，累计约占毕业生就业总量的1/3。这四大行业又各有特点，建筑业的毕业生就业量2011~2014年一直呈上升趋势，但2015届有一定程度下降；教育业自2012年起呈持续上升趋势，2015届相比2012届增长了3.9个百分点，涨幅较大；金融业和媒体信息及通信业2011~2014年呈持续下降趋势，2015年起又有较大幅度回升。

2. 医疗和社会服务护理业、住宿和餐饮业等行业毕业生就业比例呈现快速上升的趋势

毕业生在医疗和社会服务护理业就业的比例上升最快，由2011年的2.1%，上升到2015年的6.4%，增长了2倍多。批发商业的毕业生就业

比例从 2011 年的 0.9% 上升到 2015 年的 1.6%，增幅为 78%，住宿餐饮的增幅为 35%，行政、商业和环境保护辅助业的增幅为 25%，增幅都较高。

3. 矿业、各类制造和加工业的毕业生就业比例呈明显下降趋势

在毕业生就业的三十大行业中，有 11 个行业的毕业生就业比例呈现不同程度的下降。其中，除政府及公共管理行业以外，其他毕业生就业比例有明显下降的行业主要是矿业和各类制造和加工业，均属于第二产业的范畴，这正好可以解释毕业生就业的产业分布中，第二产业比例的快速下降。其中，矿业的毕业生就业比例下降幅度最大，从 2011 年的 1.2% 下降到 2015 年的 0.6%，降幅为 50%。其次则是机械五金制造业、化学品化工塑胶业、食品烟草加工业、纺织皮革及成品加工业等，降幅在 25% 左右。政府及公共管理业的降幅最小，从 2011 届毕业生的 4.1% 下降到 2015 届毕业生的 3.8%，仅下降了 0.3 个百分点。

总之，毕业生就业行业的内部构成近 5 年发生了较大的变化，与居民生活息息相关的日常生活服务类行业的毕业生就业比例上升较快，而中低端制造、加工、采矿、房地产相关行业随着产业的收缩，毕业生的就业比例在下降。毕业生就业行业的变化，是中国各行业发展状态的体现，也是中国各产业内部结构调整的结果。未来随着中国去产能、去库存的进一步深入，毕业生在相关去产能、去库存行业中的就业比例还会进一步下降，中高端服务业的毕业生就业比例还会进一步增大。

本、专科毕业生在就业的行业分布上总体趋势比较一致，也存在一定差别，主要体现在本科毕业生在"教育业"的就业比例最高。2015 届毕业生与 2013 届相比，就业比例增加最多的行业类依次为"教育业"（增加 3.6 个百分点）、"医疗和社会护理服务业"（增加 2.8 个百分点）、"媒体、信息及通信产业"（增加 1.8 个百分点）；就业比例降低最多的行业类是"建筑业"，降低了 2.4 个百分点，其次是"机械五金制造业"，降低了 1.7 个百分点。

专科毕业生在建筑业的就业比例最高，2015 届毕业生与 2013 届相比，就业比例增加较多的行业类为"金融（银行/保险/证券）业"（增加 2.2 个百分点）、"医疗和社会护理服务业"（增加 2.0 个百分点）和"教育业"（增加 1.9 个百分点）；就业比例降低最多的主要行业类是"机械五金制造业"，降低了 1.6 个百分点。

（四）毕业生从事教育、医疗、信息类职业的比例持续增加

毕业生从事职业的变化分本、专科情况来看，2015 届本科毕业生半年后从事最多的职业类是"中小学教育"，其就业比例为 8.7%，其后是"财务/审计/税务/统计"（8.4%）、"行政/后勤"（7.3%）和"销售"（6.7%）。从 2013~2015 三届的就业趋势中可以看出，在就业比例排名前十位的职业类中，本科毕业生从事"中小学教育"、"金融（银行/基金/证券/期货/理财)"、"互联网开发及应用"和"医疗保健/紧急救助"职业类的比例逐届增加，从事"行政/后勤"、"建筑工程"和"电气/电子（不包括计算机)"职业类的比例逐届降低。

2015 届专科毕业生毕业半年后从事最多的职业类是"财务/审计/税务/统计"，其就业比例为 10.8%，其次是"销售"（10.6%）。从 2013~2015 三届的就业趋势中可以看出，在就业比例排名前十位的职业类中，专科毕业生从事"互联网开发及应用"职业类的比例逐届增加，从事"机械/仪器仪表"和"电气/电子（不包括计算机)"职业类的比例逐届降低。

（五）毕业生工作与专业相关度为65%左右，要求高校专业设置进行供给侧改革，由供给导向转为市场需求导向

2011~2015 届毕业生工作与专业相关度有小幅上升，由 64% 提高到 66%，毕业生工作的专业相关度仍有待提高。本科毕业生工作与专业的相关度明显高于专科毕业生（见图 5）。

本科毕业生医学专业的工作与专业相关度最高，2015 届达到了 95%，在 10 个主要的本科学科门类中位居榜首；工学与教育学专业毕业生次之，为 71%；再次是管理学、文学、经济学和法学专业的毕业生工作与专业相

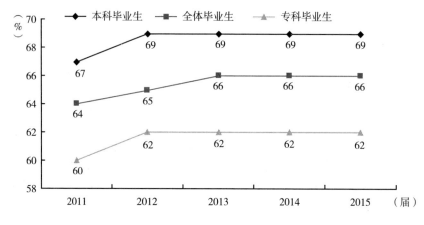

图5　2011～2015届毕业生工作与专业的相关度

关度，处于60%～69%的区间，理学、农学和历史学专业毕业生工作与专业相关度相对最低。

从2011～2015届毕业生工作与专业相关度的变化来看，医学、教育学、法学和历史学毕业生工作与专业的相关度有一定程度的提高；工学、管理学、文学、理学和农学毕业生工作与专业的相关度比较稳定，变化不大；经济学类专业毕业生工作与专业的相关度有轻度下降。

专科毕业生医药卫生类专业的工作与专业的相关度最高，2015届达到了89%，在16个主要的专科学科门类中排列第一；材料与能源大类专业毕业生次之，为74%；再次是土建、交通运输、文化教育、生化与药品、艺术设计传媒、资源开发与测绘等大类专业的毕业生工作与专业相关度处于60%～69%的区间，农林牧渔、财经、制造、环保气象与安全、电子信息、旅游、轻纺食品、公共事业等大类专业毕业生工作与专业相关度相对最低，均在60%以下。

从2011～2015届毕业生工作与专业相关度的变化来看，医药卫生、生化与药品、艺术设计传媒、文化教育、环保气象与安全、公共事业大类专业毕业生工作与专业的相关度有一定程度的提高；制造、旅游、轻纺食品大类专业毕业生工作与专业的相关度比较稳定，变化不大；土建、材料与能源、交通运输、资源开发与测绘、农林牧渔、财经、电子信息等大类专业毕业生工作与专业的相关度有不同程度的下降，其中土建大类专业的降幅最大，由 2011 届的 85% 下降为 2015 届的 69%。

三 政策建议

高校毕业生就业的区域、产业、行业结构等分布都呈现了一定趋势的变化，主要表现为毕业生在经济发达地区的就业比例在下降，在中、西部地区的就业比例在增加；毕业生在第三产业的就业比例在快速上升，在第二产业的就业比例在大幅下降；传统制造业、加工业、采矿业的毕业生就业比例在下降，与居民日常生活息息相关的教育、医疗、金融服务、信息类就业比例在上升等。这些变化体现了中国当前产业转移、产业转型升级对劳动力需求的影响和未来人才需求的变化趋势。为做好产业转型升级下高校毕业生的就业工作，我们建议如下。

（一）要高度重视高校毕业生就业工作，关注毕业生的就业稳定性问题

高校毕业生就业形势虽然总体平稳，但在高校毕业生总量持续增长的情况下，由于受经济下行的影响，企业用工需求在减少，这种供需总量矛盾使得毕业生的就业压力不断加大。毕业生受雇全职就业的比例在持续减少，这既是毕业生就业形式多样性的体现，又反映了毕业生就业的不稳定性在增加。同时，毕业生在就业半年内的离职比例也较高，平均在 35% 左右。非受雇全职工作、频繁更换工作一方面会影响毕业生的薪酬福利待遇，另一方面也增加了劳动力市场的不稳定性。面对这种压力，各级政府及相关部门依然要高度重视高校毕业生就业工作。

（二）重点关注"慢就业"毕业生中的就业困难群体，防止毕业生就业"失望心理"蔓延

我们将在毕业半年后仍处于非就业状态的毕业生统称为"慢就业者"。

毕业生放弃求学求职的原因来自多方面，有的毕业生因为家庭条件好或者自身偏好而不愿意就业；有的则是没有规划和目标，对前途一片茫然；或者长期找工作受挫，对就业失去信心。

积极的、有计划的、基于职业发展考虑的"慢就业"对于缓解就业压力、提高毕业生就业质量是有积极作用的。但因长期找不到工作、对就业没有信心而沦为"毕剩客"是毕业生的无奈选择，也是毕业生对就业失望的真实体现；因没有目标和规划而茫然地"窝"在家里无所事事也是毕业生消极应对就业的一种表现，这类毕业生数量的增加，无疑会给劳动力市场释放悲观信号。因此，应重点关注这部分群体，了解毕业生在就业中的切实困难，加强积极就业观的宣传，加大就业服务力度，防止因"羊群效应"而使毕业生就业的"失望心理"进一步蔓延。

同时，建立健全困难毕业生就业帮扶长效机制。针对离校后尚未落实工作岗位的毕业生，引导他们到人社部门进行注册登记，将其纳入"离校未就业高校毕业生就业促进计划"，主动做好未就业高校毕业生离校前后实名信息衔接和服务接续。落实、使用好就业困难毕业生帮扶资金，组织公益性就业技能培训、专场就业双选会及发放求职补贴等，并形成长效帮扶机制。

（三）优化针对高校毕业生的创业服务，提供更丰富有效和灵活多样的服务

毕业生的灵活就业率近年来有明显的上升，尤其是自主创业的比例增长幅度较大，灵活多样的就业形式对于缓解就业压力是有积极作用的，但同时也是毕业生应对就业市场压力较大的一种方式。因此，我们在鼓励大学生创业的同时，也应重视大学生的创业教育，加强学生的创业教育与培训，并为毕业生自主创业提供更好、更适合的服务和政策支持，提高毕业生自主创业的存活率和创业绩效。

第一，提高大学生对创业政策的知晓度。相关统计调查结果显示，大学生对政府提供的创业政策的知晓度不高，使得很多大学生不能获得应有的支持。因此，应加大创业政策与服务的宣传力度，开展政策宣传进校园、校园

宣讲等活动，积极向大学生普及创业扶持和服务内容等，提供相关部门的联系方式和联系人，以便做好后期的服务、帮助和指导工作。

第二，加强对大学生创业服务需求的调查。通过调查，了解大学生在创业过程中遇到的主要困难、创业难点以及大学生需要的创业帮扶等。只有真正了解大学生的创业服务需求，才能提供有针对性的服务，提高服务的效率。

第三，进一步丰富大学生创业服务的内容与形式。创业服务应是全过程、全方位的，包括创业前的指导与项目遴选、创业中的帮扶、创业后的跟踪评估与反馈等。许多大学生的创业实践表明，大学生创业比较欠缺的是经验和经费，如何给予创业项目有效的指导和充分的资金支持，是政府相关部门在服务内容上应该重点考虑的。在创业服务形式上，有必要充分利用互联网和移动媒体设备，为大学生提供便捷、高质量的服务。

第四，建立创业意识教育、创业能力培训、创业实践活动有机结合的创业指导体系，积极构建地方、高校、教师、学生协同共建的创业服务体系及创业项目研发、推介、孵化与产业化紧密链接的创业信息市场体系；推动完善落实大学生创业政策体系，筹集创业基金，助推创业发展，实现以创业带动就业的倍增效应。

（四）加强人才需求的统计与预测工作，深化高等教育改革，提高高等院校人才培养与市场需求之间的契合度

高校毕业生就业最主要的矛盾是供需之间的结构性失衡。要将高等教育与劳动力市场需求有效对接，需考虑加强以下几方面的工作。

第一，加强产业、行业以及职业发展趋势预测，合理测算劳动力市场对高校毕业生的需求数量，为高等院校人才培养结构、专业设置的调整等提供科学依据，这需要有专门机构，利用相关部门的统计数据来承担这项工作。

第二，根据人才需求特点和趋势，针对不同层次和特点的院校制定不同的培养定位和目标，改变高等院校建设雷同的局面。这就需要加强高等院校的特色建设，在保持高等教育专业设置自主性、相对独立性的同时，积极进行适度调整，形成符合市场需求的各有侧重和优势的高等教育模式，以满足

市场多样化的人才需求。

第三，加强创新创业教育与培训，提升高校毕业生的创新能力和创业实力。目前，中国的创新创业教育还处于起步阶段，相比国外高校大学生，国内大学生普遍缺乏创新意识和创新能力，这对于促进青年的创新创业是非常不利的。因此，一方面，各高等院校应成立专门机构，积极与企业合作，引入社会优质创新创业资源，共同开展大学生的创新创业教育；另一方面，政府相关部门可以通过下属机构部门或者采用政府购买服务的方式，为高校毕业生提供优质的创新创业培训。

第四，加强毕业生就业的统计工作，更加准确地把握毕业生的就业现状与动态，重点关注毕业生中的重点群体（如就业困难群体、就业绝望者等）和就业中的重点问题（如毕业生就业状态、失业原因等），为制定有效的就业、创业扶持政策提供依据。

（五）重视毕业生的就业质量

虽然调查结果显示毕业生整体就业质量持续向好，但毕业生就业质量仍不容乐观。毕业生初次就业薪酬涨幅整体低于城镇职工的工资涨幅，毕业生的就业满意度和稳定性也都不高，均在70%以下。毕业生作为新进入劳动力市场的劳动者，工资水平不高是正常的，但涨幅还是应与城镇职工平均工资涨幅看齐。同时，毕业生相对不高的就业满意度和就业稳定性具有引发社会风险的可能性。

第一，建立一个较为统一的高校毕业生就业质量评价体系，该体系中可包含就业率、就业满意情况、就业稳定情况、薪酬水平四大指标，以该指标体系为基础对高校毕业生的就业质量进行实时监测，以把握毕业生整体就业状态，同时用于就业质量的横纵向比较。

第二，重视社会保障体系建设，尤其要重视失业保障体系建设，让大学生无论在哪里就业都能享受同样的社会保障。建立高校毕业生薪酬水平指导机制，使毕业生在初始就业时能获得公平的工资收益，同时保证合理的工资增长水平。

第三，营造公平公正的就业环境，动员全社会的力量，通过多种手段，在就业方面形成正确舆论导向和社会观念，引导整个社会尤其是用人单位树立公平公正的就业观，消除就业中学校、性别、户籍、民族、年龄等方面的歧视问题。

参考文献

人力资源和社会保障部、国家发展改革委等七部门：《关于在化解钢铁煤炭行业过剩产能实现脱困发展过程中做好职工安置工作的意见》，人社部发〔2016〕32号，2016年4月7日。

人力资源和社会保障部：《关于实施化解过剩产能企业职工特别职业培训计划的通知》，人社部发〔2016〕52号，2016年6月15日。

人力资源和社会保障部：《关于开展东北等困难地区就业援助工作的通知》，人社部发〔2016〕106号，2016年11月1日。

莫荣主持："产业转型升级对就业的影响"国际劳工组织课题，2014年3月完成。

莫荣：《就业政策4.0：让创业变引擎》，《时事报告·大学生版"形势与政策"专题讲稿》，2016～2017学年度上学期。

莫荣：《新常态下就业为啥好于预期》，《时事报告·大学生版》2015～2016学年度下学期。

B.4
2016年中国居民收入差距变化

杨宜勇　池振合[*]

摘　要：　2016年国民经济增长率下降和产业结构变动将会降低城乡低
　　　　　技能劳动力工资增长率，减少低技能劳动力的就业机会，而
　　　　　低技能劳动力主要集中于城镇中低收入者和农村中高收入者。
　　　　　因此，经济增长率下降会改变城镇居民收入差距不断缩小的
　　　　　趋势，引起城镇居民收入差距扩大。与此同时，经济增长率
　　　　　下降将会使农村收入差距延续2015年缩小趋势，进一步缩
　　　　　小。经济增长率下降对农村居民人均收入增长率的负面冲击
　　　　　要大于城镇居民，会引起城乡收入差距缩小的趋势停滞，甚
　　　　　至转为扩大。综上所述，2016年城镇、农村和城乡居民收入
　　　　　差距将朝着不同方向变化，全国居民收入差距不断缩小的趋
　　　　　势将会停滞，甚至可能有所扩大。

关键词：　收入分配　居民收入差距　地区差距　经济增长

一　研究背景

经济增速放缓和产业结构变动会对城镇和农村不同收入组家庭收入产生
不同影响，引起城镇居民收入差距扩大，农村居民收入差距缩小，城乡居民

---

* 杨宜勇，国家发展和改革委员会社会发展研究所所长、研究员，首都经济贸易大学中国劳动
人事科学发展研究院院长；池振合，中国劳动关系学院公共管理系讲师。

收入差距扩大。国家统计局发布的数据显示，2015年全国居民收入差距延续2014年变化趋势继续缩小。图1显示了2003～2015年全国居民收入基尼系数变动情况。2015年全国居民收入基尼系数为0.462，比2014年下降0.007，降幅为2010年以来最大。进入2016年，国民经济增长速度放缓的局面没有得到根本改变，国内生产总值增长率进一步下降（见图2）。2015年1～3季度国内生产总值指数分别为107.0、107.0和106.9，而2016年1～3季度国内生产总值指数均为106.7，小于2015年同期国内生产总值指数。由此可见，2016年全年国内生产总值指数可能为106.7，小于2015年的106.9，经济增长速度将会进一步放缓。

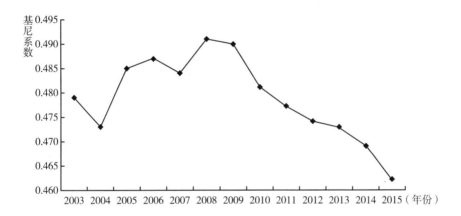

图1　2003～2015年全国居民收入基尼系数

数据来源：由国家统计局相关数据整理获得。

在经济增速放缓的同时，国民经济产业结构发生显著变化。图3展示了2010年第1季度至2016年第3季度三次产业产出占国内生产总值的比重变化。2010年第1季度至2012年第1季度，产业结构基本维持稳定。第二产业产出占国内生产总值的比重在46%左右；第三产业产出占国内生产总值的比重在45%左右。从2012年第2季度开始，第二产业产出占国内生产总值的比重逐步下降，截至2016年第3季度，第二产业产出占国内生产总值的比重已经下降到39.73%，较2012年第2季度下降了5.72个百分点。与

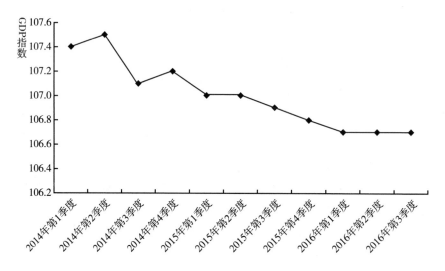

图 2　2014 年第 1 季度至 2016 年第 3 季度 GDP 指数

数据来源：国家数据库，http：//data. stats. gov. cn/easyquery. htm？cn = B01。

第二产业形成鲜明对比的是第三产业产出占国内生产总值的比重则显著上升，2016 年第 3 季度第三产业产出占国内生产总值的比重已经由 2012 年第 2 季度的 45.38% 上升到 52.3%，上升了 6.92 个百分点。国民经济产业结构之所以会发生这样的变化，一方面是因为第三产业以消费和服务为主，居民消费习惯形成之后具有一定的惯性，保证了第三产业产出增长率相对稳定；另一方面是因为第二产业产出增长率下降明显，特别是工业产出增长率快速下降。2015 年工业产出增长率仅为 6%，较 2007 年高点时的 15% 下降了 9 个百分点。[1]

改革开放以来，经济和社会高速发展，一方面依赖于经济体制由计划经济向市场经济转轨；另一方面依赖于工业化过程的不断推进。2016 年第二产业特别是工业产出增长率下降影响到整个国民经济运行，也必然会对居民收入差距产生重要影响。针对当前经济增长率降低，国民经济运行质量下降，2015 年习近平同志提出推进供给侧结构性改革，优化产业结构，提高

---

[1]　国家统计局：《中国统计年鉴 2016》，中国统计出版社，2016。

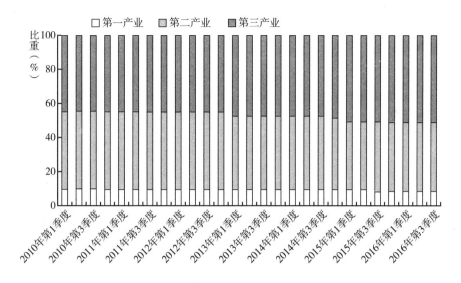

图3 2010年第1季度至2016年第3季度产业结构变化

注：三次产业产出占国内生产总值的比重均经过季节调整，调整方法为 X－13。

数据来源：国家数据库，http：//data. stats. gov. cn/easyquery. htm? cn = B01。

国民经济运行质量，推动国民经济稳步健康发展。供给侧结构性改革的主要任务主要为五个方面，即去产能、去库存、去杠杆、降成本、补不足，归结为"三去一降一补"。2016年各级政府积极推进供给侧结构性改革，纷纷出台实施供给侧结构性改革的细则，取得了较大成效。2016年供给侧结构性改革推进必然会对不同群体收入产生不同影响，对全国居民收入差距产生重要影响。

综上所述，2016年第二产业产出特别是工业产出增长率继续下降，引起国民经济增长率下降以及产业结构改变。与此同时，供给侧结构性改革全面实施在推进国民经济发展的同时会对居民收入差距产生影响。因此，本文根据国家统计局已公开数据在对2015年居民收入差距状况进行研究的基础之上对2016全国居民收入差距变化进行了预测。结构上，文章依次研究了城镇、农村和城乡居民收入差距变化。最后，分析了2015年全国居民收入差距变化，并根据城镇、农村和城乡居民收入及收入差距变动情况预测了2016年全国居民收入差距变化。

二 城镇居民收入差距变化

改革开放之后，工业化进程的顺利推进推动城镇化发展取得较大成效，城镇人口占总人口比重不断上升。截止到 2015 年，城镇总人口为 7.71 亿人，占全国总人口的 56.1%。[①] 城镇居民占总人口比重的提高使得城镇居民收入变化对全国居民收入差距变动的影响越来越大，重要程度逐步提高。2015 年城镇居民收入差距继续缩小。图 4 展示了 2013～2015 年城镇高收入户与低收入户家庭人均可支配收入比的变化趋势。2015 年城镇高收入户与低收入户家庭人均可支配收入比为 5.32，比 2014 年下降 0.17，这说明城镇居民收入差距延续 2014 年的变化趋势继续缩小。虽然 2015 年城镇高收入户与低收入户家庭人均可支配收入比继续下降，但是下降幅度较 2014 年明显缩小，说明城镇居民收入差距缩小速度放缓。

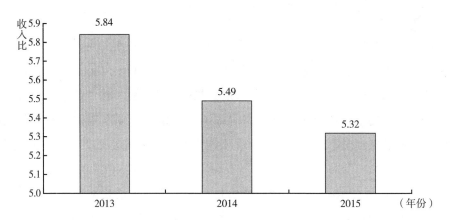

图 4　2013～2015 年城镇高收入户与低收入户家庭人均可支配收入比

数据来源：由《中国统计年鉴》相关数据计算获得。

2015 年经济增速放缓等因素对城镇居民收入的冲击越发明显，引起居民收入增长速度下降（见表 1）。从表 1 中可以看出，2015 年所有收入分组

---

① 国家统计局编《中国统计年鉴 2016》，中国统计出版社，2016。

家庭人均可支配收入增长速度均出现不同程度下降。低收入户、中等偏下户、中等收入户、中等偏上户和高收入户收入增长率分别由 2014 年的 13.37%、11.47%、10.25%、9.25% 和 6.67% 下降到 2015 年的 9.02%、9.14%、9.21%、8.25% 和 5.63%。尽管经济增速放缓等因素对城镇居民收入增长均形成了负面冲击，但是对不同收入组居民收入增长的冲击程度不同。2015 年低收入户、中等偏下户、中等收入户、中等偏上户和高收入户家庭人均可支配收入增长率较 2014 年分别下降了 4.35 个、2.33 个、1.04 个、1 个和 1.04 个百分点。从下降速度看，2015 年低收入户、中等偏下户、中等收入户、中等偏上户和高收入户家庭人均可支配收入增长率降速分别为 32.54%、20.31%、10.15%、10.81 和 15.59%。从 2015 年家庭人均支配收入增长率下降幅度和下降速度看，低收入户和中等偏下户家庭收入受到外界冲击最大，高收入受到的冲击居中，中等收入户和中等偏上户受到冲击最小。

表 1 五等分城镇居民家庭人均可支配收入

单位：元，%

年份＼户别	低收入户（20%）	中等偏下户（20%）	中等收入户（20%）	中等偏上户（20%）	高收入户（20%）
2013	9895.93	17628.14	24172.89	32613.81	57762.11
2014	11219.28	19650.51	26650.59	35631.24	61615.03
增长率	13.37	11.47	10.25	9.25	6.67
2014	11219.28	19650.51	26650.59	35631.24	61615.03
2015	12230.85	21446.16	29105.18	38572.43	65082.20
增长率	9.02	9.14	9.21	8.25	5.63

数据来源：由《中国统计年鉴 2015》和《中国统计年鉴 2016》整理获得。

第二产业特别是工业产出增长率放缓会减少对劳动力的需求总量，引起第二产业从业人员数量下降。研究发现，如果 2016 年第二产业产出增长率下降到 5.5%，那么第二产业就业增长率为 -2.19%，就业人员会减少 496.04 万人。从住户角度看，城镇居民家庭从事第二产业的城镇常住从业

人员比重不断下降。2014 年城镇居民家庭从事第二产业的城镇常住从业人员比重由 2013 年的 26.8% 下降到 26.1%。在第二产业吸纳就业能力下降的背景下，城镇劳动力特别是低技能劳动力转向第三产业就业。2014 年城镇居民家庭从事第三产业的城镇常住从业人员比重由 2013 年的 66.6% 上升到 67.3%，上升了 0.7 个百分点。① 与第二产业相比，第三产业工作收入不稳定，劳动权益保障差，会降低从业者的收入水平，引起城镇居民特别是中低收入户居民收入增长率下降。

综上所述，2015 年城镇居民高收入户与低收入户家庭人均可支配收入比继续下降，城镇居民收入差距进一步缩小。与 2014 年比较，2015 年城镇居民高收入户与低收入户家庭人均可支配收入比降幅缩小，说明城镇居民收入差距缩小幅度较 2014 年缩小。城镇居民收入差距缩小幅度之所以下降主要是因为城镇低收入户和中等偏下收入户家庭人均可支配收入增长率出现较大幅度下降，其原因是第二产业产出增长率下降带动国民经济增速放缓和产业结构变动。2016 年第二产业产出水平会进一步下降，引起城镇居民特别是低收入户和中等偏下户收入增长率下降，所以 2016 年城镇居民高收入户与低收入户家庭人均可支配收入比可能与 2015 年持平甚至上升，2016 年，城镇居民收入差距不断缩小的趋势会停滞，甚至反而会扩大。

三 农村居民收入差距变化

尽管农村居民数量占全国总人口的比重不断下降，但是农村居民收入差距仍然是影响全国居民收入差距的重要因素。2015 年统计数据显示，农村高收入户与低收入户家庭人均可支配收入比较 2014 年不仅没有增加，反而出现下降（见图 5）。2014 年农村高收入户与低收入户家庭人均可支配收入比为 8.65，为 2010 年来最高值，农村收入差距达到最高水平，究其原因是

---

① 国家统计局住户调查办公室：《中国住户调查年鉴 2015》，中国统计出版社，2015。

2014年农村低收入户家庭人均收入较2013年不仅没有增长,反而下降了3.82%,其他收入分组家庭人均可支配收入增长率最高的为13.82%,最低也有10.71%。

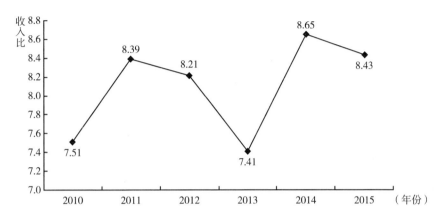

图5 2010～2015年农村高收入户与低收入户家庭人均可支配收入比

数据来源:由历年《中国统计年鉴》相关数据计算获得。

随着住户调查统计制度改革的推进,2015年与2014年统计数据使用同一统计口径,为对未来居民收入差距变动进行预测提供了可能。2015年农村高收入户与低收入户家庭人均可支配收入比为8.43,较2014年下降0.22。农村高收入户与低收入户家庭人均可支配收入比的下降说明2015年农村居民收入差距较2014年缩小。2015年农村不同收入分组家庭人均可支配收入增长率变化差异较大,引起居民收入差距变动(见表2)。低收入户家庭人均可支配收入增长率由2014年的-3.82%增加到11.47%,增加了15.29个百分点;中等偏下户家庭人均可支配收入增长率为9.33%,较2014年下降1.38个百分点;中等收入户家庭人均可支配收入增长率为8.49%,较2014年下降4.14个百分点;中等偏上户家庭人均可支配收入增长率为8.09%,较2014年下降5.73个百分点;高收入户家庭人均可支配收入增长率为8.63%,较2014年下降3.67个百分点。由此可以看出,2015年农村低收入户和中等偏下收入户收入增长率受外界冲击较小,而中等收入户、中等偏上户和高收入户家庭人均收入受外界冲击巨大,增长率下降明显。

表2　2011～2015年农村居民家庭人均可支配收入增长率

单位：%

户别 年份	低收入户	中等偏下户	中等收入户	中等偏上户	高收入户
2011	6.99	17.52	18.88	19.53	19.46
2012	15.78	12.96	13.42	14.04	13.26
2013	24.25	24.09	19.84	16.50	12.18
2014	-3.82	10.71	12.63	13.82	12.30
2015	11.47	9.33	8.49	8.09	8.63

数据来源：由历年《中国统计年鉴》数据整理获得。

　　随着工业化推进，农村居民收入来源逐渐发生转移，工资成为农民收入的主要来源（见图6）。2013年工资性收入占农民人均可支配收入的比重为38.73%，经营净收入的比重为41.73%。尽管工资性收入是农民可支配收入的重要来源，但是农民收入仍然主要依靠经营净收入。2015年工资性收入占农民人均可支配收入的比重上升到40.28%，而经营净收入的比重则下降到39.43%，工资性收入占人均可支配收入比重超过经营净收入，成为农民收入主要来源。因此，2015年农村中高收入组家庭人均可支配收入下降主要是由工资性收入下降造成的。随着经济的发展，越来越多的农民外出务工，并且绝对工资水平不断提高，这是农村居民工资性收入占人均可支配收入比重越来越高的主要原因。2008年全国农民工共有22542万人，2015年农民工总数上升到27747万人，增加了5205万人，年均增长3.01%。2008年农民工占当年就业人员总数的比重为29.83%，2015年已经达到35.83%，超过全国就业人员的1/3。[①]从行业分布看，农民工主要集中于第二产业中的制造业和建筑业，第二产业产出下降直接导致农民工工资增长率下降（见图7）。2009～2011年，农民工人均工资增长率迅速上升，由5.75%上升到21.24%。然而，从2011年开始，农民工人均工资增长率不断下降。2015年，农民工人均工资增长率已经由2011年最高的

---

① 池振合和杨宜勇：《供给侧结构性改革对农民工就业影响研究》，工作论文，2016。

21.24%下降到7.26%，下降13.98个百分点。因此，第二产业产出增长率下降是导致农村居民特别是中高收入组居民家庭人均可支配收入增长率下降的重要因素。

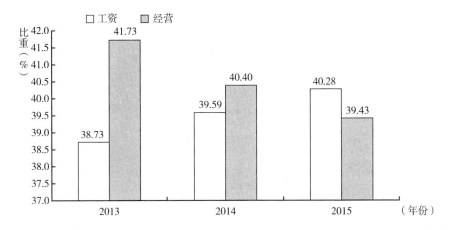

图6　2013～2015年工资性收入和经营净收入占农民人均可支配收入比重

数据来源：国家统计局编《中国统计年鉴2016》，中国统计出版社，2016。

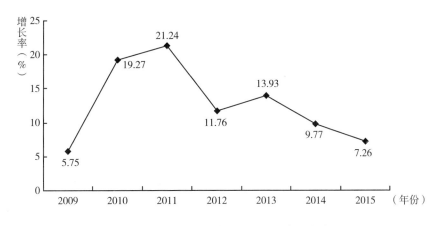

图7　2009～2015年农民工人均工资增长率

数据来源：由历年《农民工监测调查报告》数据整理获得。

除了工资性收入以外，经营净收入也是农村居民收入的重要来源，其变动对农村居民收入具有重要影响（见图6）。2015年农产品指数中，除了生

猪价格指数由 2014 年的 92.2% 上升到 108.9%，其他所有农产品价格指数均出现不同程度下降。例如，种植业产品价格指数由 2014 年的 101.8% 下降到 99.2%，由此可以看出农产品价格下降是导致农村居民收入增长率下降的另外一个重要原因。综上所述，2015 年第二产业产出增长率下降以及农产品价格下降引起农村中高收入组农户家庭人均可支配收入下降，推动了农村居民收入差距缩小。2016 年随着第二产业产出增长率进一步下降，国民经济增速进一步放缓，中高收入组农户家庭收入增长率会继续下降，农村居民高收入户和低收入户家庭人均可支配收入比将会继续降低，农村居民收入差距将会进一步缩小。

四 城乡居民收入差距变化

城乡收入差距是全国居民收入差距的重要组成部分，其变化对城乡居民收入差距变化具有重要影响。近年来，全国居民收入差距缩小很大一部分原因在于城乡居民收入差距缩小。经济新常态下随着经济增速放缓和产业结构变化，城镇居民收入增速下降速度要快于农村居民收入增速下降速度，城乡居民收入差距将会进一步缩小。2015 年城乡居民人均可支配收入比为 2.73，较 2014 年的 2.75 下降 0.02，城乡居民收入差距延续 2014 年变化趋势进一步缩小。虽然，2015 年城乡居民可支配收入比较 2014 年下降，但是下降幅度较 2014 年明显缩小（见图 8）。2014 年城乡居民可支配收入比较 2013 年下降 0.06，而 2015 年仅下降 0.02。在第二产业产出增长率下降的大背景下，城乡居民人均可支配收入增长率均出现下降。2015 年城镇居民人均可支配收入增长率由 2014 年的 8.98% 下降到 2015 年的 8.15%，下降了 0.83 个百分点；农村居民人均可支配收入由 2014 年的 11.23% 下降到 2015 年的 8.89%，下降了 2.34 个百分点。由此可以看出，经济增速放缓对农村居民人均收入的冲击要远远大于城镇居民。

2016 年第二产业产出增长率会继续下降，并带动国民经济增长率下降，农村居民人均可支配收入增长率将会进一步下降，该推断主要基于以下原

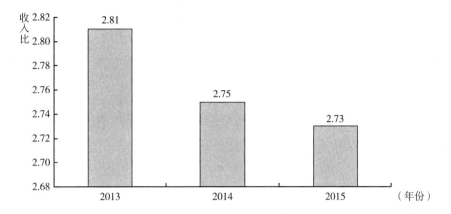

图8 2013～2015年城乡居民人均可支配收入比

数据来源：由《中国统计年鉴2016》相关数据计算获得。

因。首先，农民工就业主要集中于第二产业中的制造业和建筑业。2015年就业于制造业和建筑业的农民工数量分别为8629.32万人和5854.62万人，两者合计为14483.94万人，占第二产业从业人员总量的63.83%。因此，第二产业产出下降必然导致第二产业从业农民工减少。其次，工资性收入已经成为农民的主要收入来源。综上所述，第二产业增长率下降将会导致农民工收入增长率进一步下降，使得城镇居民工资增长率超过农村居民工资增长率，引起城乡居民可支配收入比维持在2015年水平，甚至出现上升。因此，2016年城乡收入差距可能会停止缩小，甚至会转为扩大。

五 全国居民收入差距

从2013年开始，国家统计局对住户调查实行了城乡一体化改革，统一了城乡居民收入指标名称、分类和统计标准，正式开展了城乡一体化的住户收支与生活状况调查。随后，国家统计局每年公布全国居民收入数据，为观测全国居民收入差距提供了可能。2013年全国居民高收入户与低收入户家庭人均可支配收入比为10.78，之后逐年下降，2015年下降到10.45。全国

居民高收入户与低收入户人均可支配收入比的下降说明全国居民收入差距逐渐缩小。同时，2015 年全国居民高收入户与低收入户人均可支配收入比下降幅度要超过 2014 年下降幅度，说明 2015 年全国居民收入差距缩小幅度要大于 2014 年，这与图 1 基尼系数所显示的全国居民收入差距变化趋势相一致，表明高收入户与低收入户人均收入比和基尼系数一样可以反映居民收入差距变动。2014 年全国居民收入增长呈现"两头慢、中间快"的特征（见表 3）。低收入户和高收入户人均可支配收入增长较慢，分别只有 7.83% 和 7.4%；中等偏下户、中等收入户和中等偏上户人均可支配收入增长率分别为 12.78%、12.31% 和 10.57%，大大高于低收入户和高收入户。除了低收入户居民人均可支配收入增长率上升之外，2015 年其他收入组居民人均可支配收入增长率均出现不同程度下降，中等偏下户、中等收入户、中等偏上户和高收入户人均可支配收入增长率较 2014 年分别下降了 3.53 个、2.73 个、1.29 个和 0.38 个百分点。2015 年全国居民收入增长呈现中低收入户收入增长率较快，而高收入户收入增长较慢的特征。

表3 全国居民按收入五等分分组的人均可支配收入

单位：元，%

年份 组别 项目	2013	2014		2015	
	绝对值	绝对值	增长率	绝对值	增长率
低收入户（20%）	4402.4	4747.3	7.83	5221.2	9.98
中等偏下户（20%）	9653.7	10887.4	12.78	11894.0	9.25
中等收入户（20%）	15698.0	17631.0	12.31	19320.1	9.58
中等偏上户（20%）	24361.2	26937.4	10.57	29437.6	9.28
高收入户（20%）	47456.6	50968.0	7.40	54543.5	7.02
高收入户与低收入户人均可支配收入比	10.78	10.74	—	10.45	—

数据来源：国家统计局编《中国统计年鉴 2016》，中国统计出版社，2016。

通过以上分析可以看出，2015 年全国居民收入差距继续缩小，并且降幅较 2014 年扩大，这是城镇居民收入差距、农村居民收入差距和城乡居民收入差距共同缩小的结果。2016 年第二产业产出增长率较 2015 年将会继续下降，引起国民经济增长率下降、产业结构变动，将对城镇低技能劳动力以及广大农民工就业和收入形成严重冲击。具体到收入分配领域，第二产业产出率下降将会降低城镇低收入户居民收入增长率，从而拉大其与高收入户的收入差距，导致城镇居民收入差距缩小的趋势停滞，甚至转为扩大。第二产业产出率下降通过影响农民工的就业和收入，导致农村中高收入户收入增长率下降，推动农村居民收入差距缩小。与此同时，第二产业产出率下降会导致农村居民收入增长率下降并低于城镇居民收入增长率，导致城乡收入差距缩小趋势停滞，甚至转为扩大。总之，2016年全国居民收入差距缩小的趋势可能会陷入停滞，甚至可能会出现小幅度上升。

六　地区收入差距

2015年居民地区收入差距较2014年缩小，地区间进一步协调发展。表4显示了2014年和2015年按收入来源划分不同地区居民可支配收入基尼系数。2014年全国不同地区居民可支配收入基尼系数为0.1954，2015年不同地区可支配收入基尼系数为0.1922，下降0.0032，表明不同地区居民收入差距小幅缩小。从收入来源看，地区工资性收入差距缩小，地区经营净收入差距保持不变，而地区资产净收入和转移净收入差距则出现扩大。2015年不同地区工资性收入基尼系数为0.2318，较2014年的0.2373下降0.0055；不同地区经营净收入基尼系数与2014年持平，均为0.1594。不同地区资产净收入和转移净收入基尼系数分别较2014年上升0.002和0.0028。通过以上不同来源人均可支配收入基尼系数变动情况看，居民可支配收入基尼系数主要受工资性收入基尼系数影响，地区工资性收入差距是影响地区收入差距的主要决定因素。

从城乡看，城镇居民地区收入差距要小于农村地区收入差距。2015年不同地区城镇居民可支配收入基尼系数为0.1141，而农村居民可支配收入基尼系数为0.1701，后者比前者高0.056。从变化趋势看，2015年城镇和农村地区收入差距均出现下降。2015年不同地区城镇居民可支配收入基尼系

数为 0.1141，较 2014 年的 0.1163 下降 0.0022；不同地区农村居民可支配收入基尼系数为 0.1701，较 2014 年的 0.1717 下降 0.0016。从收入来源看，城镇不同地区工资性、经营净、资产净和转移净收入基尼系数均较 2014 年分别上升 0.0021、0.0064、0.006 和 0.0013；农村不同地区工资性收入和转移净收入基尼系数分别较 2014 年下降 0.0044 和 0.0025，而资产净收入和转移净收入则分别上升 0.0015 和 0.0133。无论是全国、城镇还是农村，地区工资性收入差距是影响地区收入差距的重要因素，其变化将决定地区收入差距的变动。全国、城镇和农村转移净收入均出现扩大，制约了地区收入差距继续缩小。随着第二产业特别是制造业向中西部地区转移，2016 年中、西部城乡居民工资将会加速增长，增长率可能会超过东部地区城乡居民工资增长率，这会缩小地区收入差距。

表 4　按收入来源划分不同地区居民可支配收入基尼系数

区域	年度	项目	可支配收入	工资性收入	经营净收入	资产净收入	转移净收入
全国	2014		0.1954	0.2373	0.1594	0.3879	0.2206
	2015		0.1922	0.2318	0.1594	0.3899	0.2234
城镇	2014		0.1163	0.1204	0.2086	0.2860	0.1824
	2015		0.1141	0.1225	0.2150	0.2920	0.1837
农村	2014		0.1717	0.3631	0.1769	0.3695	0.1470
	2015		0.1701	0.3587	0.1744	0.3710	0.1603

数据来源：根据《中国统计年鉴 2015》和《中国统计年鉴 2016》相关数据计算获得。

七　结论

2015 年城镇、农村居民收入差距以及城乡收入差距均缩小，在三者共同作用下全国居民收入差距缩小幅度增大。2016 年第二产业产出增长率将会继续下降，带动国民经济增长率和第二产业产出占国内生产总值的比重进一步下降，并且对就业和居民收入的影响将会更为明显。经济增速放缓将会显著降低城镇中低收入者以及农村中高收入者的工资增长率，导致城镇居民收入差距停止缩小，甚至会扩大，农村居民收入差距将会继续缩小，城乡收入差距缩小的趋势可能会停止，甚至反转。

参考文献

中华人民共和国国家统计局：《2015 年国民经济运行稳中有进、稳中有好》，http：//www. stats. gov. cn/tjsj/zxfb/201601/t20160119_ 1306083. html，2016 年 1 月 19 日。

厉以宁：《论中国的双重转型》，《中国市场》2013 年第 3 期。

阎坤和于树一：《供给侧结构性改革初显成效》，http：// news. xinhuanet. com/finance/2016 – 11/05/c_ 129352059. htm，2016 年 11 月 5 日。

池振合和杨宜勇：《供给侧结构性改革对农民工就业影响研究》，研究报告。

国家统计局：《国家统计局住户调查办公室主任王萍萍就居民收入统计改革和相关数据答记者问》，http：//www. stats. gov. cn/tjsj/sjjd/201402/t20140224_ 515109. html。

B.5
2016年中国社会保障事业在改革中前进

王发运　武伟*

摘　要： 2016年，社会保障事业发展总体平稳，基金收支基本平衡，机关事业单位养老保险制度改革、城乡基本医疗保险整合、医疗保险异地就医结算、降低社会保险费费率等各项改革发展任务协同推进，全民参保登记计划全面推开，长期护理保险制度开始试点，保障体系更加健全，待遇水平持续提高。

关键词： 制度改革　全民参保登记计划　长期护理保险　社保待遇

2016年，社会保障事业发展总体平稳，基金收支基本平衡，机关事业单位养老保险制度改革、城乡基本医疗保险整合、医疗保险异地就医结算、降低社会保险费费率等各项改革发展任务协同推进，全民参保登记计划全面推开，长期护理保险制度开始试点，保障体系更加健全，待遇水平持续提高。

一　社会保险事业平稳发展

其一，覆盖面继续扩大。截至9月底，全国基本养老、基本医疗、失业、工伤、生育保险参保人数分别为8.71亿、6.98亿、1.78亿、2.16亿、1.83

---

* 王发运，人力资源和社会保障部社会保险事业管理中心；武伟，人力资源和社会保障部社会保险事业管理中心。

亿人，分别比2015年底增加1225万、3247万、506万、187万和397万人。

其二，基金收支总体平衡。1~9月，五项社会保险基金合计总收入3.65万亿元，同比增长10.1%。1~9月，五项社会保险基金总支出3.17万亿元，同比增长12.5%。其中，基本养老、基本医疗、失业、工伤、生育基金分别支出22988亿元、7341亿元、607亿元、434亿元、332亿元，分别同比增长12.1%、13.1%、32.6%、1.5%、8.2%。全国社保基金当期收入仍大于当期支出，但各险种支出增幅均高于收入增幅。

表1　2016年1~9月养老、医疗、失业、工伤、生育保险基金收支情况

单位：亿元，%

项目		基本养老保险	基本医疗保险	失业保险	工伤保险	生育保险
基金收入	金额	25505	9266	867.6	528	370
	同比增长	9.7	14.9	-9.7	-2.3	1.8
基金支出	金额	22988	7341	607	434	332
	同比增长	12.1	13.1	32.6	1.5	8.2

资料来源：人力资源和社会保障部网站，2016年前三季度人力资源和社会保障统计数据。

其三，待遇水平继续提高。10月底，全国城乡居民养老金领取人数达到15077万人，比2015年增加277万人，增长1.9%，高于参保人数增长率，但地区之间待遇水平差距较大，最高的上海为895.1元，最低的贵州不到80元。城镇居民医保人均政府补助提高40元，达到420元/年。全国居民医疗保险与实施居民医保城乡统筹的9个省份情况对比显示，实施城乡统筹省份的居民医保待遇人次增长率、住院率、次均住院费用均高于全国水平，基金当期结存率低于全国水平，反映出城乡医疗保险整合地区参保人员的医疗保险受益面呈现扩大趋势，医疗保险待遇水平相应得到提高。多数省市在完成整合后，采取缴费标准就低不就高、待遇标准就高不就低的制度模式，统一使用城镇居民医保目录，甚至保留了过去新农合的一些特殊待遇，提高了城乡居民的整体待遇水平。山东省农村居民用药品种由整合前的1100种扩大到了2400种，全省政策范围内的医疗费用提高了近5%。各地大幅增加门诊慢性病病种，全省门诊慢性病病种实际平均报销比例由整合前

的 56% 提高到 58%。广东省农村居民可报销药品种类比整合前扩大了近 1 倍，全省城乡居民医保政策范围内住院费用支付比例从"十一五"期末的 54% 提高到现在的 69%（其中二级及以下医疗机构住院支付比例达到 75%），最高支付限额从 5 万元提高到 44 万元。重庆市农村居民实际住院报销比例较整合前提高了 17%，同时还扩大了重大疾病保障范围，将 13 种重大疾病、13 种慢性疾病纳入城乡居民医保门诊统筹范围。

其四，机关事业单位养老保险制度改革进展平稳。所有省份都开展了机关事业单位养老保险参保登记工作，24 个省份开展了机关事业单位养老保险缴费工作，26 个省份开始由社保经办机构发放机关事业单位退休人员养老保险待遇。

其五，整合城乡医疗保险加速推进。为更好地发挥全民医保的基础性作用，实现"三医联动"，年初国务院印发《关于整合城乡居民基本医疗保险制度的意见》（国发〔2016〕3 号），标志全民基本医疗保险城乡分割"二元结构"的终结。20 个省份出台了城乡居民医保整合制度相关文件，其中 17 个省市的城乡居民医疗保险工作由人力资源和社会保障部门负责，还有一些省市或由卫生卫计部门负责，或者由新成立的机构负责。

其六，异地就医结算取得实质进展。李克强总理在"两会"的记者招待会上，针对社会反映强烈的异地就医费用结算难问题，做出了庄严承诺，并将之作为"两会"后第一次国务院常务会议的议题。截至 10 月底，30 个省份基本实现省内异地就医联网和住院医疗费用直接结算。国家人力资源和社会保障部组织专门队伍，集中攻关，开发异地就医结算系统，争取 2016 年底基本实现全国联网，启动跨省异地安置退休人员住院医疗费用直接结算工作，2017 年初开始逐步实行跨省异地安置退休人员住院医疗费用直接结算，年底扩大到符合转诊规定的异地就医住院医疗费用直接结算。

二 全民参保登记计划稳步实施

2016 年 11 月 17 日，在巴拿马召开的世界社会保障论坛会议上，国际社会保障协会（ISSA）主席埃罗尔·弗兰克·史都维宣布，因在养老保险和医疗保险扩面以及其他社保领域的改革所取得的空前成就，授予中国政府"国际社会保障协会社会保障杰出成就奖"。杰出成就奖每三年颁发一次，中国政府是第二个被授予此奖项的政府。在此之前，巴西政府因推行家庭津贴项目获得过此奖。该奖项代表对一个国家在社保领域做出的非凡承诺和长期成果的国际认可。国际社会保障协会认为，中国社会保障方面取得的显著成就包括：2008～2015 年间，中国在社保领域的公共投入以 20% 的增长率逐年增长。2008 年，中国社保领域的公共投入占 GDP 的 6.57%，到了 2013 年，这个数字变为 10.04%。养老保险覆盖范围从 2010 年的 3.59 亿人增长到 2015 年的 8.58 亿人，年增长率为 27.7%。医疗保险覆盖范围从 2005 年的 3.18 亿人增长到 2014 年底的 13.3 亿人，为 2014 年总人口的 97%。

中国的社保扩面成绩已经不是第一次获得国际认可。2008 年，在韩国召开的国际社会保障协会亚太地区论坛上，中国就因快速扩大医疗保险覆盖面而获得"良好实践奖"。政府一直把扩大覆盖面作为完善社保体系的重要任务，国民经济和社会发展规划把基本养老保险等参保人数确定为必须完成的约束性指标。每年年初，中央社会保障主管部门都要给各地下达当年各项社会保险参保人数的任务，并据此对各地进行考核。这种做法，确实有力地实现了让更多的人享有社保。但是，人口在地区之间和城乡之间的大规模流动、社会保险经办的地区分割，使得扩面计划任务的科学性和准确性大打折扣，有的人在不同地区重复参保、重复享受待遇，有的人则一点保障也没有，参保信息错误也不同程度地存在。

面对经济发展进入新常态、新增未参保人员挖潜潜力逐步缩小，为了解决底数不清、重复参保、衔接不畅、遗漏、异地享受待遇困难等问题，摸清扩面潜力，有针对性地开展扩面工作，实现人人拥有社会保障，2013 年 11 月，国家提出了全民参保登记计划①，随后将其纳入国民经济和社会发展

---

① 《第五届中国社会保障论坛在京召开》，中国经济网，http://www.ce.cn/xwzx/gnsz/gdxw/201311/07/t20131107_1722495.shtml。

"十三五"规划纲要。2014年，国家人力资源和社会保障部启动了以养老、医疗保险为重点的全民参保登记计划，在50个地区开展了首批试点，2016年进一步扩大了试点范围，确定了天津等27个省（区、市）及新疆生产建设兵团为扩大试点地区。人社部门与公安、卫计生、民政、工商等多部门合作，开展人口信息采集整理和比对工作，同时加强系统内部的数据比对、筛查和整合，有的省份还从横向和纵向两个维度实现了全民参保数据的省级集中，提高了数据质量，消除了长期存在的因部门分设、管理分割导致的信息孤岛现象。在此基础上，开展入户调查，逐门逐户进行登记，了解参保意愿和参保情况，直至实现参保数据的动态管理。

从试点情况看，浙江等试点较早的省份，参保登记工作进展顺利，基本建成全省社会保险基础数据库动态管理机制。在实施较早的南京市，户籍人口达644.83万人。自全民参保登记计划实施以来，在汇集15个部门2600多万条个人信息数据和5个部门59.02万条单位信息数据的基础上，建立起包括644.83万人和33.86万户单位的基础数据库，2014年当年全市五项保险参保净增44万人次。[1]首批试点省份户籍人口数据入库率达到95%以上。浙江省还率先实现了参保数据的动态管理，并直接服务于参保管理工作。

实施全民参保登记计划，下一步的重点是抓住重点群体，在城镇做好中小微企业、灵活就业人员的参保登记工作；在农村以在城乡之间流动就业和居住农民为重点，鼓励持续参保；积极引导在城镇稳定就业的农民工参加职工社会保险；同时对高风险行业实施工伤保险扩面专项行动，并探索推进网络就业、创业等新型业态群体参保。要在比对重复信息、实现应保尽保的基础上，建立涵盖公民基本信息、缴费和权益记录、关系接续和权益延续的全民参保"大数据"，逐步建成国家数据库。深入开展大数据分析挖掘，研究参保人员的数量和年龄结构变化，预测社保基金未来的风险情况，实现对社

---

① 《南京全民参保登记数据库基本建成》，http：//www. njhrss. gov. cn/38937/38954/201609/
t20160908_ 4145633. htm。

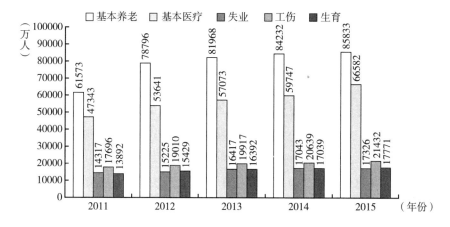

图1　近年来五项社会保险参保人数

保基金的精准管理；通过数据库动态管理和网络互联互通，提升社会保险经办管理服务水平。

三　基金收支形势严峻

2016年影响基金收入增长的因素主要有三方面：一是经济下行压力大，企业资金紧张，基金征收收入增速继续放缓。2010~2015年，全国企业养老保险基金征缴收入年平均增长率为16.1%，超过同期GDP增长率（8.2%）和公共财政收入增长率（14.3%），且征缴收入增长率与GDP以及公共收入增长率呈正相关，说明基金征缴收入受宏观经济运行的直接影响。2015年受经济下行影响，GDP、公共财政收入的增幅都回落至10%以内，征缴收入增长幅度虽高于GDP增幅，但增幅为历年较低水平。特别需要关注的是，2010~2015年间，企业养老保险基金征收收入增长率均高于同期GDP增长率和财政收入增长率，2016年则有可能首次低于同期财政收入增长率。二是政策性因素成为2016年基金收入增速放缓的重要原因。为深入推进供给侧结构性改革，减轻企业负担、增强经济发展后劲，在2015年阶段性降低失业、工伤、生育保险费费率的基础上，根据国务院部署，

2016 年又阶段性降低养老保险单位缴费费率和失业保险费费率。企业职工
基本养老保险单位缴费比例超过 20% 的省（区、市），单位缴费比例降至
20%；单位缴费比例为 20% 且 2015 年底企业职工基本养老保险基金累计结
余可支付月数高于 9 个月的省（区、市），可以阶段性将单位缴费比例降低
至 19%。失业保险总费率在 2015 年已降低 1 个百分点的基础上可以阶段性
降至 1% ~ 1.5%，其中个人费率不超过 0.5%。降低费率的期限均暂按两年
执行。目前，20 个省份出台了降低保险费率文件。三是国家去产能、处置
"僵尸企业"、执行更加严厉的环保政策，企业关闭停产，也影响基金收入。
此外，个别地方如湖北等因为夏季洪灾，也导致基金减收。

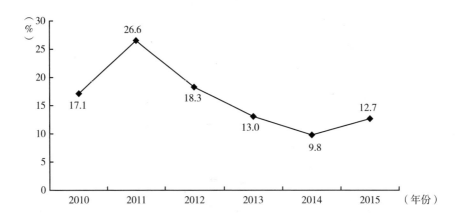

图 2　2010 ~ 2015 年企业养老保险基金征缴收入增长率变化情况

2016 年，影响基金支出增加的因素也主要有三方面：一是待遇水平提
高。以企业职工基本养老保险为例，由于养老金水平的连续调整，2015 年
企业离退休人员月人均养老金比 2014 年增加 190 元，养老金增支 1828 亿
元，占整个养老金增支额的 55.5%。二是老龄化加快。人口老龄化的加快，
加上未参保集体企业人员等群体被一次性纳入及提前退休等原因，退休人数
较 2015 年底增加 522 万人，使养老金增支 1413 亿元，占整个养老金增支额
的 42.9%。三是其他因素。在职死亡、丧葬抚恤补助等其他因素使养老金
增支 54 亿元，占整个养老金增支额的 1.6%。

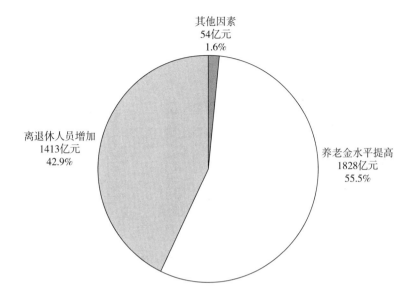

图3　2015年企业养老保险基金支出中各因素所占增支额的比重

经济下滑、待遇提高、老龄化等因素叠加，使得基金收支面临诸多压力，形势很严峻。一方面，提高待遇的强烈预期形成压力。基本养老金已连续12年提高，医疗、工伤费用享受条件放宽和报销水平持续提高。在待遇持续调整和退休人数增多的双重作用下[1]，支出增幅保持刚性增长态势，近5年平均保持在19.7%左右的增幅。如果维持现有的养老保险缴费率水平和养老金的替代率水平，那么2025年之后社会统筹养老保险基金将陷入亏损状态[2]。另一方面，当期基金缺口增速加快。自2011年黑龙江省首次出现当期缺口以来，全国基金当期缺口步入快速发展阶段，缺口省份从黑龙江一省发展到2015年黑龙江、吉林、辽宁等6个省份，缺口规模从2011年24.1亿元扩展为2015年407亿元。[3] 中央财政在保持对地方基金缺口补助的同时，地方财政补助也逐年增加，2015年增加90亿元。

---

① 领取养老保险待遇人数方面，近年来参加城镇职工基本养老保险退休人员维持在550万人/年以上，年增速6%以上。
② 《经济参考报》2015年7月1日。
③ 人力资源和社会保障部社会保险事业管理中心：《2015社会保险运行报告》。

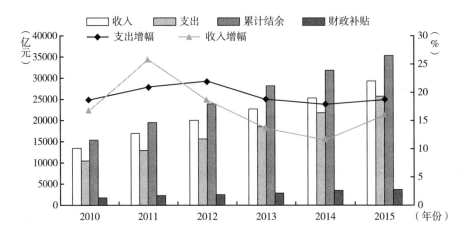

图4　2010～2015年城镇职工养老保险基金收支情况

表2　2015年分地区养老保险基金可支付月数（部分）

单位：亿元，月

地区	累计结余	可支付月数	地区	累计结余	可支付月数
广　东	6158	52.8	黑龙江	88	1.0
北　京	2783	34.6	新疆兵团	52	3.3
西　藏	50	31.8	吉　林	383	7.5
新　疆	762	31.1	青　海	76	8.2
山　西	1200	26.0	河　北	636	8.6
浙　江	3009	24.8	辽　宁	1183	8.9
云　南	635	24.3	陕　西	430	9.0
贵　州	470	23.4	天　津	403	9.0
江　苏	3114	22.8	湖　北	846	9.8

四　机关事业与企业基本养老金同步提高

在企业职工基本养老金水平连续十一次提高的基础上，按照国务院部署，从2016年1月1日开始，同步提高企业和机关事业单位退休人员基本养老金水平 6.5%，并向退休较早、养老金偏低的退休人员和艰苦边远地区企业退休人员适当倾斜。

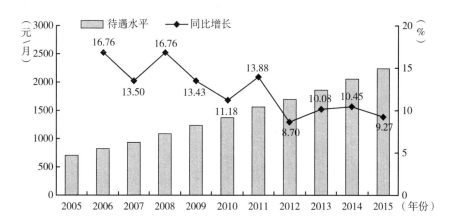

图5　2005～2015 年企业养老保险待遇增长情况

从 2005 年开始，中国连续 12 年上调企业退休人员养老金，由 2005 年的人均 647 元，提高到 2015 年的 2240 元，年平均增长 10.5%。这次调整采取定额调整、挂钩调整与适当倾斜相结合的调整办法，定额调整主要是体现公平；挂钩调整主要体现多工作、多缴费、多得养老金的激励机制，可以与缴费年限或者机关事业单位退休人员退休前的工作年限挂钩，同时也要与基本养老金水平等因素挂钩；适当倾斜主要是对高龄退休人员和艰苦边远地区的企业退休人员适当倾斜。国家连续多年每年调整企业退休人员基本养老金，形成了常态化的调整机制。2016 年调整退休人员养老金水平政策出台时间晚，是机关事业单位养老保险制度改革后的第一次调整，且机关事业单位与企业退休人员第一次同步调整，调整比例 12 年来首次低于 10%，因此备受关注。

此次养老金调整最受关注的，是总体调整水平为 2015 年退休人员月人均基本养老金的 6.5% 左右，这是 12 年来养老金调整比例首次低于 10%。①

---

①　2015 年养老金调整按照 10% 待遇，扣除各统筹地区具体调整幅度不同因素，综合实际增长率为 9.27%。

本次待遇调整，是在综合考虑经济发展速度、城镇居民人均可支配收入、物价涨幅等因素的基础上做出的。2015 年中国经济发展速度、职工平均工资增长率、物价涨幅、财政收入增长速度均放缓，分别为 6.9%、7.4%、1.4%、5.8%，待遇调整 6.5%。其实自 2005 年以来，企业退休职工养老金每年以高于 CPI 涨幅的幅度增加，养老保险待遇绝对水平不断提高。此外，养老金调整也要考虑养老保险基金的承受能力。随着人口老龄化快速发展，养老保险赡养负担不断加重，退休人员养老金水平不断提高，养老保险基金支付压力越来越大，基金支撑能力出现下降趋势。按照 2015 年企业养老保险基本养老金支出 23141 亿元匡算，2016 年仅调整待遇一项，企业养老金多支出 1500 多亿元，占企业养老保险基金累计结余的 4.4%，而且该项支出属于刚性支出，年复一年，不断增长。"十三五"规划建议提出，要建立基本养老金的合理调整机制。因此，要完善养老金的计发办法，探索建立和完善与工资、物价增长联动的基本养老金调整机制，合理控制待遇增长幅度，既切实保障退休人员基本生活，也不宜超过经济、社会各方面的承受能力。

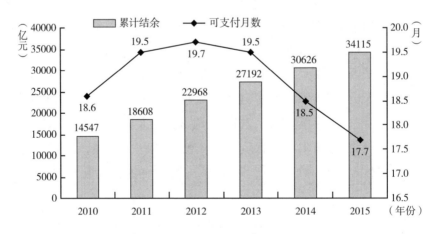

图 6　2010～2015 年企业养老保险基金累计结余情况

机关事业单位与企业首次同步调整。与往年相比，2016 年最大变化在于企业和机关事业单位退休人员第一次同步调整，这也是 20 世纪 90 年代企业养老保险制度改革以来，机关事业单位退休人员按照基本养老金调整办法调整待遇。此次待遇调整，并不是都按6.5%调整，据调整情况看，基本上是在企业和机关事业单位整体平衡基础上略有倾斜，总体增幅6.5%，机关事业单位略低于6.5%的标准调整。长期以来，出于养老保障"双轨制"的原因，中国企业人员基本养老金水平，与缴费水平和缴费年限挂钩，机关事业单位人员的退休费，则随着在职人员的工资调整按一定比例上调，机关事业单位、企业同类人员的待遇差距因此逐步拉大，广受社会诟病。在过去连续11年每年按比例提高企业人员养老金的待遇后，其与机关事业单位之间的差距明显缩小。2015年全国进行机关事业单位养老保险制度改革以来，机关事业单位退休人员养老金发放水平、发放办法以及与企业退休人员养老金待遇水平同步调整就广受关注。因此，从建立统一的养老金调整机制来讲，机关事业单位和企业在养老金的调整方面，基本上是同步调整，而且调整幅度大致相当，避免过去由"双轨制"导致的待遇差持续地延续。此次同步调整待遇是企业和机关事业单位养老保险制度并轨、增强公平性的直接体现。所以，本次同步调整可谓历史性突破。

尽管机关事业单位退休人员基本养老金提高比例与企业退休人员相同，但由于机关事业退休人员基本养老金绝对水平高，总体而言，机关事业单位基本养老金提高的绝对额仍高于企业退休人员，网络舆论中仍有人对此不满。

五 长期护理保险制度开始试点

长期护理保险制度，是当参保人年老患病、丧失日常生活能力并长期处于失能状态时，为其提供基本生活照料和与基本生活密切相关的医疗护理的制度安排。这种保险产生于20世纪70年代的美国，随后德国、南非、日本等发达国家相继建立形式不同的保险制度。

中国人口老龄化程度不断加深，失能老人规模不断增长。目前，全国失能、半失能老人接近4000万人，其中3500万是老年人，而2000多万人是80岁以上老年人。老年人两周患病率（56.90%）、慢性病患病率

（71.8%）以及住院率（17%）均远高于其他年龄的人群，并同时患多种疾病①，而且到了一定年龄往往会出现生活困难，80岁以上老人完全自理的不到2/3，而完全依赖、相对依赖则占1/3以上，长期护理需求不断增加②。同时，中国家庭规模日益小型化，平均家庭户规模降至3.02人，③ 家庭护理服务供给能力弱化。加之中国缺乏社会化、制度化长期护理保障机制，医疗护理费用不断攀升。目前市场上的商业健康保险不提供长期护理服务，社区养老服务普遍存在筹资难、效益低等现状，且很难满足长期护理的需求。因此，探索建立长期护理社会保险制度，迫在眉睫。

此前，山东省青岛市、吉林省长春市、上海市等地已经开展长期护理保险制度的探索。青岛市于2012年在全国率先建立了长期医疗护理保险制度，保险费主要通过调整基本医疗保险统筹金和个人账户结构进行筹集，财政给予补助，用人单位和个人不需另行缴费；参保人因年老、疾病而常年卧床，生活无法自理，可以在定点机构或者家里，接受长期医疗护理。目前已有4万多名失能人员先后享受了护理保险待遇，提供医疗护理服务的定点服务机构已发展到500多家。上海市老年长期护理保险政策包括基本老年长期护理社会保险和补充商业保险，通过向商业保险公司购买服务等方式，充分运用市场化机制，提供长期护理服务。

6月，人力资源和社会保障部办公厅印发《关于开展长期护理保险制度试点的指导意见》（以下简称《指导意见》），在河北省承德市、吉林省长春市、上海市、山东青岛等15地开展长期护理保险制度试点，计划利用1~2年时间，探索建立为长期失能人员的基本生活照料和医疗护理提供保障的社会保险制度。

根据试点情况来看，目前长期护理保险依然面临着待遇要求高、降低难以及财政负担重、提高难等问题。《指导意见》为长期护理保险制度提供了基本政策框架。建立长期护理保险制度的首要问题是解决筹资问题。《指导意见》规定，试点阶段，可以通过优化职工医保统账结构、划转职工医保

---

① 国家卫生计生委：《2013第五次国家卫生服务调查分析报告》。
② 《中国高龄老人健康长寿数据集》，北京大学。
③ 《中国家庭发展报告》，国家卫生计生委。

统筹基金结余、调剂职工医保费率等途径筹集资金，并逐步探索建立互助共济、责任共担的长期护理保险多渠道筹资机制。筹资办法、标准基本由试点地区自行决定。参照发达国家经验，要在各地试点基础上，建立现收现付模式的多元、动态筹资机制，政府、企业和个人共同承担缴费责任，明确缴费费率、缴费范围和支出办法。覆盖对象应该遵从"护理保险跟从医疗保险"原则，每个参加法定医疗保险的人即医疗保险制度的保险者也是护理保险制度的保险者，在其法定医疗保险机构参加护理保险；要强调"预防疾病、维持健康"的理念，构建了以预防为主的地区护理体系；要在数据调查测算基础上，加强护理服务基础设施建设和护理人员培训；实行接受护理服务的甄别和等级制度，按护理等级支付补偿费用①；重视家庭和社区在长期护理服务中的作用，倡导家庭成员间的亲情照料；注重发挥商业保险机构、民间养老服务机构互动合作，在账户管理、基金运营和服务提供方面，支持商业机构、民间组织进入长期护理服务领域，提高公共服务效率。

六　2017年社会保障事业发展展望

2017年，各项改革政策将全面落地。机关事业单位养老保险制度改革将进入全面实施阶段，在参保登记、征缴保费的基础上，4000多万机关事业单位人员按照新的办法计发养老保险待遇；《职业年金基金管理暂行办法》已于2016年10月印发，机关事业单位职工职业年金基金委托管理和投资工作将加快启动。城乡医保制度加快整合，城乡居民医疗得到更好保障。国家异地就医联网结算平台与各省级平台联通，基本实现符合转诊规定的异地就医住院费用直接结算。全民参保登记计划全面实施，并开花结果，社会保险扩面工作将更"精准"化。

社会保险基金形势仍不容乐观。即使待遇水平不再提高，仅仅调整基本养老金水平及其他待遇水平的翘尾因素，就给基金支付构成不小的压力。部

---

① 各国划分办法各不相同，日本、奥地利护理等级划分为7级，德国、韩国等划分为3级。

分职工养老保险基金和医疗保险基金出现当期收支缺口的省市可能会增加。各级财政需加大调整支出结构力度，特别是地方财政要加大对社保的投入。好在地方基本养老保险累计结余基金已经开始进入投资运营阶段，让我们在焦虑中看到了曙光。

延迟退休方案备受社会关注，原定 2016 年内向社会征求意见。到目前为止，方案还没有见诸报端。方案公布后，全社会将展开热烈讨论。国家有关部门将加快研究设计基础养老金全国统筹方案，社会各界也将会予以高度关注。

参考文献

人力资源和社会保障部社会保险事业管理中心：《中国社会保险发展年度报告2015》，中国劳动社会保障出版社，2015。

《2015 年度人力资源和社会保障事业发展统计公报》。

《全国社会保障基金理事会基金年度报告（2015 年度）》

荆涛：《长期护理保险》，对外经济贸易大学出版社，2006。

莫荣主编《国际人力资源社会保障报告（2016）》，中国劳动社会保障出版社，2016。

Brown & Finkelstein, The Private Market for Long – Term Insurance in the United States, *Journal of Risk and Insurance*, 2009.

Curry, Individual Decision Making in Non – purchase of Long – Term Care Insurance, *The Gerontologist*, 2009.

B.6
2016年中国教育改革和发展报告

范 雷[*]

摘　要：　2016年是中国全面深化教育领域综合改革、加快推进教育现代化进程中承上启下的关键一年。考试招生制度、义务教育、高等教育、民办教育、教师队伍建设和教育对外开放等多个方面的改革稳步推进；教育在保障公平、普惠民生、服务经济社会发展方面的能力不断增强；各级教育行政部门将积极解决教育热点问题纳入日常工作，及时回应关切、保障信息公开、果断有效处置，维护了社会稳定。而《国家教育事业发展第十三个五年规划》的颁布实施将对今后中国教育事业发展产生重大影响。

关键词：　教育领域综合改革　教育公平　教育现代化

　　2016年既是中国实施《国家中长期教育改革和发展规划纲要（2010～2020年)》（以下简称《规划纲要》）进入后半程的第一年，也是教育事业发展"十三五"规划的开局之年，因此是中国全面深化教育领域综合改革、加快推进教育现代化进程中承上启下的关键一年。在过去的五年中，中国教育事业得到快速发展，《规划纲要》的阶段性目标任务总体实现，部分指标提前完成《规划纲要》2020年目标。2015年，中国幼儿在园人数为4264.8万人，学前三年毛入园率为75%，提前完成《规划纲要》2020年目标，并达到

---

　　* 范雷，中国社会科学院社会学研究所副研究员。

中高收入国家平均水平；高等教育在学总规模达3647万人，高等教育毛入学率为40%，提前完成《规划纲要》2020年目标，并超过中高收入国家平均水平；高中阶段教育毛入学率为87%，完成《规划纲要》2015年阶段性目标，并超过中高收入国家平均水平；九年义务教育巩固率为93%，完成《规划纲要》2015年阶段性目标，小学净入学率为99.88%、初中毛入学率为104.0%，义务教育普及率高于高收入国家平均水平。[①] 教育普及程度的快速提高，表明教育优先发展战略取得明显成效，为国家实施创新驱动发展战略和人才强国战略提供了有力支撑，为保障公民受教育权利、提高国民素质、优化人力资源结构、促进经济社会发展、改善民生增进福祉奠定了基础。

长期坚持教育优先发展战略离不开国家教育经费投入的持续发力。2015年全国教育经费总投入为36129.19亿元，较上年增长10.13%；国家财政性教育经费为29221.45亿元，较上年增长10.60%。[②] 国家财政性教育经费占GDP的比重为4.26%。这是自2012年实现4%目标以来连续第四年超过4%。同时全国公共财政教育支出、各级教育生均公共财政预算教育事业费支出、各级教育生均公共财政预算公用经费支出均较上年有不同程度的增长。但与国际比较，中国教育公共投入占GDP的比重略高于2014年中等收入国家3.97%的平均水平。因此坚持教育优先发展战略，全面实现《规划纲要》总体目标，仍需进一步改革完善教育办学体制和教育投资体制，在满足人们日益增长的多样化、高质量、选择性受教育需求的同时，逐步增加教育公共投入。

一 顶层驱动、精准施策，全面深化教育领域综合改革

全面深化改革是中国共产党十八次全国代表大会做出的战略部署。深化教育领域综合改革作为其重要组成部分，为破除制约教育事业发展的障碍、

---

① 《2015年全国教育事业发展统计公报》，中华人民共和国中央人民政府门户网站。
② 《教育部 国家统计局 财政部关于2015年全国教育经费执行情况统计公告》，中华人民共和国教育部政府门户网站。

促进教育体系自身完善、提高教育服务经济社会发展能力指明了方向。中央全面深化改革领导小组自2013年12月成立以来，审议通过了有关深化教育领域综合改革文件共9份，涉及考试招生制度、义务教育、高等教育、民办教育、教师队伍建设和教育对外开放等多个方面。

（一）稳步推进考试招生制度改革

考试招生制度改革对于科学选拔人才、维护社会公平、端正教育理念、引导教学改革有着决定性作用。2014年8月中央全面深化改革领导小组第四次会议审议通过了《关于深化考试招生制度改革的实施意见》，正式拉开了全面深化教育领域综合改革的序幕。考试招生制度改革将从招生计划分配方式、考试形式和内容、招生录取机制、监督管理机制、高考综合改革等方面入手，形成分类考试、综合评价、多元录取的考试招生模式。为落实教育领域综合改革要求，2016年教育部从中考和高考方面稳步推进考试招生制度改革。

在中考方面，教育部出台《关于进一步推进高中阶段学校考试招生制度改革的指导意见》，提出推行初中学业水平考试和完善学生综合素质评价。初中学业水平考试成绩将作为初中学业评价和高中学校录取的基础依据，以实现两考合一、一考多用，切实减轻学生备考负担。在考试科目设置上，一方面要求把《义务教育课程设置实验方案》所设定的全部科目纳入初中学业水平考试的范围，另一方面提出选择部分科目作为录取计分科目，以语文、数学、外语、体育为主，同时兼顾文理、负担适度，以促进学生重视体育锻炼、均衡学科发展。学生综合素质评价将观察、记录和分析学生在思想品德、学业水平、身心健康、艺术素养和社会实践等方面的日常行为表现，供高中学校招生使用，革除单纯以中考成绩选拔学生的弊端。

在高考方面，最引人注目的是高考向统一命题回归。2016年全国有26个省份选择统一命题，北京、上海、天津、江苏、浙江仍为单独命题。基于新课程改革进度差异、探索素质教育背景下的高考命题特点、减弱地区性经

济社会文化特征对高考公平性的影响、分散高考试题泄露风险等一系列考虑，2004 年中国开始实行"统一高考、分省命题"的组织方式，到 2014 年全国有 16 个省份实行分省命题。客观上讲，分省命题为新课改背景下高考命题淡化知识记忆、考查学生能力做出了有益探索，较好地发挥了相关省份参与新课改的积极性、创造性。但也出现了命题成本增加、命题质量不一、各省间高考成绩无法比较导致录取不公、全国高考安全风险累计增加等问题。而目前高考向统一命题回归，则是深化考试招生制度改革的要求，它为今后实施新的高考方案创造了条件。在录取方面，教育部积极推动各省份进行高校招生录取批次改革。到 2016 年，已有 15 个省份取消了本科三批。这一举措为民办高等教育的发展打开了空间，同时也为考生选择适合的学校及专业扩大了范围。

（二）加快中国世界一流大学和一流学科建设进程

2016 年 6 月教育部宣布一批规范性文件失效，其中包括"985""211"工程相关的文件，引发社会高度关注。此前，2015 年 8 月，中央全面深化改革领导小组第十五次会议审议通过了《统筹推进世界一流大学和一流学科建设总体方案》，在肯定"985""211"工程带动中国高等教育整体水平提升的同时，也指出其存在身份固化、竞争缺失、重复交叉等问题，并提出统筹推进世界一流大学和一流学科建设，实现中国从高等教育大国向高等教育强国的历史性跨越，这标志着中国正式启动大学"双一流"建设。

多项全球大学排行榜显示，2016 年中国高等教育质量稳步提升。英国《泰晤士报高等教育专刊》2016 年全球大学声誉排行榜中，中国内地高校共有 5 所跻身全球百强，其中清华大学位居 18，为中国高校历年最高。2016～2017 年《QS 世界大学排名》中，中国大学科研实力稳步上升，12 所大学的科研实力进入世界百强，同时清华大学、北京大学、复旦大学综合实力进入全球 50 强。艾瑞深中国校友会网《2016 中国大学学科评价报告》显示，中国大学综合办学实力和学科竞争力稳步上升，有 27 个学科入选世界一流学科，50 个学科入选世界准一流学科。

建设世界一流大学和一流学科，除长期坚持优化资源配置、培养及引进优秀人才、提升科研教学水平、促进学科间深度融合、推进科研成果转化、强化激励机制、完善高校治理结构外，还需要建立一套适合中国国情的高等教育质量评估体系。2016年，在中国高等教育质量评估方面，最具标志性的是教育部高等教育教学评估中心发布的《中国高等教育质量报告》。该报告是世界上首次发布的高等教育质量"国家报告"，同时它推出的具有"中国特色、世界水平"的质量新标准新体系，得到包括联合国教科文组织、经合组织、欧盟、国际高等教育质量保障联盟等在内的国际和地区组织的高度评价。这就为今后指导、监测和评价中国高等学校及其学科发展提供了既符合国际标准又适应国内情况的质量评估体系。

与此同时，教育部加强了对高等院校学位授权点的评估及处理。2016年3月，教育部下发了公布了不合格和限期整改的博士、硕士学位授予学科和专业学位授予类别，42所高校50个学位被叫停，86所高校85个学位授权点要求限期整改，其中也包括一些"985""211"工程名校。

（三）积极拓展中国民办教育发展空间

近年来中国民办教育得到较快发展。2015年，全国共有民办学校16.3万所，占全国学校总数的31.8%；在校学生4570.4万人，占全国在校生总数的17.6%。但制约民办教育发展的法人属性、产权归属、扶持政策、平等地位等问题较为突出。为拓展中国民办教育发展空间，形成公办民办教育共同发展的办学格局，2016年4月，中央全面深化改革领导小组第二十三次会议审议通过了《关于加强民办学校党的建设工作的意见（试行）》《民办学校分类登记实施细则》《营利性民办学校监督管理实施细则》等文件；2016年11月，第十二届全国人民代表大会常务委员会第二十四次会议审议通过了《关于修改〈中华人民共和国民办教育促进法〉的决定》。新修订的法律确立了中国民办教育分类管理的法律依据，将民办学校分为非营利性和营利性，并允许举办学前教育、高中阶段教育、高等教育以及非学历教育的

营利性民办学校;强调民办学校与公办学校具有同等的法律地位,规定了政府对非营利性和营利性民办学校实行差别化扶持政策,明确了民办学校师生与公办学校师生具有同等的合法权益。上述法律的修订和文件的出台,在坚持教育公益性的同时,维护了民办教育师生合法权益和民办教育投资者合法利益,中国民办教育发展将迎来新的更大发展机遇。

(四)拓展乡村教师补充渠道,扩大农村教师特岗计划实施规模

近年来,教师数量不足、质量薄弱问题严重制约中国农村教育的发展,而县级教育管理部门在农村中小学教师招聘中面临资金短缺、编制紧缺、教师供应不足等多重困境。因此,2015 年 4 月,中央全面深化改革领导小组第十一次会议审议通过了《乡村教师支持计划(2015~2020 年)》,提出拓展乡村教师补充渠道、提高乡村教师生活待遇、统一城乡教职工编制标准等多项举措。其中,在拓展乡村教师补充渠道方面,重点提出扩大农村教师特岗计划实施规模。2006 年为改善农村办学条件、优化教师队伍,教育部等 4 部委制定了《农村义务教育阶段教师特设岗位计划实施方案》,由中央财政买单,在农村地区设置特殊岗位,吸引优秀大学毕业生到农村地区尤其是贫困地区任教。教育部在 2015 年招聘 6.3 万名特岗教师的基础上,2016 年计划招聘 7 万名特岗教师,并优先满足连片特困地区和国家扶贫开发工作重点县村小、教学点的教师补充需求。

特岗计划实施以来,乡村教师短缺问题得到缓解,十年来累计招聘特岗教师近 50 万名,覆盖中西部省份 1000 多个县的 3 万多所学校(含村小、教学点),特岗教师占中国乡村教师的 15.21%,一些县市特岗教师占全县专任教师总数的比例甚至超过 60%。[1]与此同时,乡村教师队伍结构得到优化,农村学校教育面貌得到改观,有效的农村教师补充机制得以建立。

---

[1] 北京师范大学"特岗计划"执行及效果评估课题组:《"农村义务教育阶段学校教师特设岗位计划"评估项目调查报告》。

二 保障公平、普惠民生，教育服务 经济社会发展能力不断增强

随着中国教育事业的发展，教育普及率快速上升，教育质量不断提高，但城乡间、地区间的教育差距依然存在，家庭经济困难学生失学、随迁子女就学、农村留守儿童教育等问题依然突出，特殊教育发展依然滞后，这不仅制约着中国教育事业的进一步发展，也影响着教育公平的实现。同时，要实现2020年全面建成小康社会的战略目标，加快极端贫困人口脱贫成为关键，而教育在扶贫攻坚中被赋予了"阻断贫困代际传递"的使命。因此，保障教育公平、普惠百姓民生，就要求教育在服务经济社会发展能力上有大的提升。

（一）统筹推进县域内城乡义务教育一体化改革

随着中国城镇化进程的加快、户籍制度的改革以及计划生育政策的调整，人口及学生在城乡间的流动给城乡间义务教育学校的规划布局和城镇学位的供给带来巨大挑战。农村优质教育资源短缺，导致农村生源流失、农村优秀教师流失、农村小规模学校问题突出。而在城镇，流动入学学生数量急剧增加，导致城镇生均教育资源紧缺、大班额现象突出、教育质量难以保证。2016年5月，中央全面深化改革领导小组审议通过了《关于统筹推进城乡义务教育一体化改革发展的若干意见》，通过统一城乡义务教育学校建设标准、教师编制标准、生均公用经费基准定额、基本装备配置标准和"两免一补"政策，实现义务教育与城镇化发展的协调。

按照2015年11月国务院《关于进一步完善城乡义务教育经费保障机制的通知》的部署，自2016年春季学期开始，国家统一确定城乡义务教育学校生均公用经费基准定额；自2017年春季学期开始，国家统一城乡义务教育学生的"两免一补"政策。同时实行生均公用经费基准定额资金和"两免一补""钱随人走"。此项政策的落实，标志着中国义务教育阶段所有学

生，不分城乡、不分公办民办，都将享受同样的政策待遇，正式拉开了中国义务教育基本公共服务均衡化的序幕。

今后城乡义务教育发展中，农村小规模学校问题将成为难点之一。近来一些地区出现了对村小学、教学点未经方案论证、公示、听证、报批，草率撤并引发群体性事件的现象。对此，2016年11月教育部办公厅发布《关于农村义务教育学校布局调整有关问题的通报》，要求各级政府高度重视农村义务教育学校布局调整问题，严格撤并条件、规范撤并程序、强化督促检查。另外，教育部在加强农村义务教育学校合理布局、改善办学条件、提升乡村学校信息化水平的基础上，根据农村小规模学校的实际，定向培养能够承担多门学科教学任务的"全科教师"。

（二）加快中西部教育发展，补"短板"

中国东部与中西部地区间存在的教育差距也是目前影响教育事业发展的"短板"。尽管近年来政府在经费保障、办学条件改善、教师补充、对口支援、定向招生等方面加大了对中西部地区教育的支持力度，使中西部教育有了明显提升，但其教育基础薄弱、教育质量不高等问题依然突出。随着中国西部大开发战略、中部崛起战略的实施，尤其是"一带一路"倡议的提出，进一步加快中西部教育发展成为当务之急。为此，2016年5月，国务院办公厅发布《关于加快中西部教育发展的指导意见》，提出在中西部地区积极推进义务教育均衡化、发展职业教育、普及高中阶段教育、提升高等教育发展水平、发展农村学前教育、推动民族教育加快发展和保障残疾人受教育权利，为此共提出150项具体措施，以确保政策落实。同时，在实施方法上，教育部表示将集中力量从最困难的地区和最困难的学校做起，随政策措施落实进程的推进，逐步抬高底部，确保到2020年中西部所有地区的教育发展达到与全面建成小康社会相一致的水平。这就从政策规划、措施设计和具体落实三个方面充分体现了"补短板"的思路。

（三）缓解家庭经济困难学生、随迁子女、留守儿童教育等问题

为保障教育公平，教育部门及相关中央部门加大了对家庭经济困难学生、随迁子女、留守儿童教育问题的政策帮扶力度，以利于其顺利入学并完成学业。同时进一步扩大贫困地区定向招生专项计划规模。

在家庭经济困难学生方面，国家建立和完善了从学前教育到研究生教育的学生资助政策体系。2015年中国学生资助资金继续保持增长，并首次突破1500亿元，达1560.25亿元，增幅为9.78%，这是自2007年建立国家学生资助政策体系以来，连续第九年高速增长；全国累计资助各级各类学校学生8433.311万人次（不包括义务教育免费教科书和营养膳食补助）。同时，延长国家助学贷款还款期限、提高高中教育阶段国家助学金标准、实施普通高中免学费、扩大中职免学费范围、完善义务教育寄宿生生活补助、加强建档立卡学生等多项政策措施得到进一步落实，有力地体现了"不让一个学生因家庭经济困难而失学"的政策初衷。

在随迁子女方面，2016年国务院提出建立以居住证为主要依据的随迁子女入学管理制度，实行公办学校为主、政府购买普惠性民办学校学位为辅的就读政策，强调实行混合编班和统一管理，以促进随迁子女在学校和社区的社会融入。

在留守儿童方面，国务院发布《关于加强农村留守儿童关爱保护工作的意见》，明确界定留守儿童为"父母双方外出务工或一方外出务工另一方无监护能力、不满十六周岁的未成年人"，据此定义，民政部、教育部、公安部对农村留守儿童的摸底排查显示，目前中国农村留守儿童规模为902万人。国务院要求从强化家庭监护主体责任，落实县、乡镇人民政府和村（居）民委员会职责，加大教育部门和学校关爱保护力度，发挥群团组织关爱服务优势，推动社会力量积极参与等五个方面完善农村留守儿童关爱服务体系。国务院还要求加大对农民工家庭及农民工返乡创业就业的帮扶力度，以期从源头上逐步减少儿童留守现象。

为保障农村和贫困地区学生进入重点高校的入学机会，解决贫困地区重

点人才缺乏问题，中国自2012年起实施了贫困地区定向招生专项计划，即在当年普通高校招生计划中专门安排适量招生计划，面向集中连片特殊困难地区生源，实行定向招生，并引导和鼓励学生毕业后回到贫困地区就业创业和服务。经过几年来的实施，2015年农村和贫困地区学生上重点高校人数大幅提升，农村户籍大学生招生占比超过60%。2016年国务院决定继续实施此项计划，并进一步扩大招生规模，安排招生6万人，较2015年增加1万人。除国家专项计划外，高校专项计划也继续实施。2016年4月，北京大学、清华大学、中国人民大学、北京师范大学等9所高校先后公布对农村学生的单独招生计划，并给予入选资格考生不同程度的降分政策。目前，全国具有农村学生单独招生资格的重点高校达到95所。

（四）保障残疾人受教育权益，提高特殊教育整体水平

近年来，中国残疾人教育得到较快发展，残疾人教育的法律法规体系得到进一步完善，残疾儿童少年接受义务教育的数量稳步增加，非义务教育阶段的残疾人教育逐渐开展，各级政府对残疾人教育的财政投入快速增长，特殊教育学校数量显著增加，残疾人教育的师资队伍规模不断扩大，残疾人口总体受教育程度有所提高。2015年全国共有特殊教育学校2053所，专任教师5.03万人，在校生44.22万人，均比上年有所增加。

在中国普通教育全面完成普及九年义务教育和扫除青壮年文盲战略任务的背景下，提高适龄残疾儿童少年的义务教育入学率就成为巩固中国义务教育成果的"最后一公里"。随着义务教育阶段"两免一补"等教育救助政策的全面施行，残障儿童接受义务教育的比例不断上升，2013年达到72.7%。这表明自改革开放初期至今，适龄残疾儿童少年接受义务教育的比例提高了17%以上。按照2014年国务院办公厅转发的教育部等部门《特殊教育提升计划（2014~2016年）》预期，到2016年底，全国基本普及残疾儿童少年义务教育，视力、听力、智力残疾儿童少年义务教育入学率达到90%以上。

随着适龄残疾儿童接受义务教育入学率的提升，目前未入学残疾儿童数量不断减少，其中重度肢体、智力残疾儿童及孤独症、脑瘫、多重残疾儿童

比例不断提高，动员其接受义务教育的难度不断加大。使无法离家上学的残疾儿童接受义务教育成为今后进一步提高适龄残疾儿童入学率的关键。目前一些省份已经开始采取社区教育、送教上门、跨区域招生、建立专门学校等形式对这些残疾儿童少年实施义务教育。地方教育行政部门应做好未入学残疾儿童少年残疾状况和教育需求的登记工作，并加强送教上门的课程设置、师资培训、教学指导和研究评估，以满足残疾儿童的教育、康复需求，并保证送教上门的质量。

三 回应关切、果断处置，积极解决教育热点问题

教育问题直接涉及百姓切身利益，因此与教育相关的突发事件极易在短时间内成为社会舆论的热点，一旦回应不及时、处置不到位，就会引发社会矛盾冲突，造成不良后果。因此，各级教育行政部门会同其他相关政府部门将积极解决教育热点问题纳入日常工作，及时回应关切、保障信息公开、果断有效处置，维护社会稳定。

（一）防治、惩戒中小学生欺凌和暴力

近年来，校园欺凌和暴力事件发生多起，且欺凌者或围观者将欺凌过程拍摄并上传到互联网，不仅造成极为恶劣的社会影响，同时也使被欺凌学生精神受到再次伤害。校园欺凌和暴力事件已经成为危害学生身心健康的重大隐患。而现有法律法规对于未成年人违法犯罪处理较轻，因此在校园欺凌和暴力事件处理上缺乏有效的惩戒手段。社会舆论及相关专家也呼吁今后在相关立法及法律修订中，提高公权力介入严重校园欺凌和暴力案件的可能性，以达到惩戒、震慑、教育的目的，最大限度地遏制校园欺凌和暴力事件的发生。2016年11月，教育部等九部门发布的《关于防治中小学生欺凌和暴力的指导意见》指出："由于在落实主体责任、健全制度措施、实施教育惩戒、形成工作合力等方面还存在薄弱环节，少数地方学生之间欺凌和暴力问题仍时有发生"，强调对实施欺凌和暴力的学生，要强化教

育惩戒威慑作用，根据情节轻重，采取批评教育、警示谈话、警示教育、记入学生综合素质评价、转入专门学校就读等方式进行教育惩戒；对于构成违法犯罪的根据《刑法》《治安管理处罚法》《预防未成年人犯罪法》等法律法规予以处置；对于犯罪性质和情节恶劣、手段残忍、后果严重的，必须坚决依法惩处。

（二）加强高校新生入学资格复查，严防冒名顶替

2016年以来一些地方曝出多起篡改他人高考志愿，甚至冒名顶替他人入学的事件。其中社会影响较大的是2003年发生、2016年公布调查结果的"张莹莹冒名王娜娜上周口职业技术学院"事件。该事件最终以12人受党纪政纪处分、3人移交司法机关处理结束。2016年8月，教育部发布《关于做好2016年全国普通高校招生录取工作的通知》，明确要求各高校严格按照国家招生政策规定和学籍管理规定，对报到新生的录取通知书、身份证等材料与相关档案逐一比对，认真开展新生入学资格复查。发现存疑考生，须与生源地省级招生考试机构核实；对于违规录取的学生，一律不予学籍电子注册，并报告有关部门倒查追责。

（三）调查"毒跑道"等校园环保事件

2016年，北京、湖北十堰、浙江杭州发生"毒跑道""毒草坪"事件，吉林大安发生"毒宿舍""毒桌椅"事件，江苏常州发生400余名学生身体异常事件。上述事件一经网络媒体披露，迅速成为社会关注热点。事发之后各地质监部门均对疑似污染物进行了检测鉴定，教育部门采取果断措施解决问题，但个别事件因处理不当甚至酿成群体性事件。2016年6月，教育部有关负责人就学校塑胶跑道质量问题答记者问，再次强调属地各级政府和相关部门要按照学生健康第一的原则高度重视和妥善处置这类事件；同时指导属地各级教育部门和学校采取有效措施，立即暂停使用，并进行调查核实、专业检测、回应关注，根据检测结果进行整改。要求加大责任追究力度，对徇私舞弊、玩忽职守的相关责任人，坚决予以严肃查处。

（四）加强校园不良网络借贷风险防范

2016 年，发生多起校园贷风险事件。大学生因高额校园贷债务自杀，女大学生网贷遭裸照要挟还钱等新闻频现媒体。校园贷是指一些网络贷款平台面向在校大学生开展的贷款业务。这些网贷平台以无需任何担保，无需任何资质，就能贷款几千甚至几万元为诱饵，吸引缺乏自制力的学生过度消费，以牟取暴利。2016 年 4 月，教育部联合银监会发布《关于加强校园不良网络借贷风险防范和教育引导工作的通知》，强调加大不良网络借贷监管、学生消费观教育、金融网络安全知识普及和学生资助信贷体系建设力度。2016 年 10 月，教育部发布《关于开展校园网贷风险防范集中专项教育工作的通知》，强调做好校园网贷教育引导、校园网贷风险防范和经济困难学生精准帮扶等项工作。

总之，2016 年是中国教育事业发展承上启下的一年；是贯彻落实全面深化教育领域综合改革的一年；是保障公平、普惠民生，推进教育扶贫攻坚的一年；是回应关切，解决教育热点问题的一年。2016 年 7 月，《国家教育事业发展第十三个五年规划》已获教育部党组会审议并原则通过，进一步修改完善后将按程序报批。这一规划的颁布实施将对今后中国教育事业发展产生重大影响。同时，随着今后几年《规划纲要》目标总体完成，有关中国教育事业新的中长期发展规划或将编制出台。因此，落实新的发展理念、加快推进中国教育现代化始终是未来不断努力的方向。

参考文献

胡鞍钢、王洪川、鄢一龙：《教育现代化目标与指标——兼谈"十三五"教育发展基本思路》，《清华大学教育研究》2015 年第 3 期。

胡鞍钢、王洪川：《中国教育现代化：全面释放巨大红利》，《清华大学教育研究》

2016 年第 4 期。

单大圣:《"十二五"时期教育改革发展的成就、问题及未来展望》,《教育现代化》2015 年 9 月（上半月）。

董圣足:《民办学校分类管理：冲突与调适》,《教育经济评论》2016 年第 2 期。

李立国、易鹏:《加大教育投入　跨越中等收入陷阱》,《光明日报》2016 年 10 月 18 日。

B.7
2016年中国医疗卫生事业发展报告[*]

房莉杰[**]

摘　要：　2015年的数据显示，"看病贵"问题有所缓解，但是"看病难"状况仍然没有明显改善。分级诊疗和公立医院改革是2016年医改的重点，相比以前，这两项改革内容和目标都更为明确，考核更为严格，行政推动力也更强；但仍限于局部领域，并没有从本质上突破前几年碎片化的改革特征，也未触及更深层次的体制性问题。2016年末，新医改翻开了一个新的篇章。改革路径更为明确，以"三医联动"的系统化改革代替过去几年各个领域的碎片化改革。从改革方向看，"政府主导"的改革方向得到认可，接下来，前所未有的政治推动力将推进医改。

关键词：　分级诊疗　公立医院改革　三医联动

2015年是"十二五"的收官之年。经历了过去七年医改各个领域的"摸石头过河"后，目前改革的整体框架和路径逐渐清晰。本文将以2015年的数据为重点，既分析2015年的医改效果，同时也回顾"十二五"以来的变化趋势。而作为"十三五"的开局之年，2016年不仅有当

---

　*　本文在写作过程中得到国务院发展研究中心贡森研究员的帮助，特此感谢！但文责自负。
　**　房莉杰，中国社会科学院社会学研究所副研究员。

年的政策进展,更有近至 2020 年的"十三五"规划、远至 2030 年的
"健康中国"规划。本文将解读这些政策和规划,并对未来的发展趋势予
以分析。

一 2015~2016年医疗卫生资源和服务情况

"分级诊疗"和"控制药品费用"分别是解决"看病难"和"看病贵"
问题的基础性改革,如果这两个改革没有显著成效,那么其他改革推行的效
果也不会理想。从 2014~2015 年改革的情况来看,医改的中央决策者显然
是认识到了这一点,因此对这两个方面的改革大力推进。

正如笔者在 2015 年的"社会蓝皮书"的"医疗卫生事业发展报告"中
所介绍的:在"分级诊疗"方面,国务院办公厅在 2015 年 9 月份发布的
《关于推进分级诊疗制度建设的指导意见》对于不同级别医疗机构的功能做
了明确定位,并且规定,到 2017 年,基层医疗卫生机构诊疗量占总诊疗量
的比重≥65%,由二、三级医院向基层医疗卫生机构、慢性病医疗机构转诊
的人数年增长率在 10% 以上等。在"控制药品费用"方面,国家发改委等
七部门于 2015 年 5 月份共同发布的《推进药品价格改革的意见》,决定自
2015 年 6 月 1 日起取消绝大部分药品的政府定价,同步完善药品采购机制,
强化医保控费作用,强化医疗行为和价格行为监管,建立以市场为主导的药
品价格形成机制。这意味着存在 20 年的药品行政定价将被市场定价所取代。
另外一个重要举措是推广"两票制",试图通过减少药品流通的中间环节,
控制药品费用。从数据看,2015 年的药品费用,尤其是公立医院的药占比
确实得到了一定程度的控制。

本部分将结合 2015 年到 2016 年上半年的数据,分析上述两方面重点改
革的效果。

(一)各类医疗机构的服务情况

公立医院一直是我国医疗服务的核心,从新医改的文件来看,对基层医

疗机构和民营医疗机构的发展也都给予了高度重视，将这两者看作解决"看病难"问题的核心途径。然而从历年的数据看，这两类机构的发展却并不尽如人意，2015年，这一趋势仍在持续。

首先，看医院和基层医疗机构的资源与服务情况。尽管"强基层"被多次强调，但是从人力资源情况看，医院卫生人员的增长速度远远超过基层医疗机构；从病床情况看，新医改以来，各级医院的床位数都持续增长，其中，级别越高，床位数增长的速度越快。也就是说，无论是人力资源还是病床，新医改对其向上集聚趋势的遏制效果仍不明显，2015年这一趋势并没有变化。

新医改以来，医院和基层医疗机构的门诊服务量都大幅上升，但是从比例上看，基层医疗机构分流病人、缓解大医院看病压力的作用并没有显现。尤其是从2012年以来，基层医疗机构诊疗服务的上升速度明显放缓。就2015年的数据而言，医院的诊疗人次从2014年的29.72亿人次上升到了2015年的30.83亿人次，而基层医疗机构却从43.64亿人次下降到了43.42亿人次。在占总诊疗服务的比例上，医院从2008年的36.3%上升到2015年的40.0%，而基层医疗机构却从60.5%下降到56.4%。从2016年上半年的数据看，医院的门诊量上升了6.1%，基层医疗机构却下降了0.9%。

住院服务的情况比门诊服务更为明显。新医改以来，医院的入院人数持续上升，但是基层医疗机构的入院人数一直维持稳定。

再从病床使用率情况看，首先，医院级别越高，病床使用率越高；其次，2012年以来，各级医疗机构的床位使用率都有不同程度的下降，其中二级医院下降的趋势最为明显。对于三级医院而言，由于其病床使用率过高，因此其下降意味着"一床难求"的缓解，但是病床使用率的绝对值仍接近100%的高位；而就二级医院和一级医院而言，它们的病床使用率本来就不高，其下降更意味着基层医疗卫生机构的医疗资源远没有得到有效利用。2015年二级医院和一级医院的病床使用率分别是84.1%和58.8%。

结合各级医院病床增长情况和病床使用率可以发现，医院床位数的增长

速度高于病床使用率的下降速度，三级医院的病床增长速度最快，病床使用率也最高，因此我们可以得出结论，越是级别低的医疗机构，资源和服务利用率越低。

其次，看公立医疗机构和民营医疗机构的对比。由表1可知，民营医院无论是诊疗人次数、入院人数，还是病床使用率，都不可跟公立医院同日而语。

表1　按经济类型分的历年医院服务情况

年份	2010	2011	2012	2013	2014	2015
诊疗人次数（亿人次）						
公立医院	18.74	20.53	22.89	24.55	26.47	27.12
民营医院	1.66	2.06	2.53	2.87	3.25	3.71
入院人数（万人）						
公立医院	8724	9707	11331	12315	13415	13721
民营医院	800	1047	1396	1692	1960	2365
病床使用率（%）						
公立医院	90	92	94.2	93.5	92.8	90.4
民营医院	59	62.3	63.2	63.4	63.1	62.8

再看不同类别的非公医疗机构，如表2所示，新医改前，非公基层医疗机构的诊疗服务量占到同类机构的1/3，但是新医改后持续下降，非公医院服务量的上升也非常有限。

表2　非公医疗机构服务占同类机构比重

单位：%

年份		2010	2011	2012	2013	2014	2015
总诊疗人次数	占同类机构比重	23.1	23.7	22.8	22.3	22.1	22.3
	其中：医院	8.1	9.1	10.0	10.5	10.9	12.0
	基层医疗机构	32.7	33.6	31.9	31.0	31.0	30.9
出院人数	占同类机构比重	6.2	7.4	8.3	9.2	9.9	11.5
	其中：医院	8.4	9.8	11.0	12.0	12.6	14.6
	基层医疗机构	2.0	2.1	1.8	1.8	1.7	1.7

最后，从医院医师的日均工作量看"看病难"问题。如表3所示，总的来看，新医改以来，医师的日均工作量都在上升；而且公立医院的医师日均工作量高于民营医院；医院级别越高，日均工作量也越高。这从一个侧面反映出，医院的拥挤情况非但未缓解，反而在加重，大医院尤其如此。

表3 医院医师日均工作量

单位：人次，日

类别	医师日均担负诊疗人次			医师日均担负住院床日		
	2009	2013	2015	2009	2013	2015
总　计	6.3	7.3	7.3	2.1	2.6	2.6
按经济类型分						
公立医院	6.4	7.6	7.6	2.1	2.7	2.6
民营医院	—	5.6	5.5	—	2.0	2.2
按医院等级分						
三级医院	—	8.3	8.1	—	2.8	2.7
二级医院	—	6.9	7.0	—	2.7	2.6
一级医院	—	6.5	6.1	—	1.8	1.9

（二）卫生费用情况

新医改以来，政府对于医疗卫生的投入逐年增加，2015年卫生总费用占GDP的比重已经达到6%，政府卫生支出的比重由2010年的28.69%上升到2015年的30.88%，个人现金卫生支出的比重由35.29%下降到29.97%，实现了"将个人现金卫生支出降到30%以下"的"十二五"目标。

需要注意的是，虽然个人现金卫生支出所占的比重在下降，但是卫生总费用的增长仍然非常迅速。2015年全国居民人均可支配收入比上年名义增长8.9%，而个人现金卫生支出比上年名义增长7.7%。与前两年相比，2015年个人现金卫生支出的增速要更低于居民人均可支配收入的增速（2014年全国居民人均可支配收入和个人现金卫生支出的增速分别是10.1%和9.5%，2013年这两个数字分别是9.7%和11.1%）。也就是说个人的医疗经济负担有所减轻。

在新医改的逻辑中，降低药品费用是解决"看病贵"问题和控制卫生费用增长的基础环节。从过去几年医疗机构的药费占比情况看，结合表4和表5的数据可知，基层医疗机构在经历了医改初期药费占比的下降后，2012年以后的情况相对稳定，而药费占比下降的空间其实非常有限；从公立医院来看无论是在门诊还是在住院费用中，药费占比都在持续下降，但是其下降的幅度并不大，且绝对值仍在上升，因此并没有达到"腾空间"以提高医疗服务价格的目标。

表4 公立医院服务费用情况

单位：元，%

年份	次均门诊费用		人均住院费用	
	费用	药费占比	费用	药费占比
2010	167.3	48.5	6415.9	43.4
2011	180.2	51.5	6909.9	42.2
2012	193.4	51.3	7325.1	41.3
2013	207.9	50.2	7860.2	39.7
2014	221.6	49.3	8290.5	38.4
2015	235.2	48.3	8833.0	36.9

表5 基层医疗机构服务费用情况

单位：元，%

年份	社区卫生服务中心				乡镇卫生院			
	次均门诊费	药费占比	人均住院费	药费占比	次均门诊费	药费占比	人均住院费	药费占比
2010	82.8	70.9	2357.6	49.3	47.5	60.4	1004.6	52.9
2011	81.5	67.4	2315.1	45.8	47.5	53.3	1051.3	46.8
2012	84.6	69.1	2417.9	46.5	49.2	54.8	1140.7	48.2
2013	86.5	68.7	2482.7	45.5	52.7	54.5	1267.0	46.8
2014	92.3	68.7	2635.2	44.1	56.9	54.3	1382.9	45.8
2015	97.7	68.9	2760.6	43.1	60.1	54.2	1487.4	45.4

再单独回顾历年的药品费用情况。由表6可知，从2010年到2013年，药品费用上涨迅速。尽管2014年这一趋势有所控制，但是降低药品费用的目标显然没有实现。此外，2014年医疗机构的药品费用虽然涨幅不大，但是零售药品费用的绝对值和比重都保持着快速上升的趋势。无论背后的原因是什么，其结果都是导致药品的总费用没有得到有效控制，从而使在此基础上的一系列其他改革都难以实施。

表6 历年药品费用情况

项目＼年份	2010	2011	2012	2013	2014
药品总费用(亿元)	8835.9	9826.2	11860.5	13307.7	13925.0
人均药品费用(元)	658.9	729.3	875.9	978.0	1018.0
药品费用占卫生总费用比重(%)	41.6	38.4	40.4	39.8	37.8

（三）小结

与前几年相比，2015年的数据呈现一些乐观的趋势，最显著的是对于药品费用的控制和个人现金卫生支出比例的下降。从卫生总费用的数据看，个人的医疗经济负担确实有所减轻；公立医院服务费用中的药品占比持续下降；与此同时，2014年药品费用的上涨也趋缓，但是由于缺乏2015年的药品费用数据，我们并不清楚这一趋势是否能够持续。尽管在局部的卫生费用控制上取得了一些成效，但是卫生总费用的上涨趋势并未得到有效控制，长此以往，用于医疗卫生的财政支出和医保资金都将面临较大压力。

从药品费用的数据可以看出，尽管公立医院的药费占比在降低，但是零售药品费用，无论是绝对值还是占药品总费用的比重都有显著上升，因此人均药费仍是上升的。这可能正如部分媒体的报道所言，由于各级政府严控公立医院的药费占比，因此患者被迫转向零售药店购买药物。在这种情况下，尽管公立医院的数据"很漂亮"，尽管药品费用占卫生总费用的比重有所降低，但是药品费用的绝对值下降的目标并没有实现。

在卫生费用方面还值得一提的是效率问题。新医改以来，政府对医疗卫

生的投入逐年增加，公立医疗机构的床位和人数逐年上升，然而与之相伴随的是 2013 年以来病床使用率的下降。其中二级医院的病床使用率已经由最高时期的 90.7%（2012 年）下降到了 2015 年的 84.1%；一级医院更是只有 58.8% 的病床使用率。事实上，新医改以来，在卫生费用方面一直关注的重点是政府投入够不够、个人的医疗经济负担有没有减轻，却很少关注卫生资源投入的效率问题。从以上数据可以看出，一方面是卫生总费用的过快增长，另一方面却是医疗服务资源的浪费。卫生资源的投入存在严重的效率低下问题，而这一问题又与"分级诊疗"和"看病难"联系在一起。

同"看病贵"问题的缓解相比，"看病难"问题在 2015 年仍延续过去的趋势，并没有明显好转。尽管诊疗服务和住院服务的总量都有较高增长，但这些增长绝大部分发生在医院，而非基层医疗机构，实际上 2015 年基层医疗机构的诊疗和住院服务量都在下降；民营医疗机构虽然有所发展，但是服务量仍比较少。从其实际发展情况看，民营医疗机构甚至呈现下降态势，一直是公立医院的微不足道的"补充"。针对这种情况，一种可能的解释是，随着农村的乡村一体化和村卫生室标准化建设，很多村卫生室都"由私转公"，但是这些措施是否带来了村卫生室服务能力的提高，还有待证明。

总之，延续过去几年的趋势，"看病贵"问题得到一定缓解，公立医疗机构的药费占比得到了有效控制；但是药品总费用和卫生总费用仍然居高不下；卫生资源的投入效率整体不高，且更多投向医院，尤其是高级别的医院，并没有完全起到"强基层"的作用；越来越多的服务由医院，尤其是级别高的公立医院提供，"看病难"问题依然没有缓解。

二 2016年新医改政策进展

国务院办公厅发布的《深化医药卫生体制改革 2016 年重点工作任务》中，提出了九大重点工作任务：全面深化公立医院综合改革、加快推进分级诊疗制度建设、巩固完善全民医保体系、健全药品供应保障机制、建立健全综合监管体系、加强卫生人才队伍建设、稳固完善基本公共卫生服务均等化制度、推进卫生信息化建设、加快发展健康服务业。

从财政投入看，2016年各个渠道的财政投入都进一步加大：①城乡居民医保人均政府补助标准提高到420元，人均个人缴费相应增加，并加大对城乡居民大病保险的支持力度；②新增100个公立医院试点城市，中央财政对每个新增试点城市按照2000万元的标准予以一次性补助，对所有试点城市有公立医院的市辖区按照每个100万元的标准给予补助；③人均基本公共卫生服务经费财政补助标准提高到45元；④中央财政安排城乡医疗救助补助资金160亿元。其他技术层面的改革还包括推进医保的跨省结算、进一步完善大病医保和医疗救助、继续推进公立医院改革试点、完善基本药物制度等。

在此基础上，从国务院办公厅和卫计委颁布的相关文件来看，2016年医改的重点是分级诊疗和公立医院改革。

（一）分级诊疗

2016年，对于分级诊疗的改革设计是在2015年发布的《国务院办公厅关于推进分级诊疗制度建设的指导意见》的文件指导下进行的。国家卫生计生委和国家中医药管理局确定了北京市等4个直辖市、河北省石家庄市等266个地级市作为试点城市开展分级诊疗试点工作。具体措施包括：一是针对基层医疗机构能力不足的问题，提出通过组建医疗联合体、对口支援、医师多点执业等方式，提高基层服务能力；二是提高家庭医生的签约率，目标是，到2016年底，城市家庭医生签约服务覆盖率达到15%以上，重点人群签约服务覆盖率达到30%以上；三是在制度建设方面，着重强调"探索组建医疗联合体"，落实医联体内各种医疗机构的不同功能定位，建立医疗机构间的分工合作机制。

在上述改革措施中，"家庭医生签约服务"尤其得到更加详细的规划。国家卫计委发布的《关于推进家庭医生签约服务的指导意见》中规定，"家庭医生"不仅指基层医疗卫生机构注册全科医生、具备能力的乡镇卫生院医师和乡村医生等，还鼓励公立医院的专科医生等作为家庭医生在基层提供签约服务；服务形式采取"团队签约服务""鼓励组合式签约"，在组合之

内可根据需求自行选择就医机构，并逐步过渡到基层首诊，在组合之外就诊应当通过家庭医生转诊；家庭医生团队的"服务内容"是为居民提供基本医疗、公共卫生和约定的健康管理服务；"筹资来源"是医保基金、基本公共卫生服务经费和签约居民付费等。此外，还包括"发挥家庭医生控费作用"，方便签约居民优先就诊和住院，"增强签约服务吸引力"。

（二）公立医院改革

从国家卫计委等五部委于2015年10月底联合印发的《关于控制公立医院医疗费用不合理增长的若干意见》、国务院办公厅发布的《深化医药卫生体制改革2016年重点工作任务》，以及卫计委发布的《关于做好2016年县级公立医院综合改革工作的通知》中，都可见中央政府对公立医院改革的重视。

《深化医药卫生体制改革2016年重点工作任务》中提出了"总结完善福建省三明市改革做法和经验，在安徽、福建等综合医改试点省份推广"。由此看来，"三明模式"成为全国公立医院改革的范本。总体而言，它是以控费为起点，"腾笼换鸟"式地提高医疗服务价格，配以医保、医疗、医药"三医联动"的综合改革。

以此为基础，《深化医药卫生体制改革2016年重点工作任务》提出了采取"腾空间、调结构、保衔接"的步骤，理顺医疗服务价格。具体而言，改革的第一步是"腾空间"，即"通过降低药品耗材费用和加强成本控制，留出空间用于调整医疗服务价格"；接下来，逐步提高医疗服务的价格，药品耗材收入和服务收入此消彼长；之后，还要加强医疗服务价格、医保支付、医疗控费、分级诊疗等政策的统筹衔接。最终希望实现的目标是：既形成合理的医疗服务价格，又没有给医保带来过大压力，更没有给人民群众增加医疗负担。

在上述路径中，"腾空间"，或者说降低药品和耗材费用是第一步。针对"部分城市公立医院医疗费用总量增长较快，药品收入占比较大，大型医用设备检查治疗和医用耗材的收入占比增加较快，不合理就医等导致的医疗服务总量增加较快等"问题，国家卫计委等五部委联合发布了《关于控制公立医院医疗费用不合理增长的若干意见》，采取强力的行政手段控制公立医院的费用，包括推行临床路径管理、强化医疗机构内控制度、严格控制公立医院的规模、降低药品耗材价格、推进医保支付方式改革、转变公立医院补偿机制等。在降低公立医院医疗收入中的药费占比方面，提出了明确的目标："力争到2017年试点城市公立医院药费占比（不含中药饮片）总体下降到30%左右"。而且制定了非常严格的考核问责机制，即"将控费目标实现情况与公立医院基建投入、设备购置投入、重点学（专）科建设投入、财政拨款预算安排等挂钩"。在《深化医药卫生体制改革2016年重点工作任务》中再次强调，"2016年6月底前，各地要结合实际合理确定并量化区域医疗费用增长幅度。加强督促检查，定期对各省（区、市）医疗费用控制情况进行排名公示"。

此外，国家卫计委还下发了《关于做好2016年县级公立医院综合改革工作的通知》，将2016年的公立医院改革分解为十项工作任务。进一步的，国务院医改办等又确定了4个县（市）公立医院综合改革试点地区，这4个地区在完成以上10项任务的基础上，还要推进以下4项任务：①全面落实政府对公立医院的投入政策，按照有关规定，逐步化解符合条件的县级公立医院长期债务；②药费占比（不含中药饮片）下降到30%左右，百元医疗收入（不含药品收入）消耗的卫生材料费用下降到20元以下；③实行医保按病种付费的病种（病组）数不少于100个，覆盖40%以上的出院病例数；④县域内就诊率提高到90%左右。

（三）理解2016年的改革进展

就上述两项重点改革内容而言，"分级诊疗"是2015年政策的延续和强化，而"公立医院改革"是在2015年的药物制度改革之后的强化。再与过去几年的更长时间相比较，上述两项重点改革内容，在2016年都更明确和具体，各项实施路径、量化的目标以及严格的考核规定都凸显了对改革的强力推动。

具体而言，"分级诊疗"是2015年开始引起高度重视的，然而2016年

国家卫计委发布的政策文本更类似于 2015 年政策框架的一个实施细则，其政策设计更为全面和细致，操作性也更强。此外，"家庭医生制度"也早已不是新生事物，2011 年国务院就发布了《关于建立全科医生制度的指导意见》，但是该文件只是纲领性地提出了建立全科医生制度的指导思想、基本原则和总体目标，鉴于当时的能力不足，各项配套改革的条件也不具备，因此其操作性的指导意义并不强。反观五年后的今天，"推进家庭医生签约服务"已经非常全面和充实。上海"1+1+1"的组合签约模式、厦门的"三师共管"、江苏的"医联体"等地区创新经验都被融会贯通到 2016 年的政策中。比较 2011 年和 2016 年的政策文本，能看到这方面改革从蓝图到实践、从框架到细节的进步。

在"公立医院改革"方面，首次以文件的形式明确"腾空间、调结构、保衔接"的实施路径。其中"控费"既是为了解决"看病贵"问题，同时也是上述公立医院改革路径的基础环节，因此又受到额外重视。到 2017 年底将药费占比降低 30% 的目标、4 个试点县（市）量化的四项额外任务、将公立医院的控费完成情况同对其的财政投入联系起来等，这些改革措施所表现出来的强势都是前所未见的。

尽管如此，新医改以来的另外一些政策实践却跟上述两项改革的方向是相悖的。在"分级诊疗"方面最为明显的就是基层医疗机构的行政化趋势抑制了基层医务人员的工作积极性，这已是广泛公认的事实，并直接导致了基层医疗机构服务比例（甚至服务的绝对量）的下降。然而 2016 年关于"分级诊疗"的改革措施并没有触及这方面，相关的新的政策表述只有"进一步完善基层医疗卫生机构绩效工资制度，可按照财务制度规定在核定的收支结余中提取职工福利基金和奖励基金"。这一表述比起"收支两条线"固然已经有进步，但是跟"竞争性的家庭医生制度"——使家庭医生的收入由签约数量和服务质量决定——相比，显然还存在质的区别，上述改革措施并不能激励基层医务人员和家庭医生团队自觉自愿地提供优质服务。

2016 年的公立医院改革也反映出相似的情况。公立医院改革的基础环节是"腾空间"，事实上从 2009 年开始的基本药物制度改革就是为了降低药品价格（或者说公立医院的药费占比），以腾出空间用于医疗服务价格的提高。然而反观7年后的今天，正如本报告上一部分的数据所展示的，并没有多少空间腾出来。也就是说，问题不只出在公立医院本身，更要从其他配套制度中寻找原因。比如，尽管基药制度是新医改最先实施的改革之一，但是实施七年来药价下降有限，这很大程度上归因于医药和医保是各自独立的，没有医保的制约，基药制度很难单独发挥作用。因此，在公立医院改革问题上，医药、医疗、医保"三医联动"才是解决问题的出路。

总之，上述两项重点改革的共性在于：都是通过强力的行政命令推动改革，在一定范围内理顺了改革的路径，并制定了明确的目标和严格的考核指标；然而，它们也都没有触及更基础层面的政策调整，也就是说，不同层次的政策之间仍是矛盾的。强力的行政推动的优势在于，它有可能在一个较短的时间实现某些量化的目标，然而这些目标的实现并不代表真正的实施效果；其内在的矛盾会扭曲"当事人"的行为，而且从更长时期看也是不可持续的，甚至会带来一些负面效果。

三　新医改的未来

（一）出台医改新阶段的纲领性文件，在地方经验中完善顶层设计

2016年11月7日，中共中央办公厅、国务院办公厅转发《国务院深化医药卫生体制改革领导小组关于进一步推广深化医药卫生体制改革经验的若干意见》（以下简称《意见》）。该文件可以被认为是继2009年新医改启动以来，中共中央、国务院第二次重量级的表态，因此也意味着新医改翻开了新的篇章。在过去的七年，全国各地在医疗卫生各个子系统的改革，积累了一定的经验；同时，各地的创新领域和方式各不相同，并没有任何一个地区的经验上升为国家层面的制度框架。因此从全国来看，无论是横向看各个地区的改革实践，还是纵向看历年的改革措施，都呈碎片化状态，新医改成效有限。正是在这种情况下，《意见》总结了8个方面24条经验，接下来的

医改要在这些已有的地方经验的基础上，进行实质性的顶层设计。

从内容看，《意见》将特别强调医疗、医保、医药"三医"联动工作机制，亦即系统性的改革和联动。已经覆盖95%的人口，且在保障水平和管理水平上稳步推进的医疗保障体系是"三医联动"的基础。在这一方面，"医保基金管理中心"这一打破部门分治格局的管理方式被着重强调。《意见》提到，"……可开展设立医保基金管理中心的试点，承担基金支付和管理、药品采购和费用结算、医保支付标准谈判、定点机构的协议管理和结算等职能，充分发挥医保对药品生产流通企业、医院和医生的监督制约作用，为联动改革提供抓手"。

在以公立医院为核心的医疗服务领域，"三医联动"的具体内容是：通过"两票制"和"公立医院药品分类采购"实现药品费用的下降，为医疗服务价格的上升"腾空间"；通过"医保支付方式改革"等方式，加强对公立医院的规范；通过"医疗服务价格改革""建立现代医院管理制度""建立符合行业特点的人事薪酬制度"以及利用技术化手段，共同实现"规范公立医院的诊疗行为"的目标。

在以基层医疗机构为核心的医疗服务领域，"分级诊疗"是毫无疑问的重点。这一领域的"三医联动"的路径在于：在已有的基药制度的基础上，以家庭医生签约服务和医疗联合体为重要抓手，加快分级诊疗制度建设；发挥医保政策的调节作用，既引导患者优先在基层医疗机构就诊，同时也规范和激励基层医疗机构的行为，并推动不同医疗机构之间的分工合作。

此外，文件特别强调"抓考核问责机制，将医改任务完成情况纳入全面深化改革绩效考核和政府目标管理绩效考核"，这表明了中央政府将要强力推动改革的决心。

（二）新医改的未来：三明模式抑或深圳经验？

《国务院深化医药卫生体制改革领导小组关于进一步推广深化医药卫生体制改革经验的若干意见》的目的是总结地方经验，从而完善顶层设计。然而并非所有地方经验都被纳入了这一文件框架，除了江苏、广东、安徽的公立医院改革，安徽的"两票制"，上海的人事薪酬制度改革，浙江、上海、江苏的分级诊疗经验外，该文件所构建的医改图景的主体来源于大名鼎鼎的"三明医改"。

"三明模式"有几大特点：第一是医保管理体制的改革，即将原来分属于人社和卫生部门的24个医保基金经办机构整合为市级统一管理的"医疗保障基金管理中心"，承担基金管理、医疗行为监管、药品采购等综合性职能，实现功能和职能的整合，成为"三医联动"的执行平台；第二是"药改"，采取有效方式挤压虚高药价的水分、压缩药品回扣空间，将药品耗材挤出的空间用于提高医疗服务价格，以及让利于患者和医保基金；第三是公立医院的改革，实行院长和医生年薪制，配之以"科学的考核评价体系"，以使其薪酬水平体现其人力资本的市场价值，同时阻断处方与收入之间的利益关系；此外，为了保证医改的顺利推进，三明市将涉及医保、医疗、医药的相关部门交由一位市领导统一分管，充分授权，而且由市委书记担任医改领导小组组长，充分解决了"领导重视"的问题。从效果看，"控费"是三明医改的主要成就，从2011年开始，三明市公立医院的药费占比不仅大幅下降，而且次均诊疗费和次均住院费等卫生费用指标也明显低于全国平均水平。其他方面的改革成效，如医生收入提高等，尽管也得到认可和推广，但同时也存在质疑的声音。

然而，在"三明模式"之外亦存在着其他截然不同的医改尝试，其中也不乏在数据上同样吸引人的案例，深圳即其中之一。深圳市在医改领域的创新实践是：在国内率先提出新建市属公立医院不再实行编制管理，取消公立医院行政级别；历史性地打破医生"铁饭碗"，让医院自己定岗定薪；成立跨部门的医管中心推动医改，把卫生主管部门从"办"医院的角色中解放出来；整合基层医疗资源，重金聘任基层全科医生。深圳"控费"的"成绩单"是，2015年，全市公立医院次均门诊、住院费用分别为218.36元、9117.24元，在国内同级城市中维持在较低水平；居民个人卫生支出占卫生总费用的比例是19.62%，亦远低于全国29%的平均水平。

比较三明模式与深圳经验，除了"三医联动"之外，两地似乎选择了

截然相反的方向——三明走向的是偏行政化的"管",而深圳走向的是偏市场化的"放"。深圳经验也曾经作为医改的先进经验得到总结和关注,然而从最新出台的这份重量级文件来看,其显然选择了更为行政化的改革方向,一直以来的"政府"与"市场"之争似乎是前者占了上风。然而尽管医改的路径通过重量级文件的形式得到明确,争论却未必结束,目前社会各界针对三明模式的疑问包括:药价虚高究竟是因为流通环节的层层加价,还是因为价格垄断产生的寻租空间?相应的,作为三明模式基础环节的"药改",其有效性究竟是源于行政化的"两票制"改革,还是源于突破省级招标采购的市场化运作,又或者是两者在某种程度上结合的结果?在以年薪制为核心的薪酬结构下,如何激励医务人员的行为?对于各级医疗机构而言,"双向转诊"和"首诊在基层"的动力又来源于哪里?基层医疗机构的服务能力和缺乏激励的机制是否能够"接住"分级诊疗?在强大的行政化背景下,社会资本办医和多点执业有多大的生存空间?三明市的成功在很大程度上获利于党政一把手的重视和医改掌舵者的个人能力,那么这种模式在多大程度上可以被其他地区复制?……上述种种既是摆在三明市面前的可持续发展的问题,更是摆在全国各地面前的如何发展的问题。

结　语

综上所言,从2015年的数据情况看,"看病贵"问题有所缓解,但是"看病难"问题仍然没有解决。分级诊疗和公立医院改革是2016年医改的重点,相比以前,这两项改革内容和目标都更为明确,考核更为严格,行政推动力也更强;但局限于局部领域,并没有从本质上突破前几年碎片化的改革特征,也未触及更深层次的体制性问题。

然而2016年末,新医改翻开了一个新的篇章。在经历了七年的地方实践之后,在行政化与市场化的分叉路口,新医改选择了行政化的方向。以三明市等地的创新经验为基础,医改的路径更为明确,中央领导层也呈现前所未有的改革决心。

与其他大多数领域一样，中国的医改之路注定是一条绝无仅有的"中国特色"的道路。针对中国新医改争论的核心——"行政化"与"市场化"问题，我们其实应该这样理解：之所以会出现"看病贵""看病难"，进而启动全面的新医改，并不是因为医疗领域的市场化，而是市场经济环境与计划经济时期延续下来的行政管控的制度惯性扭曲了医疗机构和药品企业的行为，是一种"行政化＋商品化"的畸形发展。尽管目前评价医改的行政化与市场化方向孰优孰劣尚为时过早，但是无论选择哪条道路，都不可避免地既要认可医疗服务的公共产品和准公共产品属性，又要面对市场化的外部环境。也就是说，未来更有可能是以某个方向为主的，行政化与市场化的"妥协"，或者说，在医疗体系的不同领域，需要视医疗服务的具体特征，采取不同的资源分配方式。然而需要注意的是，目前并没有证据证明已经理顺了行政化与市场化的关系。

再回到笔者在 2015 年报告的最后提出的两个问题："基本药物制度"和"基层医疗机构改革"两张最基本的"处方"仍有待"重开"。从 2016年改革进展看，"腾空间、调结构、保衔接"和"三医联动"的结合已经给"看病贵"问题开出了更明确的"处方"，这会改变基药制度等相关制度改革"互不相关"的碎片化状况，有望取得实质性改革效果。然而"基层医疗机构"改革的路径则并不清晰。正如笔者在过去几年的报告中一再强调的：建立竞争性的家庭医生制度，让家庭医生的签约率跟其收入挂钩，以使家庭医生具备提供服务、吸引病人的内在动力，这才是基层医疗机构改革的根本。但是从 2016 年的改革措施看，只是强调家庭医生签约率以及通过医联体提高家庭医生团队的服务能力等，并没有从内在解决家庭医生提供服务的动力问题，可以预见，其改革效果必然是有限的。

总而言之，"（控制药品费用＋提高服务价格＋医保的引导和规范作用）×分级诊疗＝医改目标的实现"，这个"四则混合运算式"是成立的，无论走哪条道路，"三医联动"是毋庸置疑的。在新的阶段，明确的制度设计将代替原来的各地"试水"，整体的联动改革将代替碎片化的改革，而且将以前所未有的政治推动力推进。

参考文献

房莉杰：《2015年中国医疗卫生事业发展报告》，《2016年中国社会形势分析与预测》，社会科学文献出版社，2015。

国家卫生和计生委员会：《2016年中国卫生和计划生育统计提要》，中国协和医科大学出版社，2016。

国家卫生和计生委员会：《2015年中国卫生和计划生育统计摘要》，中国协和医科大学出版社，2015。

调 查 篇

Reports on Social Survey

B.8

中国特大城市新社会阶层调研报告

——基于北京、上海、广州的调查

张海东　杨城晨　赖思琦*

摘　要：　随着我国改革开放不断走向深入，市场化程度不断提高，新
社会阶层人士大量涌现并成为社会转型时期一支重要的社会
力量。本研究报告基于"特大城市居民生活状况调查"的相
关数据，对新社会阶层人士的家庭经济状况、就业与社会保
障、生活品位与休闲方式、阶层认同、社会参与以及社会态
度与价值观念等多方面进行了描述性分析。通过调查研究发
现，新社会阶层的经济状况较为优越，其就业和社会保障水
平较高，同时具有较为独特生活品位，社会态度和价值观念

---

* 张海东，上海大学社会学院、上海大学上海社会科学调查中心教授；杨城晨，上海大学社会
学院研究生；赖思琦，上海大学社会学院研究生。

中包含着较多的正能量，能够引领社会思想解放，推动社会道德风尚的发展和社会的进步。可以说，引领新社会阶层人士健康发展已经成为当下中国社会的一个重要议题。

关键词：　新社会阶层　经济状况　社会参与　态度与价值观念

　　随着改革的深入以及我国社会结构的进一步变迁，"新社会阶层"这一概念的内涵也在逐步发生变化。新社会阶层的形成和发展与当代中国社会的发展变迁紧密相连，改革开放的政策实践催生了新社会阶层，他们的出现和发展符合中国经济发展和社会变革的客观需要，具有合理性和现实性。现今，新社会阶层已经成为社会转型时期一支不容忽视的社会力量。本报告中，笔者采用广义的"新社会阶层"界定①，对其规模及基本特征、家庭经济状况、就业状况与社会保障、生活品位与休闲方式、主观阶层认同、社会政治参与以及社会态度和价值观念等多方面进行了研究，从而对北京、上海及广州三地"新社会阶层"群体的生存现状有一个较为完整的体现。

　　本研究报告的数据来源于 2016 年完成的"特大城市居民生活状况调查"②，此次调查采用两阶段抽样方法，第一阶段采用地图法随机抽样，获得了 3004 个常住人口的样本数据；第二阶段采用适应性区群抽样，共获得 3006 个常住人口的样本数据，其中包含了较多具有代表性的新社会阶层的样本。在分析新社会阶层的特征中，本报告采用两阶段数据作为分析的依据；在进行统计推论时，仅采用第一阶段的数据作为分析的依据③。基于前文所述，通过职业界定的方式，第一阶段数据中，三地居民中符合"新社会阶层"

---

①　中共中央统战部发布的《关于巩固和壮大新世纪新阶段统一战线的意见》指出新社会阶层主要由非公有制经济人士和自由择业知识分子组成。

②　本调查获得中国社会科学院、上海市人民政府上海研究院资助。

③　由于适应性区群抽样并非随机抽样，因此不能用来推论样本总体的特征。但两阶段抽样的数据可以用来集中反映新社会阶层的相关特征。

界定标准的受访者共有 369 人，占 12.3%。根据第一阶段数据推算，北京、上海和广州新社会阶层人士的群体规模分别约占 8.4%、14.8% 及 13.6%。

一 新社会阶层的家庭经济状况

本报告将新社会阶层的家庭经济状况划分为不动产状况与收入和消费等资金流动状况，期望能够较为全方位地体现新社会阶层与受访者总体状况，以及北上广三地新社会阶层内部的家庭经济状况的差异。

（一）新社会阶层的住房状况更为优越

本报告试图通过住房产权、住房面积、住房市值、住房等级、住房所在的小区类型以及物业管理费的缴纳标准等因素较为全面地体现新社会阶层的住房状况。

从住房产权来看，新社会阶层拥有自有住房的比例为 60.8%，高于社会的平均水平 57.2%；而在租房居住这一项上，新社会阶层的比例（31.6%）略低于社会的平均水平（33.2%）（见表 1）。

表 1　新社会阶层的住房产权状况

单位：人，%

类型	新社会阶层		社会平均状况	
	人数	比例	人数	比例
完全自有	1016	60.8	1654	57.2
和单位共有产权	15	0.9	50	1.7
租住	528	31.6	960	33.2
免费提供和其他	111	6.7	228	7.9

从住房面积来看，北上广三地居民人均住房面积为 33.19 平方米，而三地居民中的新社会阶层的人均住房面积达到 38.15 平方米，超出社会平均水平 14.94%，表明了新社会阶层拥有更大面积的住房；而在其拥有的住房市值方面，49.1% 的新社会阶层拥有 100 万元 ~ 500 万元的住房，

8.5%的人拥有500万元~1000万元的住房，这两项的比例均略高于社会的平均水平。

在当前分化的社会中，住房所在的小区类型不仅可以反映住房的等级与品质，其体现的空间区隔程度更指向了一个社会经济地位。从小区类型来比较，北上广三地新社会阶层中有66.7%的居民居住于普通商品房小区，另有4.8%的居民居住于别墅区或高级住宅区，其所占比例均高于社会的平均水平；而居住于未经改造的老城区或单位社区的比例低于社会的平均水平（见表2）。

表2　新社会阶层居住的小区类型

单位：%

类型	新社会阶层	社会平均
未经改造的老城区	9.7	15.4
单一或混合的单位社区	12.8	23.2
保障性住房小区	2.7	2.2
普通商品房小区	66.7	51.0
别墅区或高级住宅区	4.8	1.3
新近由农村社区转变过来的城市社区	3.0	6.3
其他	0.2	0.6

（二）新社会阶层的高收入、高消费特征明显

从个人收入来看，新社会阶层在过去一年的平均收入达到166403元，远高于社会平均收入75184元，是其2.21倍；而在家庭收入层面上，新社会阶层过去一年的家庭总收入均值达到288826元，是社会平均收入147573元的1.96倍（见图1）。

需要指出的是，在北京、上海与广州三地，新社会阶层内部的收入也呈现巨大的差异化现象。从家庭总收入来看，居住在上海的新社会阶层的收入达到369131元，为三地最高；北京次之，为259978元；广州最少，为201772元。在工资性收入方面也呈现类似的特征。而在经营性收入和财产

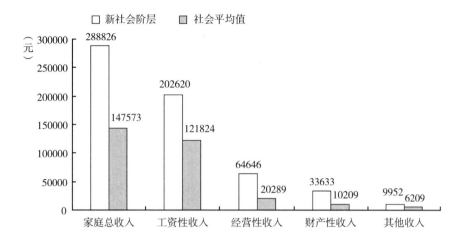

图1　2013年新社会阶层家庭总收入与社会平均收入的比较

性收入方面，广州的新社会阶层的收入在三地中排名均为第1，达到38447元，这可能与广州的非公有制经济活力更强、重商氛围浓厚、有更多的人从事经营活动和财产性活动有关。

在消费水平与消费能力方面，数据显示，北上广三地新社会阶层在过去一年家庭总支出的平均数达到131459元，而三地居民的平均家庭总支出为76734元，新社会阶层家庭的支出总额是社会平均水平的1.71倍。在各分项的支出方面，新社会阶层的饮食支出为35433元，略高于社会平均水平25832元；服装配饰支出为14720元，比社会平均水平高92.8%；医疗支出为6778元，高于平均水平38.9%；教育支出与住房支出明显高于社会平均水平，分别是其1.68倍和1.40倍，说明相对于社会其他阶层来说，新社会阶层自身的消费能力更强，也拥有更巨大的消费潜力可发掘。

（三）新社会阶层的资金流动能力更强

本报告通过调查受访者的家庭"是否借钱给别人/机构/公司"、"是否欠钱（债务）"以及"是否成功地从银行信用社等正规金融机构贷到款来用于生产性投资"来了解其资金流动能力，从而了解其家庭的资金储备情况和经济能力。新社会阶层借贷行为的发生率均略高于社会的平均水平，如在

"借钱给别人/机构/公司"这一项，比例高出平均值 2.5 个百分点，新社会阶层目前处于负债的比例也高于社会平均水平，说明新社会阶层对于资金流动的要求更高；贷款用于生产性投资的比例也高出社会平均水平 1.5 个百分点，反映出新社会阶层家庭的经营性行为发生率更高。

二 新社会阶层的就业与社会保障

本报告从新社会阶层的就业渠道、就业身份与就业领域、就业稳定性与满意度以及拥有的社会保障等多方面展示其就业状况与社会保障情况。

（一）新社会阶层以自主择业为主要的就业渠道

从就业渠道来看，新社会阶层的共同之处就在于自主择业，承担较大工作不稳定风险。在北上广三地新社会阶层成员中，个人直接申请应聘工作的比例占 61.1%，职业介绍机构与他人推荐的占 22.1%。新社会阶层作为市场经济发展的产物，其产生是个性化的、是自主的。其从事的行业是自主选择、自主经营、自我发展的，不受其他组织和个人的控制和干预，在新社会阶层中，职业代际传递的可能性下降。

（二）就业集中在非公有制领域，以单位中的工薪收入者为主

调查数据显示，在北京、上海和广州三地的新社会阶层中，就业身份以雇员和工薪收入者为主，即以民营科技企业的创业技术人员及受聘于外资企业的管理技术人员两类人员为主，其比例达到 73.8%；私营企业主的比例为 11.5%；而个体工商户的比例为 9.5%。

从新社会阶层就业的单位或公司的类型看，有超过六成（64.4%）的受访者在民营企业就业，12.5% 的受访者就职于三资企业，另有 19.7% 的受访者就职于个体工商户；而在社会团体、民办非企业组织中就职的所占比例较低。

从职业类型和管理权限来看，三地新社会阶层中从事各类专业技术工作

的比例最高，达到50.1%，各类一般管理人员的比例为25.6%，个体工商户与个人合伙的比例为19.7%，非公有制企业负责人的比例最低，为4.6%。新社会阶层在单位或企业中进行更多的管理活动，拥有更高的管理权限。有10.9%的新社会阶层表示在目前/最后的工作中"只管理别人，不受别人管理"，另有33.0%表示"既管理别人，又受别人管理"，而这两项的社会平均值只有3.9%和23.1%。属于新社会阶层的受访者中仅有40.7%的人表示"只受别人管理，不管理别人"，而这一项的社会平均值达到了56.0%。

（三）就业稳定性较低，工作变动较为频繁

在市场经济环境下，相对于传统意义的工人、农民和知识分子而言，新社会阶层的身份和专业会经常变动，具有较大的不稳定性。从是否换过工作岗位来看，三地新社会阶层中有53.0%的人表示工作以来换过工作单位，而这一比例在社会总体中仅占37.8%。有26.6%的新社会阶层表示工作以来更换过一次单位，另有11.4%和7.0%的新社会阶层更换过2次和3次工作。

从新社会阶层未来的职业规划看，有19.5%的受访者打算在未来2年内找一份新工作或者创业，这一比例明显高于社会平均水平的15.4%，最后，从新社会阶层对失业可能性的主观感知来看，三地新社会阶层受访者中的大部分（77.7%）都表示未来6个月内"不可能失业"或"非常不可能失业"。

（四）新社会阶层的工作满意度较为一般

在本报告中，工作的满意度分为工作收入、工作安全性、工作稳定性、工作环境、工作时间、晋升机会、工作趣味性、工作合作者、能力和技能的展现、他人给予的尊重以及在工作中表达意见的机会11个测量指标。调查结果显示，新社会阶层对工作的整体满意度得分为3.60分，介于比较满意和一般之间；在各项满意度得分中，新社会阶层对于工作安全性的评价程度最高，达到3.85分；而对晋升机会的满意程度最低，仅为3.33分（见图2）。

社会蓝皮书

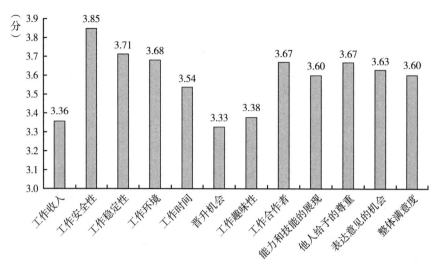

图2　新社会阶层的工作满意度

（五）新社会阶层的商业保险参保率明显较高

数据显示，新社会阶层的基本社会保障中养老保险和医疗保险的参保率略高于社会平均水平，失业保险、工伤保险、生育保险及住房公积金的参保率也高于社会平均值（见图3）。在商业保险领域，新社会阶层人士商业养老保险参保率和其拥有的商业保险份额显著高于社会平均水平（见图4）。

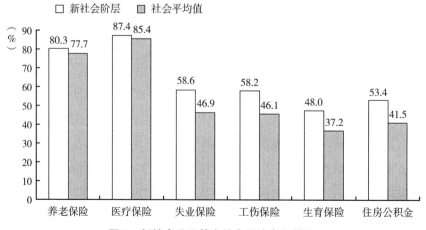

图3　新社会阶层基本社会保险参保情况

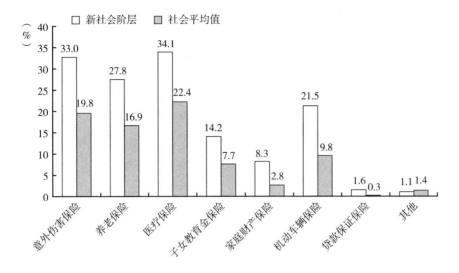

图4　新社会阶层商业保险参保情况

三　新社会阶层的生活品位与休闲方式

本报告将通过日常生活习惯、生活时间分配、休闲方式及生活品质三方面来体现新社会阶层的生活品位与休闲方式。

（一）新社会阶层的日常生活习惯的意识和行为存在偏差

在现代社会，良好的日常生活习惯被视为健康的保证。本报告通过"您平常是否吸烟"、"您平常是否喝酒"、"您是不是素食主义者"以及"您是否会为了健康或身材而注意饮食"4个问题来测量新社会阶层的日常生活习惯。调查数据显示，在新社会阶层中，有27.3%的受访者表示平常会吸烟，29.9%的受访者表示平常会喝酒，这两项的比例均显著高于社会的平均值。在"是不是素食主义者"这一数据上，新社会阶层的比例略低于社会的平均水平；而在"为了健康或身材而注意饮食"方面，新社会阶层选择"是"的比例略高于社会平均值。

（二）新社会阶层的工作强度较大，生活节奏较快，家庭生活时间较少

从北京、上海与广州三地新社会阶层的日常时间分配来看，工作日中新社会阶层用于工作或学习的时间达到 7.76 小时，远高于社会平均值的 5.90 小时，非工作日用于工作或学习的时间也略高于社会的平均状况；而在家务方面，新社会阶层工作日用于家务的时间为 64.26 分钟，低于社会均值的 82.37 分钟，非工作日的家务时间为 88.74 分钟，同样远低于社会平均值的 102.51 分钟。

（三）新社会阶层的生活品位独特，娱乐休闲方式多样化

关于新社会阶层的娱乐休闲，在旅游方面，调查数据显示，72.4% 的受访者表示每年在国内进行自费旅游，31.0% 的受访者每年自费出国旅游。旅行已经成为新社会阶层日常生活中常见的休闲方式之一。在阅读书籍方面，81.1% 表示在过去一年至少阅读过一本书，最多阅读量达到 200 本，新社会阶层偏好的书籍主要是人文社科艺术方面的和中外经典名著/小说，可见大部分阶层成员保持着阅读的习惯。同时，55.2% 表示会去现场欣赏音乐，最欢迎的是流行音乐。关于运动健身，93.1% 表示日常生活中会参加运动，参与率最高的运动项目分别是跑步、散步和羽毛球。

四　新社会阶层的主观阶层认同

本报告主要从新社会阶层的家庭阶层认同、个人阶层认同以及"中产阶层"认同三个维度测量其主观阶层认同的程度。

（一）新社会阶层的家庭阶层认同程度高于社会平均水平

在本次调查中，家庭阶层认同这一变量以"您认为您家目前属于哪个等级"来测量。社会阶层认同取值为 1 ~ 10 分。1 分代表最低层级，10 分代表最高层级。统计数据显示，居民阶层地位认同分数大多分布在 5 分，说明当

前北上广三地居民认同其属于中间阶层的比例相对较大;选择 3 分和 4 分的比例排在第 2 和第 3 位,人数分别占到 18.9% 和 17.9%;而选择 1 分与 2 分的人数也占一定比例(17.9%),且高于选择 6 分及以上的比例(16.2%);而对于新社会阶层来说,其认为属于社会下层的人数低于平均值,其地位认同的分布比例接近于"橄榄形"分布。从阶层认同的平均得分来看,新社会阶层的平均认同得分为 4.47 分,高于 4.08 分的社会平均得分。

(二)新社会阶层的个人阶层认同处于社会中间水平

从职业地位、经济收入、消费水平以及综合地位 4 个方面分析新社会阶层的个人阶层认同,可以明显地看出,北京、上海与广州三地新社会阶层对自身的阶层认同主要集中在中层范围。选择中下层及下层的占比之和约为 40%。相比于本地来说,三地新社会阶层对于自身的职业地位、经济收入等因素在全国范围内的中上层认同的比例明显较高。这说明三地新社会阶层对于自身所处的阶层位置具有较为理性的感知;新社会阶层对于北上广三地在全国范围内的经济实力与竞争能力也有较高的评价,能够较为明显地感知自身在不同区域内的阶层地位。

表3　新社会阶层的个人阶层认同状况

单位:%

类型	上层		中上层		中层		中下层		下层	
	本地	全国	本地	全国	本地	全国	本地	全国	本地	全国
职业地位	0.6	0.5	13.5	13.7	49.8	47.7	28.6	29.9	7.5	8.2
经济收入	0.9	0.6	11.6	12.6	44.9	45.9	33.5	32.4	9.0	8.4
消费水平	1.0	0.6	11.4	11.4	48.1	47.7	31.9	31.8	8.6	8.4
综合地位	1.0	0.6	10.1	12.0	50.0	50.2	31.2	29.1	7.8	8.1

(三)大部分新社会阶层认为其不属于"中产阶层"

本次调查通过"您认为您的家庭是中产阶层家庭吗?"以及"您认为您本人是中产阶层吗?"两个问题来了解受访者是否认同自己是中产阶层人士。数据显示,当前北上广三地新社会阶层中只有 30.5% 的受访者认为其所在的家

庭属于"中产阶层"，64.7%的受访者认为其家庭不属于"中产阶层"，另有4.8%的受访者表示不清楚。另外，认为个人属于"中产阶层"的新社会阶层的占比更低，仅占27.0%，69.5%的新社会阶层认为其个人不属于"中产阶层"。

从具体的原因分布来看，无论是家庭层面还是个人层面，新社会阶层都认为收入水平、资产总量和消费水平不够是其没有进入"中产阶层"的主要原因。其中，有83.3%的新社会阶层认为其家庭由于收入水平不够而达不到"中产阶层"的标准，82.0%的新社会阶层认为其个人由于收入水平不够而达不到"中产阶层"的标准；认为是资产总量原因的则分别占到60.6%和58.1%。

五 新社会阶层的社会参与

本报告从政治参与、社会组织参与及公益活动参与3个维度来反映新社会阶层的社会参与状况。

（一）新社会阶层政治参与主要集中于政治事务的讨论

对政治参与这一维度，本报告主要从"与周围人讨论政治问题"、"在互联网上讨论政治问题"、"向新闻媒体写信反映意见"、"向政府部门反映意见"、"到政府部门上访"、"参加游行示威"以及"参加罢工、罢课、罢市等行动"7个方面加以体现。调查数据显示，有38.3%的新社会阶层表示曾经与周围人讨论政治问题，11.7%的人曾经在互联网上讨论政治问题，这两项的比例略高于社会的平均水平（35.2%与9.7%）。另有3.6%与5.6%的新社会阶层曾经向新闻媒体写信反映意见和向政府部门反映意见。上访、示威游行和罢工、罢市等行动参加率极低。

（二）新社会阶层参与慈善公益活动的比例较高

从公益活动的参与情况来看，北上广三地新社会阶层主要热衷于参加慈善公益类活动，有41.6%的受访者表示在过去一年曾经向慈善机构捐款或捐物，其所占比例最高。参加环境保护活动的比例为20.3%，位居第2。义

务献血、义务参加专业咨询活动、义务打扫社会卫生以及义务照顾社区的孤
寡老人的参与率分别为 17.1%、11.7%、10.6% 与 7.3%，公益活动的参与
率有待提高，社会应当积极培养乐于奉献等利他主义精神，促使更多的人参
与志愿公益活动，促进其人生价值的实现。此外，从北京、上海及广州三地
来看，不同地区新社会阶层的公益活动参与状况也不尽相同，北京地区的新
社会阶层义务献血参与率达到 20.2%，明显高于广州的 13.5%；上海地区
的慈善参与率达到 50.4%，明显高于北京和广州地区。

（三）新社会阶层社会组织参与呈现较为明显的特点

从新社会阶层的社会组织参与来看，由于其多属于非公有制经济单位或
从事个体经营，因此工会组织的参与率仅有 14.3%，低于 17.4% 的社会平
均水平；但是其参与商会/行业协会的比例达到 6.6%，显著高于 2.6% 的社
会平均水平；另外，新社会阶层参与业主委员会和校友会的比例也较高，分
别达到 7.0% 和 26.1%（见图 5）。但总体而言，新社会阶层社会组织参与
率普遍较低，对社会组织的参与意愿和参与程度都不高。

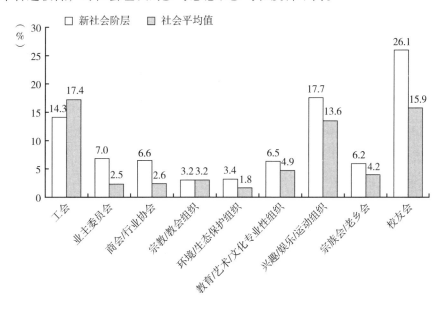

图 5　新社会阶层社会组织参与度和社会平均值的比较

六 新社会阶层的社会态度与价值观念

在本报告中，社会态度与价值观念主要包括对社会公平与社会流动的态度，对社会信任与社会融入的态度，对政治事务、公共问题及政府与个人关系的态度等维度。

（一）部分新社会阶层人士认为当前社会总体公平程度较低

在对社会公平感的态度上，问卷中以"总的来说，您认为当今的社会是否公平"这一问题来测量，受访者需要在"完全不公平"、"比较不公平"、"一般"、"比较公平"以及"完全公平"5个选项中选择最接近自己认同的一项。调查数据表明，在新社会阶层中，有8.0%的受访者认为当今社会"完全不公平"，28.4%的受访者认为"比较不公平"，40.5%的认为公平程度一般，选择"比较公平"和"完全公平"的仅占22.6%和0.5%。各项态度的分布比例与社会平均水平相接近，说明新社会阶层对当前社会公平程度的感受与其他人群一致。

在本次调查中，还询问了受访者哪些因素对于一个人要获得更高的社会或经济地位最为重要，结果显示，家庭背景因素成为新社会阶层普遍选择的一大因素，其中36.3%的新社会阶层选择了"第一重要"，15.3%选择了"第二重要"，另有13.6%选择了"第三重要"。此外，"个人的社会关系"这一因素也被新社会阶层视作在当今社会成功的关键要素，选择"第二重要"和"第三重要"的人数也分别占到27.6%和25.8%，远超过选择"受教育水平"、"个人天赋"与"努力工作"的比例。

（二）新社会阶层的社会信任程度较为一般，但社会包容性较强

在社会信任度方面，多数的新社会阶层对于当今社会上的大多数人持

"一般"的态度，占比达到52.1%；选择"不信任"和"根本不信任"的比例分别为15.4%与2.5%，而选择"比较信任"和"非常信任"的人数比例为29.4%和0.6%。

从社会融入与社会包容程度看，新社会阶层整体上对于外来移民的看法是比较宽容的。例如，有超过60%的新社会阶层表示不太赞同和非常不赞同"本地人普遍排斥外来移民"这一说法；超过70%的人赞同"外来移民应该享受跟本地人一样的机会和福利"；超过一半的新社会阶层不赞同"外来移民太多会破坏本地文化的传承"和"外来移民导致城市不文明行为的增多"；另外，有超过80%的新社会阶层认为"高层次的外地移民有助于本地发展"（见表4）。究其原因，一方面是由于新社会阶层经济收入、教育水平普遍较高，对于不同群体之间的融入持包容和积极的态度；另一方面是他们中很多人本身就是改革开放和户籍制度变革的受益者，通过自身的努力和奋斗进入北上广这样的大城市定居，因此他们对于外来移民的态度肯定是宽容的。

表4　新社会阶层对于外来移民的看法

单位：%

看法	非常赞同	比较赞同	不太赞同	非常不赞同
本地人普遍排斥外来移民	5.2	31.4	51.7	11.6
外来移民应该享受跟本地人一样的机会和福利	19.4	52.9	24.7	2.9
外来移民太多会破坏本地文化的传承	6.4	35.5	49.4	8.7
外来移民导致城市不文明行为的增多	8.1	37.8	48.3	5.8
高层次的外地移民有助于本地发展	24.4	56.4	18.6	0.6

（三）新社会阶层比较注重个人权益，但政治态度较为平和

在政府与个人的关系和居民权益方面，新社会阶层较为注重维护个人的合法权益，其态度倾向于更多地参与社会管理。数据显示，新社会阶层对

"政府搞建设要拆迁居民住房,老百姓应该搬走"、"老百姓应该听政府的,下级应该听上级的"以及"国家大事有政府来管,老百姓就不用多管了"这三种说法大多持不赞同的态度;另外,新社会阶层在"现在一心为老百姓着想的干部不多了"和"英明的领导人比好的法律、制度更能给人信心"这两种说法上持较为赞同的态度,表达出他们当前对于全心全意为人民服务的领导干部的殷切期望(见表5)。

表5 新社会阶层对于政府及政治参与的态度

单位:%

类型 \ 态度	非常赞同	比较赞同	不太赞同	非常不赞同
政府搞建设要拆迁居民住房,老百姓应该搬走	5.2	39.0	43.8	12.0
老百姓应该听政府的,下级应该听上级的	7.1	31.8	47.6	13.5
国家大事有政府来管,老百姓就不用多管了	5.1	22.7	54.0	18.2
现在一心为老百姓着想的干部不多了	25.9	52.5	18.1	3.5
英明的领导人比好的法律、制度更能给人信心	21.2	46.5	26.1	6.2
有学问和有能力的人,在政治上应该享有比一般人更多的发言权	11.5	49.4	33.6	5.5

在对于国家发展目标的认知上,新社会阶层中有34.6%的受访者首选了"保障经济持续健康发展",27.5%的人首选了"全面提高人民生活水平",这两个目标是新社会阶层认为的当前国家发展最为重要的目标。除此之外,"提高公民文明素质和社会文明程度"以及"保护环境,节约资源"这两个发展目标也是新社会阶层较为重视的,这表明新社会阶层对于社会精神文明建设和生态能源可持续发展较为重视,具有较强的社会责任意识。而相比之下,"不断扩大人民民主"以及"保障言论自由"等政治目标诉求在新社会阶层中被选择的比例并不高(见表6)。

表6　新社会阶层关于国家发展目标的看法

单位：%

类型 \ 选择	首选	次选	合计
保障经济持续健康发展	34.6	15.4	50.0
不断扩大人民民主	6.3	8.1	14.4
提高公民文明素质和社会文明程度	15.8	18.4	34.2
全面提高人民生活水平	27.5	19.5	47.0
保护环境,节约资源	8.0	19.7	27.7
发展国家军事实力,提升国际地位	5.7	10.2	15.9
保障言论自由	0.9	5.2	6.1
弘扬社会主义核心价值观	1.1	3.5	4.6

结　语

　　基于上文所述，由于新社会阶层所具有的相关特点，其对我国社会生活产生了诸多积极影响。新社会阶层积极承担了应有的社会责任，热心投身公益事业，引领社会思想解放，推动了社会道德风尚的发展。当然，新社会阶层中也存在着一些享乐主义、消费主义等消极思想，思想观念与价值观念中存在着一些偏差和矛盾，因此，我们应该引导新社会阶层健康发展。

　　要充分发挥政府职能，健全管理体制，推动经济健康有序发展。一个良好的外部环境有利于新社会阶层的发展壮大，而良好外部环境的营造，主要依赖于政府发挥其相关职能。政府应当建立规范有序、公平公正的市场环境，为新社会阶层的生产经营活动提供应有的便利；推进各项体制改革，破除体制障碍，建立健全中国特色社会主义法律制度与社会保障制度，为新社会阶层解除后顾之忧；另外，新社会阶层中有民营科技企业的科技人员、受聘于外资企业的管理技术人员等高素质成员，可以出台相关政策鼓励这一部分人进行创业创新，推动民营经济的发展和社会的进步；同时，政府应当引导、鼓励新社会阶层从事慈善公益事业，引导先富带动后富。

　　要规范、引导并逐步扩大新社会阶层的有序政治参与。社会要正确看待

新社会阶层，正视和承认新社会阶层在经济、政治和社会生活方面对建设中国特色社会主义发挥的重要作用。新社会阶层在经济领域的重要地位是无可动摇的，与之相匹配的政治地位和社会地位的确立，将激发新社会阶层生产、创造的积极性。要通过吸收新社会阶层人士入党、吸收个体户和私营企业主等相关人士进入工商联和政协机构等多种手段不断开辟和完善参政渠道。健全社会主义法制，为新社会阶层政治参与提供法律保障，在各项政治和社会活动中，广泛听取新社会阶层人士的意见，从切实保障新社会阶层的利益出发，使新社会阶层能够真正从中受益。

B.9
中国城乡老年人生活状况变化及其未来发展趋势

——基于 2000~2015 年全国四次调查数据分析

王海涛　方　彧　欧阳铮*

摘　要： 中国于 20 世纪末进入人口老龄化社会，应对人口老龄化是国家的长期战略任务。"全国城乡老年人生活状况调查"自 2000 年起先后开展四次，数据表明，十五年来我国城乡老年人生活状况整体向好发展，经济状况明显改善，社会保障、医疗健康、社会参与水平不断提高，精神文化生活更加丰富多彩。随着人口老龄化程度的加深，一方面，我国面临劳动力资源短缺、家庭功能弱化、医疗照料服务资源短缺等挑战，另一方面，由人口老龄化导致的需求结构和产业结构的调整中也蕴含着巨大潜力和机遇。

关键词： 老年人　人口老龄化　生活状况

21 世纪上半叶，是我国社会主义现代化建设迈向新阶段、实现"两个宏伟目标"的重要时期，也是人口老龄化快速发展及其影响日益扩大的时

---

* 王海涛，中国老龄科学研究中心老龄战略研究所副所长、副研究员；方彧，中国老龄科学研究中心老龄战略研究所，副研究员；欧阳铮，中国老龄科学研究中心老龄战略研究所，副研究员。

期。人口是影响经济社会发展的关键因素，为积极应对人口老龄化，中国老龄科学研究中心自 2000 年起每五年开展一次"全国城乡老年人生活状况调查"①，对全国城乡老年人的健康、照料、经济、社会参与、精神文化等生活状况进行全面了解。本文基于四次调查数据，对中国城乡老年人生活状况变化和发展趋势做初步的分析。

一 中国人口老龄化形势

（一）人口老龄化现状

我国于 1999 年进入人口老龄化社会，截至 2015 年底，60 岁及以上人口占 16.15%，比 2010 年上升 2.89 个百分点；65 岁及以上人口占 10.47%，上升 1.6 个百分点。

"国家应对人口老龄化战略研究"课题中方案预测显示，到 21 世纪中叶，我国人口老龄化态势日益严峻。60 岁以上老年人口将达到峰值 4.87 亿（2053 年），占总人口的 34.8%；65 岁以上老年人口达到 3.92 亿（2057年），比重上升到 28.6%；80 岁以上高龄老年人增加到峰值 1.18 亿（2055年），占老年人口的 24.4%。2020~2050 年老年人口预测见表 1。

（二）人口老龄化主要特点

我国人口老龄化的特点突出表现在"人口规模大、增长速度快、峰值高、发展不均衡"等多方面。

---

① "全国城乡老年人生活状况调查"分别于 2000 年、2006 年、2010 年和 2015 年开展。其中 2015 年第四次调查样本规模为 22.3680 万，抽样比约为 1‰。调查实际回收样本 22.2703 万，有效样本为 22.0169 万，调查范围为 31 个省、自治区、直辖市和新疆生产建设兵团，样本涉及 466 个县（区）。

表1 我国重要年份老年人口预测

单位：亿人，%

年份	总人口	60 岁以上		65 岁以上		70 岁以上		80 岁以上
		人数	比重	人数	比重	人数	比重	人数
2020	14.34	2.55	17.8	1.81	12.6	1.07	7.5	0.29
2025	14.58	3.08	21.1	2.09	14.3	1.39	9.5	0.33
2030	14.62	3.71	25.3	2.54	17.4	1.61	11.0	0.43
2035	14.56	4.18	28.7	3.08	21.2	1.97	13.6	0.60
2040	14.46	4.37	30.2	3.46	23.9	2.41	16.6	0.67
2050	14.17	4.83	34.1	3.63	25.6	2.72	19.2	1.08

数据来源：根据"国家应对人口老龄化战略研究"课题中方案预测结果整理。

第一，人口规模大。我国是世界第一人口大国，同时也是唯一一个老年人口过亿的国家。截至 2015 年底，我国 60 岁及以上人口达到 2.22 亿，65 岁及以上人口达到 1.44 亿。21 世纪中叶，我国老年人口将达到 4.87 亿，届时，我国将以世界 15% 的人口赡养世界 26% 的老年人，成为世界上养老负担最重的国家之一。

第二，增长速度快。我国从 1980 年至 1999 年，在不到 20 年的时间里，人口年龄结构就基本完成了从成年型向老年型结构的转变，与世界发达国家比，速度十分惊人。法国完成这一过程用了 115 年，瑞士用了 85 年，美国用了 60 年，英国用了 45 年，最短的日本也用了 25 年。2050 年，我国将居日本、意大利、德国之后，成为老龄化程度最高的国家之一。

第三，峰值高。1949～1971 年，除三年困难时期外，我国人口出生率平均高达 30% 以上。1971 年开始的计划生育工作，使人口膨胀性增长势头得到有效抑制，迅速实现了由高生育率向低生育率的转变。于是历史上生育高峰出生的人口进入老年期与由计划生育而形成的劳动年龄人口低谷相重合，导致未来我国社会抚养比存在一个高峰值的特殊时期。

第四，发展不均衡。我国人口老龄化发展不平衡，不仅表现为城乡地区之间的不平衡，也表现为东中西部不同地域之间的不平衡。我国农村人口老龄化程度明显高于城镇。由于劳动力的迁移，东部地区常住人口老龄化速度

放缓，中西部地区老龄化不断加快。

此外，"未富先老"仍然是我国的基本国情，老年人口高龄化、空巢化、失能等，都是我国人口老龄化的基本特点。

（三）人口老龄化带来的影响

追求健康长寿是人类经济社会发展的重要目标之一，从这个维度来看，人口老龄化也是人类社会文明进步的重要表现。与此同时，人口老龄化给经济增长、产业演变、文化进步、社会发展等也带来一系列影响。其主要表现如下。

一是长期的低生育水平，使人口老龄化所衍生的一系列问题将对经济社会发展产生深刻而长远的影响。未来劳动力的结构性短缺，成本的不断上升，将使劳动力成本的比较优势逐渐丧失，需要转变以出口拉动经济的发展方式。国内消费需求结构发生重大变化，以青壮年为主的消费市场，如房地产、建筑材料、汽车等市场将逐渐萎缩，而以老年人口为主的消费市场，如医药、服务、旅游等市场将不断扩张。

二是构建与人口老龄化相适应的社会结构和制度是我们要面临的新课题。我国正处在经济结构调整、社会治理结构转型的重要历史阶段，快速发展的人口老龄化所带来的各种问题以及老年群体对自身利益的诉求日益突出。传统的主要依靠家庭养老的养老模式，已经难以满足老年人日益增长的养老多元化需求，因此，迫切要求发展以社区为中心的居家养老服务，以补充家庭养老功能的不足。

二　近十五年来中国城乡老年人生活状况核心指标变化趋势

（一）老年人口基本特征

老年人口城镇化水平持续提高。随着我国人口城镇化的发展，老年人的城镇化水平也在不断提高。调查显示，2015 年老年人城镇化率为 52.0%，比 2000 年老年人城镇化率高出 17.8 个百分点。

女性老年人口比例不断提升。调查显示，2015 年全国女性老年人口占 52.2%、男性占 47.8%，女性比男性出高 4.4 个百分点。与 2000 年相比较，女性老年人比例上升了 1 个百分点，这一趋势在城镇更为明显。

老年人口的年龄结构相对年轻。2015 年调查显示，60 ～ 69 岁、70 ～ 79 岁和 80 岁及以上老年人占老年总人口的比例分别为 56.1%、30.0% 和 13.9%。与 2000 年调查相比，60 ～ 69 岁老年人口占比仅下降 2.7 个百分点。

老年人口受教育程度大幅提升。与 2000 年调查相比，2015 年调查显示，我国老年人口中未上过学的占 29.6%，下降了 23.2 个百分点；小学文化程度的占 41.5%，上升了 7.8 个百分点；初中和高中文化程度的占 25.8%，上升了 14.3 个百分点；大专及以上文化程度的占 3.1%，上升了 1.1 个百分点。

老年人口丧偶率有所下降。与 2000 年调查相比，2015 年调查显示，老年人口中有配偶的占 71.6%，上升了 3.3 个百分点；丧偶的占 26.1%，下降了 4.3 个百分点；离婚的占 0.8%，基本持平；从未结过婚的占 1.5%，上升了 1.2 个百分点。

中高龄老年人子女数高于低龄老年人。2015 年调查显示，老年人子女数平均为 3.0 人，城镇为 2.7 人，农村为 3.3 人。老年人平均子女数比 2000 年减少 1.0 人，老年人平均子女数呈递减趋势。

城乡老年人幸福感有所提升。2015 年调查显示，60.8% 的老年人"感到幸福"，比 2000 年提升了 12.0 个百分点。分城乡来看，城镇老年人"感到幸福"的比例为 68.1%，比 2000 年上升 1.9 个百分点；农村老年人"感到幸福"的比例为 53.1%，比 2000 年提升了 9.6 个百分点。

（二）老年人居住安排、居住意愿及家庭户情况

对 2015 年第四次调查数据的分析发现，老年人中空巢老年人占 51.3%；其中，独居占 13.1%，只与配偶居住占 38.2%，与其他家庭成员一起居住的老年人占 48.7%。分城乡看，城镇空巢老年人占 50.9%；其中，

独居占 12.0%，只与配偶居住占 38.9%，与其他家庭成员一起居住的老年人占 49.1%。农村空巢老年人占 51.7%；其中，独居占 14.3%，只与配偶居住的占 37.4%，与其他家庭成员一起居住的老年人占 48.3%。

与 2000 年抽样调查对比发现，2015 年空巢老人从 38.9% 上升到 51.3%，增加了 12.4 个百分点，与其他成员一起居住的比例从 61.1% 下降到 48.7%，十五年来空巢老人明显增多。

（三）城乡老年人的经济状况

老年人整体收入水平不高，城乡老年人收入差距缩小。2015 年调查显示，2014 年城镇老年人人均年收入为 23930 元，农村为 7621 元。与 2000 年相比分别增加了 16538 元和 5970 元（见图 1）。从城乡对比来看，2000 年城镇老年人人均收入是农村老年人的 4.5 倍，2014 年降低到 3.1 倍。城乡老年人收入差距在逐步缩小。

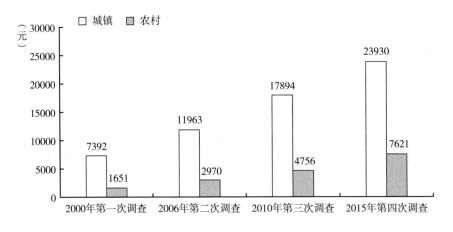

图 1 2000～2015 年城乡老年人收入变化

城乡老年人收入结构存在较大差异。城镇老年人主要收入来源为保障性收入，占 79.4%；而经营性收入、财产性收入、家庭转移性收入等非保障性收入的比例为 20.6%。虽然与 2000 年相比，农村老年人保障性收入提高了 21.7 个百分点，但仅占 36.0%；经营性收入、财产性收入、家庭转移性收入等非保障性收入的比例为 64.0%。农村老年人的社会保障水平还较低。

城乡老年人消费结构有所变化。2014 年，城乡老年人人均消费支出为 14764 元。从支出结构来看，前三项主要支出为日常生活支出、非经常性支出和医疗费支出，分别占 56.5%、17.3% 和 12.8%。与 2010 年相比，日常生活支出、医疗费支出占比降低，而非经常性支出、文化活动支出占比提高。

（四）老年人健康和医疗保障状况

首先，老年人医疗保障制度基本实现全覆盖。2015 年，城乡享有医疗保障的老年人比例分别达到 98.9% 和 98.6%，全年有 56.9% 的城乡老年人享受过免费体检。

其次，老年人健康状况整体改善。2015 年，32.8% 的老年人自评健康状况为"好"，比 2000 年提升了 5.5 个百分点。分城乡来看，城镇老年人有 37.6% 的自评健康状况"好"，比 2000 年提升了 7.0 个百分点。农村老年人有 27.7% 的人自评健康状况"好"，比 2000 年提升了 1.4 个百分点。

（五）生活自理能力及照料服务需要

老年人照护服务需求有所上升。2015 年城乡老年人自报需要照护服务的比例为 15.3%，比 2000 年上升近 9 个百分点。分城乡来看，城镇老年人自报需要照护服务的比例 2015 年为 14.2%，较 2000 年上升了 6.2 个百分点，农村老年人自报需要照护服务的比例 2015 年为 16.5%，较 2000 年上升了 10.3 个百分点，农村比城镇上升更快。随着我国失能、空巢老年人的增多，未来老年人对照料服务的需求将更迫切。

社区老龄服务需求中上门看病、康复护理等医疗健康类服务需求始终居于首位。2015 年调查显示，38.1% 的老年人需要上门看病服务，11.3% 的老年人需要康复护理服务，9.4% 的老年人需要日间照料服务，10.3% 的老年人需要健康教育服务。其次是上门做家务、心理咨询或聊天解闷服务、助

餐服务，分别占 12.1%、10.6% 和 8.5%。由此可见，医养结合是今后发展社区和居家养老服务的重要方向。

社区为老服务形式多样，但覆盖率还有待提高。超过 30% 的社区提供的养老服务包括法律或维权、健康讲座、上门看病等服务；同时，只有 5% 左右的社区开展了老年餐桌、陪同购物、陪同看病、上门护理、家庭病床、康复辅具租赁或出售等服务。这反映出社区虽然在积极探索为老年人提供各种为老服务，但这些服务尚未达到为老年人认可的程度。

老龄用品使用相对集中，未来市场亟待深入开发。2015 年调查显示，有 65.6% 的老年人使用过老龄特色用品，其中城镇为 71.8%，农村为 59.0%。同时，老年人使用过的主要有老花镜、假牙、血压计、拐杖等基本老龄产品，比例分别为 46.8%、27.0%、14.2% 和 9.3%；而使用过血糖仪、按摩器具、轮椅、助听器和成人纸尿裤或护理垫的比例都不足 4%。这反映出，很多老龄用品的覆盖率还相对较低，老年人对一些老龄用品的接受度尚不高，或者老龄用品的有效供给尚待进一步提高。

（六）老年人休闲活动参与情况

老年人休闲活动仍然以静态休闲类活动为主。2015 年调查显示，样本中大多数的老年人（88.9%）经常看电视或听广播，有 1/5 的老年人经常读书或看报，经常种花养草或养宠物的老年人比例为 20.7%，经常参加棋牌活动的老年人比例超过了一成（13.4%）。与 2000 年调查相比，本次调查的老年人除了参与棋牌活动的比例有所下降外，参与其余几项休闲活动的比例均有上升，总体来说，老年人的休闲活动仍以静态休闲类活动为主。这可能与老年人的生理特点相关，随着年龄的增长，老年人生理机能可能会出现衰退性变化。而静态休闲以其简单易行、节奏缓慢的特点获得大多数老年人的青睐。

老年人互联网使用率提高。越来越多的老年人加入了互联网大军中。2015 年调查显示，5.0% 的老年人经常上网，这一比例在城镇老年人群体和城镇低龄老年人群体中更高，分别为 9.1% 和 12.7%。2000 年的调查显示，仅有0.3%的老年人学习和使用电脑，由此可看出，这十五年来老年人的互联网使用率得到大大的提升。究其原因，一是全社会对互联网的使用广度和深度的提升；二是老年人使用互联网可以丰富自己的老年生活，吸收最新资讯和信息，参与社交，排解孤独和寂寞感。

（七）老年人社会参与现状

老年人积极参与公益活动。2015年调查显示，接近一半的老年人（45.6%）经常参加各种公益活动，其中占比较大的是经常帮助邻里（34.2%），参与维护社区卫生环境（20.7%）和经常协助调解邻里纠纷（17.0%）。城镇老年人公益活动参与率从2000年的38.7%提高到2015年的43.2%。十五年来我国老年人的公益活动参与率得到提升，一方面实现了老年人个体的价值，另一方面也促进了社会的和谐稳定发展。老年人群体已经成为社区建设、社会治理的重要力量。

大多数老年人具有助老意愿。本次调查显示，大多数（72.9%）老年人表示愿意帮助社区有困难的其他老年人，其中60～69岁年龄组的老年人助老意愿最为强烈（78.0%）。这说明老年人邻里互助活动具有良好的社会基础，可鼓励一些有意愿服务邻里的老年人从事力所能及的居家养老服务。

基层老年协会发展大有可为。第四次调查数据显示，参加了老年协会的老年人占10.3%。城镇老年人在老年协会中的参与率（11.0%）高于农村（9.6%），男性老年人参与率（11.2%）高于女性（9.5%）。老年协会是老年人自我管理、自我教育、自我服务的老年人群众组织，城乡社区老年协会较好地发挥了凝聚老年人、服务老年人、促进老年人社会参与的作用，是今后基层老年人工作发展的重要方向。而未加入老年协会的原因最主要是没有成立（44.9%），其次是不感兴趣（23.1%）和没有时间（21.8%）。因此，今后在继续提高社区老年协会建会率的同时，还应加强对社区老年协会的宣传，强化社区老年协会的能力建设，使其更好地为城乡老年人服务。

三　近十五年来中国城乡老年人生活状况变化的分析

（一）近十五年来中国城乡老年人生活状况变化的显著特点

1. 老年人口变动趋势整体向好，但人口老龄化程度不断加深

十五年间，我国人口老龄化程度不断加深，面临形势愈加复杂。60周岁以上老年人的比例从2000年的10.5%上升至2015年的16.2%，老年人口总数从1.34亿提升至2.22亿。空巢老人的比例从2000年的38.9%上升到51.3%，这也就意味着我国空巢老人已经超过半数，人口老龄化形势日趋严峻。

2. 老年人经济、健康水平显著提升，但贫困、失能老年人状况不容乐观

十五年来，尤其是党的十八大以来，我国农村老年人收入显著提高，其增长速度快于城镇。与2000年比较，2015年我国农村老年人经济保障水平显著提升，保障性收入占比上升21.7个百分点；而城镇老年人的收入结构日趋多元、优化。从消费结构来看，我国城乡老年人消费结构正悄然发生变化，文化类消费占比正在不断提升。

截至2015年，我国医疗保障实现制度全覆盖。调查显示，56.9%的城乡老年人享受过免费体检，城乡老年人自评健康状况较2006年明显向好。这表明，作为世界上老年人口最多的国家，我国医疗保障、公共卫生服务水平实现重大飞跃。

尽管如此，我国城乡老年人收入水平较低，贫困老年人和低收入老年人绝对数量相对庞大。老年人的健康状况也依然值得关注，尤其是全国失能老人已经超过4000万，失能、空巢、高龄老人是老龄事业发展中需要重点关注的群体。

3. 老龄服务市场潜力大，但供需矛盾突出

调查显示，2015年15.3%的城乡老年人自报需要照护服务，较2000年提升近 9 个百分点。尤其是农村老年人的照护需求更为迫切。这表明，十五年来，我国老龄服务市场不断开拓，城乡老年人消费观念不断转变。2015年，明确表示使用过老年用品的老年人占 65.6%。随着社会的发展和人们生活水平的提高，老龄用品市场进一步细分，老龄用品需求更加精准，这为老龄服务业和老龄用品业带来巨大市场空间和潜力。

当前，我国老龄服务业发展不平衡，尤其是农村老龄服务的发展起步较晚，基础较弱，恰恰是农村人口老龄化程度高于城镇，目前我国老龄服务供给"政府主导"的特点明显，这种供给模式无法精准对接城乡老年人的养老服务需求。因此，我国老龄服务业发展尚不能适应人口老龄化形势发展的需要。

4. 城乡老年人精神文化生活与时俱进，而老年人心理健康值得关注

十五年来，随着经济发展和社会进步，城乡老年人精神文化生活更加多元，尤其是随着老年人受教育程度逐步提高，上网成为城乡老年人新的休闲和社交选择。近年来，旅居养老、康养产业等新业态逐渐进入公众视野。越来越多的老年人走出家门，外出旅游，老年人休闲方式更加多元，老年人的精神文化生活愈加丰富多彩。此外，老年人参与公益活动愈趋活跃，老年公益力量不容小觑。老年人还积极参与社区建设，互相帮助，利用自身的知识、技能和经验积极为社会做贡献。

但是，老年人的心理健康也应引起足够重视。我国老年人精神慰藉服务意识较弱，水平较低，尤其是农村老年人自杀事件偶尔发生，农村留守老人精神孤独问题突出。当前空巢老年人已超半数，他们的心理健康更值得关注。

（二）中国城乡老年人生活状况变化的原因及影响因素探讨

随着社会经济的全面发展和中国人口老龄化程度的日益加深，中国城乡老年人生活状况发生了重要的变化，呈现新的特点：老年人经济、健康水平显著提升；老龄服务需求不断升温，老年人权益保障工作不断推进；老年人精神文化活动参与度不断提升，老年人社会参与不断拓展。但是，我国人口

老龄化的加重和经济社会发展不均衡也导致城乡老年人生活状况差距增大，老龄服务业发展不均衡，供求矛盾依然严峻。涉老法规制度的不健全和滞后性导致老年居住环境建设滞后，贫困、失能老年人状况也不容乐观。

1. 经济发展与城镇化进程对中国城乡老年人生活状况的影响

改革开放以来，我国经济取得了显著的发展，社会保障水平不断提高，已经初步建成较为完善的医疗保险制度和社会保障体系，老年人作为社会的一员，在积极参与经济建设的同时，也分享着经济社会进步带来的生活水平的不断提高。老年人收入水平稳步提高，平均预期寿命不断延长，社会参与形式丰富多样，老年人生命质量得到进一步的提升。与此同时，随着我国市场经济的不断发展、劳动力的跨区域流动加剧，以及计划生育政策的实施，我国空巢家庭比例逐步提高，老年空巢家庭的不断增多动摇了传统的家庭养老的基础，特别是大量农村劳动力向经济发达地区的转移，加剧了农村空巢化。另外，我国近一半老年人都在农村，目前的农村社会保障水平较低，而老年人在失去劳动能力、患病需要照料时更加需要得到社会的重点关注。

2. 各项制度的完善和推进对中国城乡老年人生活状况的影响

十五年来，在积极应对人口老龄化过程中我国进行了大胆的创新和尝试。特别是党的十八届三中全会提出"建立更加公平可持续的社会保障制度"。目前，我国社会养老保险制度实现全覆盖，基本医疗保险制度实现全覆盖，新型农村合作医疗参合率稳步提高。"十二五"时期，以居家为基础、社区为依托、机构为补充的社会养老服务体系框架初步建立。老年社会福利和社会救助制度不断健全，计划生育家庭养老保障支持政策逐步完善。老年教育、文化、体育事业快速发展，老年人精神文化生活更加丰富。但也要看到，养老制度碎片化所带来的问题和挑战仍然在很大程度上制约着我国城乡老年人生活水平的进一步提高。

3. 老年人口内部结构的变化对中国城乡老年人生活状况的影响

十五年来，我国人口老龄化程度不断加深，老年人口抚养比也在不断提升。当前，我国老年人口结构相对年轻，老年人口受教育程度大幅提升，老年人口丧偶率显著下降，同时中高龄老年人子女数高于低龄老年人，中高龄老年人子女数较多的人口特点有利于维持传统的家庭养老功能。总的来说，虽然我国人口老龄化日益加重，但老年人口结构相对年轻的特点在一定程度上为我国积极应对人口老龄化提供了十年左右的重要战略机遇期，让全社会能从容应对人口高龄化所带来的对养老资源的大量需求，最大限度地缓解了老龄化问题带来的负面影响，维持较好的老年人口内部结构有利于我国城乡老年人生活状况的改善。

4. 社会观念转变与积极的人口老龄化政策对中国城乡老年人生活状况的影响

随着我国人口持续增长以及人口老龄化进程加快，家庭养老模式这种传统的养老观念已经逐渐转变为多种养老模式结合、居家养老为主的新观念。传统生育观中生育子女防老养老的观念正在被政府和社会力量结合养老的观念所替代。我国正在推行积极的人口老龄化策略。我国积极的人口老龄化政策采取各项措施维护老年人权益、提升老年人生活质量，城乡老年人生活状况得到持续改善。

（三）进一步提高老年人生活质量、幸福感和获得感的政策建议

1. 健全政策法规，进一步完善顶层设计

坚持以老年人为本、统筹协调、改革创新、持续发展的原则，立足当前、着眼长远，加强顶层设计，做到及时应对、科学应对、综合应对。首先要健全政策法规，进一步完善制度保障。继续完善《中华人民共和国老年人权益保障法》的相关立法和政策制定工作。根据我国经济发展现状与老龄事业工作特点，结合国内外先进经验，制定与老龄事业和产业发展相配套的专项规划。建立健全覆盖面更广的社会化养老服务体系，明确以家庭养老模式为主的全社会参与的多元养老模式，同时提倡社区养老和居家养老的有效结合。未来，应当着重建立起行之有效的养老服务监督制度，建立起问题反映与反馈机制，以进一步保护老年人合法权益。

2. 进一步加大老年人优待工作力度

近年来，老年优待工作取得重大进展。优待老年人、让老年人共享经济社会发展成果，是全面建成小康社会的重要内容。各地政府应结合当地实际

因地制宜，逐步建立起政府主导、全社会参与的老年人优待体系。进一步放宽优待标准以覆盖更多老年人，在优先确保卫生保健的基础上加大在交通出行、商业服务、文体休闲等方面的优待力度。

3.进一步推行积极人口老龄化思路

树立正确的老龄观和老年人年龄意识。宣传引导全民正确认识老年人的作用和价值，坚决摒弃老人无用论和自我怀疑论，充分发挥老年人的潜力，合理有效开发老年人人力资源。政府主导建立老年人才交流中心，支持老年人再学习，支持老年人参加力所能及的社会活动和社会工作。政府应因势利导，积极制定老龄产业政策法规，规范市场，营造于老龄产业发展有利的市场环境。各地应加大老龄产业人才引进力度，提升老龄产业企业创新力，并予以适当政策倾斜，以推动老龄产业发展。

4.进一步促进居家养老服务发展

人口结构的改变和经济社会的发展使得我国老年人养老模式也发生了相应的改变。居家养老既可以减轻子女负担，又能提升老年人生活质量。具体来讲，推进居家养老模式，应该加强对政府购买服务的组织领导，采用更灵活的资金筹措方式，加强社区居家养老服务机构的建设，培养专业化的养老服务人才。同时，应结合我国人口的结构特点来确定居家养老服务体系的发展方向，并依靠政府与市场两种力量，公平、高效地配置资源，构建起符合中国传统文化和基本国情的中国特色居家养老服务体系。

参考文献

任树芳、朱文源：《市场经济发展给老年人家庭带来的影响和变化及其应对措施》，《家庭、健康、和谐研讨会论文摘要集》，2005。

李韧：《关注和谐社会构建中的老年人养老制度建设》，2008 年人口老龄化与当代社会发展高端论坛，2008。

黄冠：《日本与台湾公共养老制度的比较研究——及对我国养老制度建设的启示》，全国高校社会主义经济理论与实践研讨会第 27 次年会，2013。

汤兆云：《新中国成立以来我国养老保险制度的改革探索与发展方向》，《科学社会主义》2014 年第 6 期。

杨宜勇、杨亚哲：《从人口结构变化看我国城市居家养老服务体系的发展》，《经济研究参考》2011 年第 58 期。

董丽霞、赵文哲：《人口结构与储蓄率：基于内生人口结构的研究》，《金融研究》2011 年第 3 期。

黄彦萍：《积极人口老龄化研究》，《人口与计划生育》2008 年第 7 期。

吴琼、郭正模：《社会养老保障制度与生育观念转变》，《党政研究》2007 年第 1 期。

李志明：《中国老年优待制度的发展定位与政策建议》，《学术研究》2015 年第 4 期。

黄彦萍：《积极人口老龄化研究》，《人口与计划生育》2008 年第 7 期。

杨宜勇、杨亚哲：《论我国居家养老服务体系的发展》，《中共中央党校学报》2011 年第 5 期。

张晓峰：《建立政府购买服务制度完善居家养老服务体系》，《社会福利》2007 年第 8 期。

B.10
家庭闲暇、阶层位置与中国人的阅读量

张　翼*

摘　要： 本文利用全国大样本数据比较全面地分析了中国人对纸质图书的阅读状况。研究发现人们阅读量的多寡既与家庭闲暇时间的长短相关，也与人们所在的阶层位置相关。文化程度越高，阶层地位越高，家庭经济状况越优越，人们的阅读量就越大。在此基础上，与社会发育程度联系密切的是：人们仍然偏好阅读医疗保健、生活艺术类图书。所以，阅读量的阶层差异，在某种程度上决定着整个社会阅读量差异的取向。

关键词： 家庭闲暇　阶层位置　阅读量

　　人类进入文字书写时代后，阅读就成为影响人口素质的一个非常重要的因素。正因为如此，李克强总理在2015年3月"两会"之后回答记者提问时曾说："书籍和阅读可以说是人类文明传承的主要载体……用闲暇时间来阅读是一种享受，也是拥有财富，可以说终身受益。我希望全民阅读能够形成一种氛围，无处不在……把阅读作为一种生活方式，把它与工作方式相结合，不仅会增加发展的创新力量，而且会增强社会的道德力量。这也就是为什么我两次愿意把'全民阅读'这几个字写入《政府工作报告》的原因，明年还会继续。"

　　2016年颁发的《"十三五"规划纲要》在其第十六篇"加强社会主义

---

* 张翼，中国社会科学院社会发展战略研究院院长，研究员。

精神文明建设"中，特意将近几年《政府工作报告》与"十三五"规划草案中的"倡导全民阅读"修改为"推动全民阅读"，加大了对"全民阅读"的支持力度，将"全民阅读"列为未来5年将要实施的重大文化工程。

为什么近来政府如此重视"全民阅读"呢？根据国家新闻出版广电总局中国新闻出版研究院开展的调查，2013年中国成年人年人均阅读图书4.5本，远低于韩国的11本、法国的20本、日本的40本、以色列的64本。2014年，中国成年人年人均阅读图书4.56本，数字化阅读方式的接触率为58.1%，较2013年上升了8个百分点；日均手机阅读时长首次超过半小时。2014年有50%以上的被访问对象认为自己的阅读数量较少。2016年4月18日，中国新闻出版研究院组织实施的第十三次全国国民阅读调查发现，2015年中国国民人均纸质图书阅读量为4.58本。①

如何才能提升中国人的阅读量，并使中国人"阅读量"的提升与国民经济同步发展呢？不同的研究可能会给出不同的回答。除在"供给侧"加大结构性改革力度外，还需要在"需求端"系统分析影响阅读量提升的"结构性"因素。国家卫计委2014年开展的"中国家庭变动状况抽样调查"数据，有效样本数量达到59844人，而且对全国的成年人具有"推总"意义。因此，本文依据这一调查数据，仔细分析不同类别成年人的图书阅读量，可以帮助我们比较细致地理解不同群体纸质图书的阅读差异，及对图书阅读种类的选择偏好，为相关部门提出更为明确的社会政策建议，以推动全民阅读规划的开展。

一 家庭闲暇与阅读量

阅读是需要专门安排出时间来完成的一种行为。所以，要分析一般意义上阅读量的大小，就需要将人们的时间划分为工作时间和工作外的时间。一

---

① http://media.people.com.cn/n1/2016/0419/c40606 – 28285720.html。此次调查的有效样本量为45911人，其中成年人样本为34344人，18周岁以下未成年人样本为11567人。执行样本城市为81个，覆盖了中国29个省（自治区、直辖市）。

部分人的阅读，可以"在工作中"和"工作外"时间同时进行。而另外一部分人的阅读，则只能安排于"工作外"的闲暇时间进行。如果将工作之外的时间又划分为"睡眠的"闲暇时间和"非睡眠"的闲暇时间的话，那么，为保证身心的基本健康，在睡眠时间既定的情况下，家庭闲暇时间的多少，便在很大程度上影响着人们的阅读量。即使是未婚或因各种因素"单独"生活的人，也需要在工作之外安排出专门的闲暇时间以"进行劳动力的生产和再生产"。所以，对于以个体为单位居住的人——即"单独"生活的人，我们可以将他们视为"单人住户"进行分析。这样，由阅读行为所产生的阅读量的大小，就既受到"工作时间""家务劳动时间""体育锻炼时间"等的影响，也受"学习时间"（学习时间和阅读时间可能会重复）和"看新闻等时间"的影响。当然，每天发生的"看电视""上网"等时间分配，也会影响到阅读时间的分配，不过这些时间在很多调查中没有被涉及，所以难以完全统计出来。

关于阅读量，国际上，一般以年为统计时段，统计被访问对象在过去一年时间中图书的阅读本数（含电子版图书，但不包含报纸杂志等，以下同），但并不统计阅读的难度及书的厚度，即每一本书的页数。这就是说，一般公布的阅读量，只是统计到的被访问对象在单位时间里阅读过的"本数"。①

我们知道，在"中国成年人"这个群体中，有一小部分人的"阅读"，是职业需要的阅读，比如说"机关与企事业单位负责人"和"专业技术人员"（包括老师）。这些人员的职业本身要求通过政治学习或知识的生产与再生产而推进正常工作，故其工作本身就离不开对书籍的"阅读"。因此，无论发生什么变化，这部分人的阅读量总会大于其他职业群体成年人的阅读量。

从表1可以看出，"机关与企事业单位负责人"每天花费在家务劳动上的时间为1.38小时，锻炼时间则长达约36分钟，每天平均的工作时间有8.23小时。因为工作时间也可以学习（或许这种看书学习是工作性质所要

---

① 本次调查所问的"本数"中包含了电子版图书。电子版图书与纸质版图书一样，只是载体发生了变化，所以，其也可以用"本数"作为分析单位。

求的，比如政治学习和业务学习等），所以，每年的阅读量达到9.38本，每周的学习时间也有7.44小时，每周了解新闻的时间为6.96小时，每年花费在学习上的资金达到845.94元。

表1　不同职业群体的闲暇时间安排与阅读学习情况（2013年）

主要职业	每天家务劳动时间（小时）	每天锻炼时间（分钟）	每天工作小时数（小时）	阅读量（本）	每周学习时间（小时）	每周了解新闻时间（小时）	自己的学习花费（元）
机关与企事业单位负责人	1695	1695	1813	1695	1695	1695	1695
	1.38	35.89	8.23	9.38	7.44	6.96	845.94
专业技术人员	5064	5064	6116	5064	5064	5064	5064
	1.42	25.44	8.64	6.77	5.41	6.04	708.32
办事人员	2012	2012	2159	2012	2012	2012	2012
	1.42	31.82	8.16	6.69	4.93	6.73	551.87
商业服务业人员	7611	7611	8932	7611	7611	7611	7611
	1.98	20.90	8.91	3.49	2.56	5.49	319.65
生产运输设备操作人员及有关人员	3770	3769	5249	3770	3770	3770	3770
	1.66	15.44	9.16	2.13	1.57	5.07	145.91
农林牧渔水利业生产人员	15770	15770	16222	15770	15770	15770	15770
	3.80	11.86	7.21	0.85	0.72	4.08	34.85

注：表中第一行是频数，第二行是相关变量之值。

与"机关与企事业单位负责人"相比，"专业技术人员"每天的家务劳动时间稍长一点，为1.42小时。但其每天的体育锻炼时间只有25.44分钟，其每天的工作时间为8.64小时。在这种情况下，他们2013年的阅读量为6.77本，每周的学习时间为5.41小时，每周了解新闻的时间也下降到6.04小时，每年花费在学习上的资金为708.32元。

通过对各个群体的比较可以看出，农民——"农林牧渔水利业生产人员"的阅读量最低，仅仅为0.85本书。工人——"生产运输设备操作人员及有关人员"的阅读量为2.13本书。"商业服务业人员"的阅读量为3.49本书。"办事人员"为6.69本书。但"商业服务业人员"每天的"家务劳动时间"则长达1.98小时，"生产运输设备操作人员及有关人员"的家务

劳动时间为1.66小时，"农林牧渔水利业生产人员"的家务劳动时间为3.80小时。与此相伴发生的是，工人和农民每天的体育锻炼时间降低到约15分钟和11分钟。每周的学习时间和了解新闻的时间也相对比较低。因为学习的机会不是很多，也因为收入的约束，工人和农民每年投资于学习的资金也很低，其分别为145.91元和34.85元。

另外，阅读量的大小，还在成年人中存在"在学"人员与"不在学"人员之间的区别。"在学"人员为了完成学校安排的学习与阅读任务，其阅读量一定会大于"不在学"人员。而且，如果将"学习"视为"家庭决策的结果"，① 那么，没有家庭其他成员的支持，"在学"者的学习，将是非常困难的。正因为有家庭其他成员的支持，"在学"者才可能将主要精力用于学习之中，并扩展学习的主要载体——图书的阅读量。所以，"在学"人员（部分是全日制学校的学生，一部分是利用节假日与工作空余时间学习的成人教育学生）的家庭闲暇时间安排，就与其他人员的闲暇时间安排不同，而这也影响了其对其他闲暇时间的具体安排。比如说，"务农者"每天家务劳动时间就比较长，而"非农就业"者的家务劳动时间就比较短。但"在学"人员每天家务劳动时间只有0.49小时左右，是所有被访问对象中时间最少的（见表2）。

表2 不同就业状况群体闲暇时间安排与阅读学习情况（2013年）

就业状况	每天家务劳动时间（小时）	每天锻炼时间（分钟）	年阅读量（本）	每周学习时间（小时）	每周了解新闻时间（小时）	学习花费（元）
务农	17529	17529	17529	17529	17529	17529
	3.77	12.43	0.92	0.79	4.11	42.46
非农就业	26033	26032	26033	26033	26033	26033
	1.71	22.25	4.45	3.46	5.71	417.81

---

① 在家庭成员中，谁被安排去学习，谁被安排去工作以提供学习的费用，一方面受生命历程的影响，另一方面受家庭决策的影响。也就是说，某些家庭成员的学习，离不开家庭其他成员的支持。

续表

就业状况	每天家务劳动时间（小时）	每天锻炼时间（分钟）	年阅读量（本）	每周学习时间（小时）	每周了解新闻时间（小时）	学习花费（元）
退休/内退	2320	2320	2320	2320	2320	2320
	3.10	52.31	2.26	2.23	6.91	127.20
在学	525	525	525	525	525	525
	0.49	36.08	16.82	32.71	5.36	5081.36
没有工作	6686	6686	6686	6686	6686	6686
	3.14	24.14	2.33	1.69	4.62	166.15
总计	53093	53092	53093	53093	53093	53093
	2.62	20.69	3.04	2.59	5.09	295.61

注：表中第一行是频数，第二行是相关变量之值。

正因为如此，"在学"者每年的阅读量是最高的，达到16.82本，而其每周的学习时间也达到32.71小时。从每年的学习花费看，也是"在学"者最多，为5081.36元。从表2也可以看出，"务农"者每年的学习花费最少，平均才42.46元。但一旦成为"非农就业"人员，则每年的学习花费会增长到417.81元。与此相关的是，"非农就业"者每年的阅读量会达到4.45本，但"务农"者每年的阅读量才0.92本。这就是说，要提升中国公民的阅读量，一个最主要的举措，就是想方设法提升农民的阅读量。

要提升农民的年阅读量，就需要首先提高农民的阅读能力。要提高阅读能力，就必须推进农村的继续教育。"不识字"或"识字不多"的人，是难以使用文字阅读的。这就是传统社会"说书"职业比较流行的主要原因。但在现代社会，仅仅"识字"还不能顺利完成整个阅读过程。一个人可能认识字，但缺少基本的知识素养，就难以理解其中的具体含义。所以，文化程度既代表了"识字"以阅读的能力，也代表了基本知识的装备水平。

社会蓝皮书

表3 不同受教育程度成年人家庭闲暇时间安排与阅读学习情况（2013年）

受教育程度	每天家务劳动时间（小时）	每天锻炼时间（分钟）	年阅读量（本）	每周学习时间（小时）	每周了解新闻时间（小时）	学习花费（元）
未上过学	2962	2962	2962	2962	2962	2962
	4.09	10.46	0.02	0.045	2.22	1.81
小学	10827	10826	10827	10827	10827	10827
	3.43	13.35	0.35	0.33	3.92	16.58
初中	20570	20570	20570	20570	20570	20570
	2.72	17.29	1.62	1.27	4.99	65.30
高中/中专	9873	9873	9873	9873	9873	9873
	2.17	27.58	4.24	3.79	6.08	290.37
大学专科	4544	4544	4544	4544	4544	4544
	1.53	32.61	7.61	6.46	6.36	828.14
大学本科	3904	3904	3904	3904	3904	3904
	1.29	34.32	10.67	9.23	6.84	1493.65
研究生	400	400	400	400	400	400
	1.12	31.95	15.43	12.01	7.11	4263.38
总计	53093	53092	53093	53093	53093	53093
	2.62	20.69	3.04	2.59	5.09	295.61

注：表中第一行是频数，第二行是相关变量之值。

表3给我们报告了"受教育程度"的高低与每年的阅读量之间的正相关关系。事实上，"受教育程度"还与每天的"家务劳动时间"反相关。也即，受教育程度越高，每天的家务劳动时间越短；受教育程度越低，每天的家务劳动时间越长。与此相应的是：受教育程度越高，"每天锻炼时间"也越长；受教育程度越低，"每天锻炼时间"越短。这就是说，受教育程度较低的人，其从事的劳动，可能越与体力支出相关；受教育程度越高的人，其所从事的职业，越与脑力劳动相关。在这种情况下，体力劳动者需要休息以放松自己的身体，而脑力劳动者则需要通过锻炼以放松自己的精神。这是闲暇时间安排的重大区别。

正因为少做了家务，又锻炼了身体，还花费了较多的资金去安排自己的学习，所以，受教育程度越高的人，其每天用于学习的时间越长，其每年的

156

阅读量也越大。比如说，从 2013 年的阅读量来说，"未上过学"的人为 0.02 本，受过"小学"教育的人为 0.35 本，受过"初中"文化程度教育的 人为 1.62 本，受过"高中/中专"教育的人为 4.24 本，受过"大学专科" 教育的人的阅读量为 7.61 本，受过"大学本科"教育的人的年阅读量为 10.67 本，受过"研究生"教育的人的阅读量为 15.43 本。

如果考虑到消费方面的内容，则受过"大学本科"教育的人每年花费 在学习上的资金会达到 1500 元左右（表中是 1493.65 元）。这就是说，教育 不仅会通过提升阅读能力而增加全民的阅读量，而且还会拉动人们在文化生 活和学习方面的消费，提高劳动者的人口素质，在供给侧提升经济发展的 潜力。

二 分层的阅读量：读书或没有读书

以平均数计算的全社会成年人的阅读量，往往会掩盖一个具有分层性的 真实存在，即有些人发生过"阅读"行为，而有些人则根本就没有发生过 "阅读"行为。或者，如果聚焦到我们讨论的问题上，则是"为什么有些人 读完了一本以上数量的书""为什么有些人连一本书都没有读完或干脆就没 有读书"。

表面看起来，读书是一种在闲暇生活中的"消费行为"。但在这特殊的 消费过程中，却蕴含着极其重要的分层内容。在社会学研究中，一般可采用 的分层方法，有职业分层法、收入分层法和教育分层法。在前面的分析中， 我们已经知道，收入与阅读量之间具有正相关。也就是说，人们的收入越 高，其阅读量可能越大；反过来，人们的阅读量越大，可能其收入也会越 高。收入与阅读量之间是互相影响的关系。收入高的人就有可能购买更多的 书，也有可能通过雇用家政工作者的方式，将家务劳动转移给他人，而给自 己留出更多的闲暇时间以供休息与阅读。而阅读量越大，则其人力资本就可 能提高得越快，这反过来又会对其收入的增长产生正向影响。所以，阅读行 为是社会分层的结果，反过来又会固化原有的社会分层。

从表 4 可以看出,有 66.72% 的人居然回答过去一年"一本都没有读"。这就是说,在统计中国成年人的阅读量时,如果将"读了书的人"和"一本都没有读"的成年人相区别的话,那么,"读了书的人"的阅读量会相对比较高。而将"一本都没有读"这个群体计算在内,则成年人的平均阅读本数会比较低。但让人吃惊的是:在中国成年人中,甚至有六成以上的人连"一本都没有读"。

有 20.21% 的人读过"1~5 本"书,有 6.71% 的人读过"6~10 本"书,有 3.79% 的人读过"11~20 本"书,有 2.57% 的人读过"21 本及以上"的书。这就是说,只有约 6% 的人读过 11 本以上的书。而且,如果不计各级成人考试等考试用书的话,可能中国成年人的读书量还会更小。

表 4　中国成年人过去一年(2013 年)读书的数量分布

单位:%

数量	频数	有效百分比	累计百分比
一本都没有读	35425	66.72	66.72
1~5 本	10729	20.21	86.93
6~10 本	3563	6.71	93.64
11~20 本	2012	3.79	97.43
21 本及以上	1364	2.57	100.00
总　计	53093	100.00	

注:样本剔除了系统性缺失的案例。

那么,哪些人是"一本都没有读"的人呢?我们从教育分层的角度展开分析如下。表 5 为我们提供了极其有用的信息。在"未上过学"的人里面,"一本都没有读"的人所占百分比达到 99.12%;在"小学"文化程度的人里面,占 92.27%;在"初中"文化程度的人里面,占 75.51%;在"高中/中专"文化程度的人里面,占 52.83%;在"大学专科"文化程度的人里,占 26.39%;在"大学本科"文化程度的人里,占 13.42%;在"研究生"之中,占 4.75%。这就是说,文化程度越高,读过书的人所占比重就会越高。

在"未上过学"的人中，"一本都没有读"是可以理解的。毕竟读书需要"识字"，需要一定的"阅读素养"。甚至在上过"小学"的人当中，感觉在过去一年"没有读过书"也还易于让人理解。但在念过"初中"的人中，居然大多数连"一本都没有读"，这是很让人费解的。而更让人费解的是，在念过"大学专科"的人中居然有1/4以上的人在过去一年时间未曾读过书。如果读了大学甚至成为研究生后，有些人也连一本书都不读，那就需要检讨图书市场的供给结构了。

在读过"1~5本"书的人里面，受过"大学专科""大学本科"教育的人分别占39.17%和39.22%。即使在"研究生"中，一年内只读了"1~5本"的人也占31.75%。这就是说，受教育程度的提高，还没有完全释放出其应有的阅读需求。

表5　文化程度与阅读量分布变化趋势

单位：%

文化程度	一本都没有读	1~5本	6~10本	11~20本	21本及以上	合计
未上过学	99.12	0.81	0.07	—	—	100.00
小学	92.27	6.50	0.78	0.26	0.19	100.00
初中	75.51	17.77	3.70	1.95	1.07	100.00
高中/中专	52.83	29.41	9.05	5.05	3.65	100.00
大学专科	26.39	39.17	17.91	9.93	6.60	100.00
大学本科	13.42	39.22	23.00	14.16	10.19	100.00
研究生	4.75	31.75	27.25	20.00	16.25	100.00
总　计	66.72	20.21	6.71	3.79	2.57	100.00

职业分层也会从另一方面为我们提供值得思考的信息。从表6可以看出，在脑力劳动阶层中，"一本都没有读"的人所占百分比为29.79%，读了"1~5本"的人占比为36.62%，读了"6~10本"的人占比为16.99%，读了"11~20"本的人占比为9.81%，读了"21本及以上"的人占比为6.80%。

在体力劳动阶层中，"一本都没有读"的人所占百分比为80%，读了"1~

5 本"的人占比为 14.32%，读了"6～10 本"的人占比为 3.14%，读了
"11～20"本的人占比为 1.64%，读了"21 本及以上"书的人占比为 0.91%。

表 6 提供的信息说明，阅读量在脑力劳动阶层和体力劳动阶层之间存在
重大的区别。脑力劳动阶层的阅读量远远大于体力劳动阶层的阅读量。

表 6　不同阶层的阅读量

单位：%

类别	一本都没有读	1～5 本	6～10 本	11～20 本	21 本及以上	行小计
脑力劳动阶层	3137	3856	1789	1033	716	10531
	29.79	36.62	16.99	9.81	6.80	100.00
体力劳动阶层	23801	4259	934	487	270	29751
	80.00	14.32	3.14	1.64	0.91	100.00
总　计	26938	8115	2723	1520	986	40282
	66.87	20.15	6.76	3.77	2.45	100,00

注：表中第一行是频数，第二行是百分比。

即使是在体力劳动阶层内部，伴随体力劳动强度的增加，"一本都没有
读"的人的百分比也会随之而增加。比如说，在轻体力劳动者中该占比为
76.52%，在中等体力劳动者中为 80.51%，在重体力劳动者中为 84.81%，在
极重体力劳动者中为 86.59%。同样，伴随体力劳动强度的增加，从读了
"1～5 本"栏可以看出，轻体力劳动者为 16.87%，中等体力劳动者为 13.97%，
重体力劳动者为 11%，极重体力劳动者为 9.76%——呈逐渐降低的态势。这个
特点在"11～20 本"和"21 本及以上"栏都得到同样的呈现。

表 7　不同体力劳动阶层劳动者的阅读量

单位：%

类别	一本都没有读	1～5 本	6～10 本	11～20 本	21 本及以上	行小计
轻体力劳动者	6679	1473	328	153	96	8729
	76.52	16.87	3.76	1.75	1.10	100.00
中等体力劳动者	11709	2031	430	241	132	14543
	80.51	13.97	2.96	1.66	0.91	100.00

类别	一本都没有读	1～5 本	6～10 本	11～20 本	21 本及以上	行小计
重体力劳动者	4990	647	137	74	36	5884
	84.81	11.00	2.33	1.26	0.61	100.00
极重体力劳动者	142	16	3	2	1	164
	86.59	9.76	1.83	1.22	0.61	100.00
总计	23520	4167	898	470	265	29320
	80.22	14.21	3.06	1.60	0.90	100.00

注：表中第一行是频数，第二行是百分比。

所以，社会分层不仅在收入阶层和教育阶层上表现出阅读量的差异，而且在脑力劳动阶层和体力劳动阶层也表现出显著差异。这个差距在体力劳动阶层内部，也在"轻体力劳动者""中等体力劳动者""重体力劳动者""极重体力劳动者"之间显著地表现出来。

从这一意义上说，成年人阅读量从高到低的分布，是深受其所在阶层位置影响的。正因为这样，"一本都没有读"是较低阶层成年人的普遍状况。一个人只要阶层位置发生变化，就会脱离"一本都没有读"的行列，进入"读过书"的队伍之中。但一个人要改变自己的阶层位置，却是非常困难的。

三　中国人阅读所涉及的主要内容

在前面的分析中，我们已经知道，有66%以上的成年人在过去的一年连一本书都没有读过。而阅读行为的发生，又与受教育程度密切相关。在"没有上过学的人"当中，几乎没有人读完过一本书。所以，在这里，我们需要讨论的是：在那些至少读完一本书或读完一本以上的书的成年人那里，他们主要读的是什么书？

如果将图书区别为自然科学和社会科学两个大类，则可发现，中国人在阅读中对社会科学类图书的涉及率相对较高。比如说，在"小学"文化程度的被访问者那里，阅读内容主要涉及自然科学类图书的人占比为7.17%，

但阅读内容主要涉及社会科学类图书的人占比为 14.34%。在"初中"文化程度的被访者那里，前者的阅读量为 8.14%，后者的阅读量为 16.87%。在"高中/中专"文化程度的被访者那里，前者为 13.59%，后者为 22.76%。在"大学专科"文化程度的被访者那里，前者为 16.50%，后者为 29.45%。在"大学本科"文化程度的被访者那里，前者为 21.86%，后者为 37.57%。在"研究生"文化程度的被访者那里，前者为 29.66%，后者为 46.19%（见表 8）。

　　同一文化程度的被访者群体，社会科学类图书的涉及率之所以大于自然科学，一个可能的解释是：社会科学类图书的消遣性可能比较大，而自然科学类图书则需要更高的"科学素养"才能理解。因此，阅读中要涉及自然科学类图书，就需要人们更能够抵抗阅读过程的疲劳感。

表8　中国人对自然科学和社会科学图书的阅读量

单位：%

受教育程度	自然科学（数理化）		小计	社会科学（教育等）		小计
	是	否		是	否	
小学	60	777	837	120	717	837
	7.17	92.83	100.00	14.34	85.66	100.00
初中	410	4628	5038	850	4188	5038
	8.14	91.86	100.00	16.87	83.13	100.00
高中/中专	633	4024	4657	1060	3597	4657
	13.59	86.41	100.00	22.76	77.24	100.00
大学专科	552	2793	3345	985	2360	3345
	16.50	83.50	100.00	29.45	70.55	100.00
大学本科	739	2641	3380	1270	2110	3380
	21.86	78.14	100.00	37.57	62.43	100.00
研究生	113	268	381	176	205	381
	29.66	70.34	100.00	46.19	53.81	100.00
总计	2513	15151	17664	4465	13199	17664
	14.23	85.77	100.00	25.28	74.72	100.00

注：表中第一行是频数，第二行是百分比。

　　从表 9 可以看出，在要求被访者对阅读所涉及的内容做多项选择时，回答说阅读涉及"生活艺术"类图书的人数所占百分比最高，达到 55.33%；

阅读内容涉及"文学艺术"的人占 38.14%；阅读内容涉及"医药卫生"类的所占百分比为 17.95%；"财经管理"类图书的阅读人数所占百分比为 14.04%；"政治法律"类阅读人数占 13.61%、"军事科学"类阅读人数占 10.06%、"计算机技术"类阅读人数占 9.81%、"农业技术"类阅读人数占 7.53%、"工业技术"类阅读人数占 5.90%、"外语"类阅读人数占 5.21%，阅读过"宗教"类图书的人数所占百分比最低，仅 2.83%。

表 9　中国人对各学科图书的阅读量

单位：%

阅读类别		频数	百分比	排序	阅读类别		频数	百分比	排序
财经管理	读过	2480	14.04	4	军事科学	读过	1777	10.06	6
	没有读过	15188	85.96			没有读过	15891	89.94	
医药卫生	读过	3171	17.95	3	政治法律	读过	2404	13.61	5
	没有读过	14497	82.05			没有读过	15264	86.39	
农业技术	读过	1330	7.53	8	文学艺术	读过	6739	38.14	2
	没有读过	16338	92.47			没有读过	10929	61.86	
工业技术	读过	1043	5.90	9	生活艺术	读过	9775	55.33	1
	没有读过	16625	94.10			没有读过	7893	44.67	
计算机技术	读过	1733	9.81	7	宗教	读过	500	2.83	11
	没有读过	15935	90.19			没有读过	17168	97.17	
外语	读过	920	5.21	10					
	没有读过	16748	94.79						

表 9 显示的信息进一步说明，与人们日常生活相关的图书，最能激发大家的阅读欲。正因为如此，人们的阅读才更多涉及了"生活艺术"、"文学艺术"和"医药卫生"等。这说明，要在短期内提高中国人的阅读量，就应该在图书的供给上，进一步加强图书与百姓日常生活的相关性。

四　提升阅读量的政策性建议

通过前文的分析，我们可以知道：阅读量的提升问题，是一个非常复杂的社会问题。要提升中国人的阅读量，既需要对症下药，也需要耐心培养，

还需要逐步提升全民族的文化素质。基于此，本文提出的政策性建议如下。

第一，闲暇时间的延长，有助于提升人们的阅读量。在文化程度既定的情况下，如果进行劳动作息制度改革，提升生产过程的自动化水平，缩短劳动时间——不管是对日劳动时间的缩短，还是对周劳动时间的缩短，都可以收到效果，增加人们的休闲可能性，会在很大程度上提高人们的阅读量。

这里需要讨论的是：在收入、作息时间、其他闲暇安排与阅读之间，可能存在更为复杂的关系。有些关系可能是互相影响和互相作用的。收入越高、其购买能力越强、在完成衣食住行等消费之后的剩余越多，则其用于购买图书的资金就越多。但在另一方面，也只有购买了图书的人，才可能会增加阅读量。如果家庭贫困，将主要的资金用于衣食住行等消费，就无法储备家庭图书。当然，如果家庭人均可支配收入较低，通过借阅也可以完成阅读行为。这就要建立健全基层图书馆。从既有调查来看，不管是乡镇图书馆，还是城市的区图书馆，公众的借阅量都不是很大。有些社区也专门设立了图书室，放置了一些家庭日用图书，但借阅量也十分有限。或许，下载免费的电子版图书，在以后可能是提升阅读量的一个有效途径。

第二，全民受教育程度提高，可以较快提高阅读量。在我们的分析中，不管是从教育分层和职业分层，还是从收入分层上都可以发现，具备一定的受教育程度，是阅读量提升的必要条件。这就是说，在全民受教育程度较低的情况下，无论如何，阅读量都难以提升。但在提升了受教育程度的情况下，阅读量却不一定会快速提升。在我们的分析中，为什么有些受过大专以上教育的人，在"调查期"连一本书都没有读过？其中的原因，或许在于劳动时间过长，或许在于家庭劳务负担较重，或许没有阅读兴趣。所以，对于已经具备一定受教育程度的人来说，创造更好的阅读条件，应该是提升阅读量的政策选择。

第三，社会经济的快速发展会提升全民的阅读量。在我们的分析中，因为社会分层而存在的阅读分层是非常显著的。让人吃惊的是：居然有66%以上的人在调查期连"一本都没有读"。在脑力劳动阶层中，连"一本都没有读"的比例较低。但在体力劳动阶层，连"一本都没有读"的人数百分比为80%。这就是说，只有在社会经济的发展中，社会结构才能变迁、人们劳动的自动化技术才能改善，由此增加脑力劳动阶层的人数，这会大大提升全民的阅读量。

第四，加强科学素质的培育能够提升阅读量。为什么阅读社会科学类图书的人数百分比较高而阅读自然科学类图书的人数百分比较低？其中的主要原因可能在于"识字但不能明白其意"。要理解自然科学类图书的含义，就需要有更高的科学素质。正是从这个意义上说，我们还需要继续普及科学文化知识，提高全民的科学素养。

第五，要在全社会宣传阅读的好处，以阅读型社会的建立促进全民阅读量的提升。在一个国家的国民受教育程度和阶层结构既定的情况下，宣传还是不宣传阅读、鼓励还是不鼓励阅读就决定着阅读量提升速度的快慢。只有从建设阅读型社会的角度考虑，才能够通过阅读提升国民素质，促进"大众创业、万众创新"局面的形成。要知道：一个读很少书的民族，是不能快速进入全民创新的时代的。

参考文献

张翼：《中国人社会地位的获得：阶级继承与代内流动》，《社会学研究》2004年第4期。

《中国人均纸质图书阅读量4.77本超五成人自认阅读量少》，http：//media. people. com. cn/n/2014/0423/c40606 - 24934221. html，2014年4月23日。

《2015 ~ 2016 中国人阅读情况报告》，http：//www. toutiao. com/i627635382673159 0146/，2016。

李克强：《"中国人阅读量不足某些国家1/10"让我深思》，http：//news. jxnews. com. cn/system/2015/03/15/013684248. shtml，2015年3月15日。

B.11
2016年中国人互联网和
社交网络使用报告

朱迪 田丰 王晓冰*

摘　要： 当今社会，社交网络的广泛使用改变着人们的社会互动和社会生活。从此视角出发，基于社交网络使用的代际鸿沟，本报告描述和分析了不同代际用户在日常生活的不同领域使用社交网络的状况。数据来自中国社会科学院国情与大数据研究中心、腾讯互联网和社会研究中心合作进行的网络调查。研究发现主要可总结为"社交网络的两重性特征"。一方面，社交网络具有工具性，是联络交流的工具，是带来便利和乐趣、履行家庭责任的工具；另一方面，社交网络又具有实践性，逐渐改变着人们的互动方式、生活方式乃至价值观。当然，社交网络也给人们带来了一定程度的困扰和焦虑。研究发现对于互联网研究和社会学研究方法有一定启示，对于社会治理和改善民生保障也有政策意义。

关键词： 社交网络　代际鸿沟　社会互动　社交网络的两重性

　　随着互联网对人类社会生活的日渐渗透，虚拟的社交网络成为现实生活中人与人联结必不可少的工具。2016 年，脸书旗下的社交软件

---

　　* 朱迪，中国社会科学院社会学研究所副研究员；田丰，中国社会科学院社会学研究所副研究员；王晓冰，腾讯互联网和社会研究中心研究总监。

WhatsApp 宣布月活跃用户数已突破 10 亿大关。根据中国互联网络信息中心（CNNIC）发布的最新研究报告，我国社交类即时通信应用已经成为第一大移动应用，使用率高达 90.7%，其中微信和 QQ 是人们日常生活中最常使用的社交软件。而腾讯发布报告称：2016 年 QQ 用户 8.77 亿，微信用户 8.46 亿。可见，社交网络渗透到中国人的日常互动中，成为工作、学习和生活的一部分。本文则从社交网络生活化的视角，描述和分析不同代际用户在日常生活的不同领域使用社交网络的状况。数据来自中国社会科学院国情与大数据研究中心、腾讯互联网和社会研究中心合作进行的网络调查。①

一　不同代际人群使用社交网络的基本情况

尽管社交网络的兴起时间并不长，从 1995 年微软推出 MSN 算起，到 1999 年腾讯 QQ 出现，再到 2011 年微信崭露头角，屈指可数的二十年时间却改变了人们的生活。由于接触网络机会、获得上网设备能力、习得社交网络使用技能的差异，不同代际人群之间使用社交网络的基本情况有所不同。

此次调查分别针对 26 岁以下、26～35 岁、36～55 岁和 55 岁以上人群进行。26 岁以下和 26～35 岁人群基本属于"90 后"和"80 后"，在本研究中被定义为青年；36～55 岁人群基本属于"70 后"和"60 后"，在本研究中被定义为中年；55 岁以上人群基本属于"50 后"，在本研究中被定义为老年。经过数据清理（删除不符合各组调查设计的年龄样本），数据的有效样本总共为 8024 个（见表 1）。

---

① 本次调查时间为 2016 年 10 月，利用 QQ 问卷平台，收集了 9000 多份社交网络用户调查问卷，调查覆盖了全国 31 个省（区、市）。由于网络调查具有选择性，调查样本可能存有偏误，因此本调查数据并不能完全推论总体。

表1 受访者的人口特征

单位: %

特征＼年龄		26 岁以下	26 ~ 35 岁	36 ~ 55 岁	55 岁以上
性别	男	69	69	76	80
	女	31	31	24	20
受教育程度	初中及以下	6	4	11	14
	高中/中专/技校	23	13	26	32
	大学专科	29	30	30	33
	大学本科	38	44	28	19
	硕士及以上	4	9	5	2
工作状况	有工作	62	92	86	24
	无业/失业	12	7	13	73
	从未工作过	26	1	1	3
居住地区	城市	70	77	73	86
	乡镇	18	15	18	9
	农村	12	8	9	5
样本量(个)		2143	1932	1972	1977

从第一次使用社交网络的年份来看, 社交网络出现的初期, "70 后"使用的比例最高, 而"80 后"虽然出生较晚, 却随着社交网络的发展很快成为使用比例最高的人群(见图1)。即便是在已经使用社交网络的"50 后"和"60 后"中, 他们第一次使用社交网络的年份也明显要迟, 说明社交网络的使用一样存在着代际鸿沟。

从上网设备来看, 毫无疑问, 智能手机的普及带来移动互联网的蓬勃发展。无论哪个代际的人群, 智能手机的拥有率都是最高的。除了"00 后"外, 其他代际人群的台式机拥有率都呈下滑趋势, 而笔记本拥有率上升, 此消彼长, 意味着 PC 端仍然是中国人使用互联网的重要端口。"50 后"和"60 后"对平板电脑和智能手机上网的适应性较差, 大约 1/10 的老年人虽然拥有平板电脑, 却不会用平板电脑上网, 有接近 14% 的"50 后"仍然没有智能手机, 移动互联水平最差(见表2)。

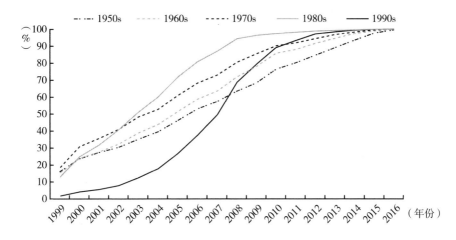

图 1　不同代际人群开始使用社交网络的年份

表 2　不同代际受访者使用终端状况

单位：%

时代	终端类型	台式机	笔记本电脑	平板电脑	智能手机
1950s		85.23	47.67	31.12	86.07
1960s		84.46	54.39	30.68	87.79
1970s		80.19	59.27	34.41	90.45
1980s		74.67	72.38	42.84	95.96
1990s		58.39	73.05	25.34	96.00
2000s		72.22	39.58	29.17	88.89

　　虚拟社交网络的沟通工具在现实社会的亲密关系中也发挥重要作用，在与配偶联络的方式中，有超过六成的"80后"选择微信作为主要的交流工具（见表3），这意味着即便是在真实社会的亲密关系中，社交网络对年轻人群现实生活的渗透越深入，亲密关系网络化互动的趋势越明显。这一趋势虽然顺应了社交网络成为最主要的沟通工具的大趋势，但应该引起社会重视亲密关系过度网络化可能造成的不良后果。

表3 不同代际受访者与配偶的联络方式

单位：%

时代＼方式	面对面交流	电话	短信	微信	QQ	电子邮件/邮件	不适用
1950s	72.76	59.87	22.47	40.07	15.51	2.88	2.88
1960s	67.41	68.31	27.55	48.44	21.09	2.72	3.13
1970s	70.56	68.98	22.42	51.07	26.20	1.58	3.95
1980s	59.34	67.54	24.00	62.16	42.90	2.55	3.83

二 老年人网络社交生活概况

（一）网络社交工具成为老年人与子女沟通的主要渠道，并促进了面对面的互动

调查数据发现，老年人与子女交流的最主要方式是电话，而微信处于第二位，比面对面交流的比例还要高。而使用QQ和短信沟通分别占第四位和第五位（见图2）。

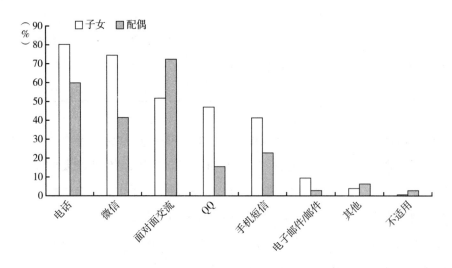

图2 老年人与子女和配偶联络交流的主要方式

　　而在老年人与配偶交流的过程当中，也能够明显地看到，虽然和配偶长期居住在一起，面对面的交流占据了最主要的位置，但微信等社交工具的交流比例也很高，次于电话处于第三位。有超过四成的老年人将微信作为与配偶交流的主要方式。

　　同样，调查数据分析发现，在使用社交网络之后，老年人与子女的联络频率有所增加的比例超过了六成，相对减少的比例只有大约2%（见图3）。

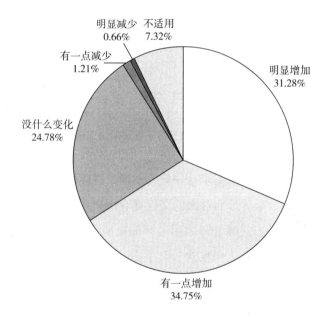

图3　老年人使用微信后与子女联络的频率变化

　　那么老年人在使用手机和社交网络后会不会减少与子女之间面对面的互动呢？调查数据分析表明，在使用社交网络之后，36.92%的老人认为与子女面对面的交流处于增加的状态，而认为与子女面对面交流减少的比例只有6%不到（见图4）。

　　在使用手机和社交网络之后，老年人认为与子女的关系变得更加亲近的比例超过了1/3。有六成老年人认为他们与子女的关系在使用社交网络之后，没有产生显著的变化。只有不到2%的老人认为他们在使用社交网络之后，与子女的关系比以前更加疏远了。

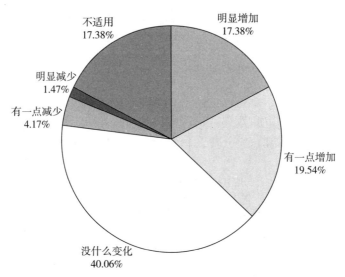

图4　老年人使用微信后与子女面对面互动的变化

来自年轻人的数据也证实了这一研究发现。青年认为使用社交网络之后与父母联络的频率、与父母面对面的交流都有所增加，与父母的关系更加亲密。而且社交网络对于"异地"亲密关系的正面影响尤其显著。在26岁以下青年中，与父母同住的比例仅为36%；26～35岁青年中与父母同住的比例更低，为32%。使用社交网络之后，不与父母同住的青年感受到与父母联络的频率"有一点增加"（17%）和"明显增加"（32%）的比例高于同父母住一起的青年；不与父母同住的青年使用社交网络之后与父母的关系更加亲密的比例为22%，与父母同住的青年中只有19%的有如此感受。

这说明，使用手机和社交网络对老年人家庭关系的影响其实是偏向于正面的，这意味着在手机和社交网络起到加强沟通、传递信息作用的同时，人与人之间的精神交流并没有被一块手机屏幕所隔挡。

（二）老年网民有很高的获取新闻信息的欲求，但查找能力弱，更缺乏鉴别真假信息的能力

老年人用手机和社交网络一个非常重要的目的就是获取资讯、获取信

息。在我们的调查中发现超过70%的老年人认同"我喜欢看新闻,来了解外部世界的变化"(见图5)。

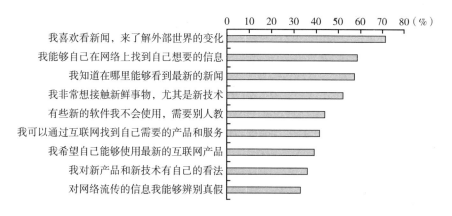

图5 老年人对自身网络使用状况的评价

然而,他们对网络和信息的掌控能力相对比较弱,不到60%的老年人能够在网络上找到自己想要的信息,有超过四成的老年人认为有些新的软件需要别人教。他们对新产品的渴望程度并不像年轻人那么强烈,不到40%的老年人希望自己能够使用最新的互联网产品。最糟糕的事情是只有大概1/3的老年人认为他们能够完全识别网络流传信息、能够辨别真假。这些研究发现说明,在新的主要由信息和资讯组成的生活机会结构面前,无论是获取信息的能力、学习新知识的能力,还是掌握新技术的能力,老年人都处于相对弱势的地位。

(三)老年人对网购不再陌生,但对网络安全和购物质量颇有顾虑

与"互联网+养老"产业面临的发展机遇相比,现实中互联网养老却是困难重重。解决老年人互联网养老的问题,首先需要解决的是老年人如何通过网络渠道购买商品和服务。我们在调查中发现有超过七成的老人表示自己曾经在网络上购买商品。但与年轻人有所不同的是,老年人主要使用传统

的互联网购物平台，使用手机终端 App 购物的比例只有 14% 不到，另外还有 10% 左右的老人会使用微商或者微信的界面去购物。购物的过程中有超过 1/3 的老年人采用的是货到付款的方法。还有超过 1/4 的老年人让子女或者其他人代付。

老年人对网络购物存在一定的顾虑。调查发现，老年人最主要的顾虑是觉得不能够看见商品，无法确认商品的质量，有 57.27% 的老年人选择了这一项，还有 22.08% 的老年人选择不习惯上网购买商品或服务，他们更习惯在场式的购物。还有 37.83% 的老年人认为上网退货太麻烦，另外还有 36.12% 的老年人认为网络支付有风险。最让人关注的是有 17.24% 的老年人表示在网络上曾经上当受骗，所以他们不愿意选择通过网络来购买商品、服务。可见，保障网络安全和商品服务的标准化是推进互联网养老最关键的环节。

表4　老年人对网络购物或购买服务的忧虑

单位：%

您对在线购买商品或服务是否存在顾虑？	百分比	您对在线购买商品或服务是否存在顾虑？	百分比
不习惯上网购买商品或服务	22.08	曾经上当受骗	17.24
不能看见商品,无法确认商品质量	57.27	网络支付有风险	36.12
上网退货太麻烦	37.83	其他	12.67

三　中年人社交网络生活概况

（一）中年人使用社交网络的工具性较强，与友人的交往能够舒缓日常压力

中年人作为社会和家庭的中坚力量，有着较为多元的生活和工作压力。社交网络对他们而言，能够舒缓社会急剧变化带来的压力，而这主要体现在依靠社交网络与友人的交往。调查中发现，超过 94% 的中年人的微信和 QQ好友里有工作中结交的朋友，有超过六成的中年人认为社交网络打破了相对封闭和固定的人际关系，超过 55% 的人认为社交网络给固定的生活增添了

新的意义。中年人选择社交网络让其"看到同龄人生活，避免急剧改变带来的冲击"、"和同事交流增加，能够给工作减压"以及"与朋友联系，避免了生活空虚无聊"等选项的，也都超过了四成。这说明社交网络对中年人工作和生活的改善作用还是比较明显的（见图6）。

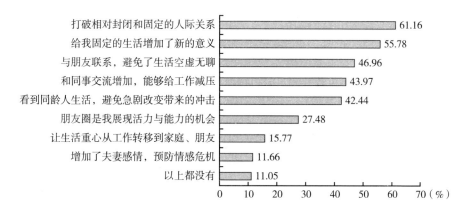

打破相对封闭和固定的人际关系   61.16
给我固定的生活增加了新的意义   55.78
与朋友联系，避免了生活空虚无聊   46.96
和同事交流增加，能够给工作减压   43.97
看到同龄人生活，避免急剧改变带来的冲击   42.44
朋友圈是我展现活力与能力的机会   27.48
让生活重心从工作转移到家庭、朋友   15.77
增加了夫妻感情，预防情感危机   11.66
以上都没有   11.05

0　10　20　30　40　50　60　70（%）

图6　微信对中年危机的改善

（二）微信成为中年人与同事交往的重要工具

中年人在使用社交网络时，与同事的联络最为集中。从调查的结果来看，被调查者与同事联系使用微信的比例超过了70%，与配偶联系使用微信的比例大约是50%，与子女联系使用微信的比例是44.52%。只有13.84%的中年人与父母联系时使用微信。这里非常重要的原因其实是父母没有接入网络，所以互联网的隔绝对家庭关系的影响是存在的（见表5）。

表5　中年人与不同人群的交流方式

单位：%

您通常使用什么方式联络和交流？	父母	子女	配偶	同事
面对面交流	58.52	64.76	68.46	64.91
电话（包括固定电话、手机）	75.81	57.96	67.19	78.40
短信（指手机短信）	5.78	19.32	22.77	30.07
微信	13.84	44.52	49.95	70.39

续表

您通常使用什么方式联络和交流？	父母	子女	配偶	同事
QQ	4.46	30.58	24.04	57.56
电子邮件/邮件	0.56	3.25	1.52	23.83
其他	4.36	3.70	3.75	2.64
不适用	3.80	5.02	5.88	1.12

在工作中结识的朋友对他们的工作会有哪些帮助呢？可以看到，大概有70%的中年人认为在工作中结识的朋友对工作是有帮助的。超过四成的中年人认为与工作中结识的朋友相互交流能够缓解工作的压力，有38.59%的中年人认为更新了陈旧的知识，有32.40%的人认为打开了工作中的人际圈（见表6）。

表6　微信、QQ里工作好友对中年人的帮助

单位：%

您微信、QQ里在工作中结识的好友对您工作上有哪些帮助？	百分比
更新陈旧的知识	38.59
打开了工作中的人际圈	32.40
相互交流缓解工作压力	42.09
给我的工作增加了新的活力	24.04
帮助我突破事业困境	9.69
引导我走向新的职业路径	10.90
其实没什么帮助	31.64

但社交网络真的改变他们的职业机会和职业路径的比例相对比较低，只有10.9%的人认为在工作中结识的朋友能够"引导我走向新的职业路径"，只有9.69%的人认为能够"帮助我突破事业困境"。

（三）中年人的老友记主要集中于"缺场社交"，社交的主旨在于兴趣相投和工作交流

社交网络的使用对中年人而言还有很多的情感意义，比如说在中年人社

交网络当中认识十年以上的好友的比例比较高。有超过1/4的中年人在微信和QQ好友里认识十年以上的好友占到了一半以上（见表7）。由此可见，社交网络对既有关系的作用也是非常明显的，它不仅拓展新关系，还有助于与以前的老友进行交流。

表7　中年人微信、QQ里老友比例

单位：次，%

您的微信、QQ好友里认识十年以上的好友大约占多大比例？	频次	百分比
5%以下	397	20.13
5%～10%	240	12.17
10%～20%	238	12.07
20%～30%	177	8.98
30%～40%	148	7.51
40%～50%	131	6.64
50%～60%	171	8.67
60%～70%	102	5.17
70%～80%	91	4.61
80%～90%	80	4.06
90%以上	70	3.55
一个都没有	127	6.44

从调查结果来看，与老友的线上交流是主要的方式。54.01%的中年人认为他们与老朋友的线上交流多于线下交流，另外有接近23%的中年人认为线上交流和线下交流差不多。而真正以线下交流为主、线上交流很少的比例只有17.14%（见表8）。以前人们的社交集中于在场社交，而现在中年人的社交主要集中于"缺场社交"。

表8　中年人的老友互动模式

单位：次，%

您和微信、QQ里的老朋友线下交流与线上交流哪个多一些？	频次	百分比
主要是线上交流,线下交流很少	655	33.22
线上交流比线下交流多一些	410	20.79
线上交流和线下交流差不多	452	22.92
线上交流比线下交流少一些	117	5.93
主要是线下交流,线上交流很少	338	17.14

与老朋友交往的特点也是比较多元的，比如说在与老朋友的联系中，最主要的是有共同的兴趣、娱乐活动，占了51.17%；其次是怀旧情结、回忆往事，占到了46.50%；然后是工作交流、相互帮助，占到了45.08%，生活吐槽、沟通减压占到了42.65%，交流情感、相互慰藉占到39.96%。

表9　中年人老友互动的内容

单位：%

您和老朋友的联系属于哪些类型?	百分比	您和老朋友的联系属于哪些类型?	百分比
交流情感,相互慰藉	39.96	探讨家庭、养娃的经验体会	22.72
生活吐槽,沟通减压	42.65	怀旧情结,共忆往事	46.50
工作交流,互相帮助	45.08	以上都没有	7.15
共同兴趣,娱乐活动	51.17		

综合上述的情况来看，中年人的社交网络生活非常独特，兼具工具性和生活性双重特点。可以说，中年人的社交网络中包含了工作伙伴、陌生人以及老朋友等多重关系，社交网络兼顾工作和生活两个方面。

四　年轻人社交网络生活概况

（一）朋友圈中的娱乐性交往，偏好红包、表情包

在年轻群体的微信使用中，朋友圈的使用比例最高，分别有80%的26~35岁青年和70%的26岁以下青年日常使用朋友圈功能。"发红包"的比例也很高，甚至高于"发消息"这一微信最基础功能的使用比例，分别有74%的26~35岁青年和67%的26岁以下青年通常使用"发红包"功能。微信理财的功能使用比例较低，仅有5%左右的青年使用该功能。

QQ的使用功能具有一定的代际差异。"90后"们更加注重其娱乐和生活功能，74%使用QQ空间，29%使用QQ游戏。"80后"们更加注重其实用功能，63%使用QQ邮箱，56%使用传送文件功能，而使用QQ空间和游

戏的比例都比"90 后"要低。"90 后"在使用 QQ 的聊天方式上也更富有娱乐性，76% 使用表情，66% 使用图片，"80 后"聊天时使用表情和图片的比例稍低但也大量使用表情包，68% 使用表情，60% 使用图片。

学术界将社交网络中的表情包称为"网络觅母"（meme），能够更加形象生动地传递文化和感情信息，超越了语言文字的局限性，给使用者留下的创作和想象空间更大，既可以富于娱乐性，也可以富于批判性。对于更加追求个性化和多元化的当代青年来讲，"网络觅母"着实是表达自我的最佳工具。

（二）社交网络为年轻人提供了多元文化的平台

26 岁以下年轻人认同的文化和价值观更加多元，生活方式也更加多元，而社交网络则提供了多元文化的平台。该群体中，分别有 47% 和 29% 的人比较同意和非常同意"社交网络时代，网络游戏、直播平台主播也可以是正当职业"，分别有 49% 和 14% 的人比较同意和非常同意"社交网络时代，杀马特等非主流文化也可以有自己的平台"（见图 7、图 8）。

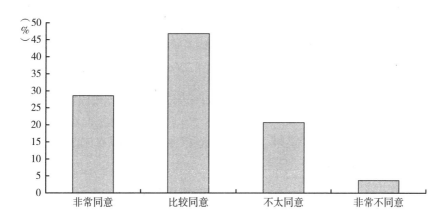

图 7　26 岁以下年轻人对"社交网络时代，网络游戏、直播平台主播也可以是正当职业"的态度

随着社交网络对于多元文化的推动，不同类型的年轻人拥有了属于自己的天地，从而感受到话语权的增强，分别有 44% 和 39% 的"90 后"青年比较同意和非常同意"社交网络增强了年轻人的话语权"（见图 9）。

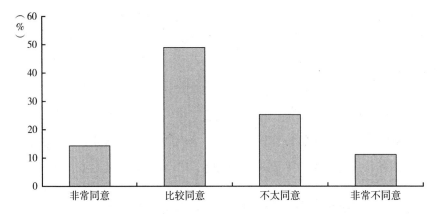

**图8　26岁以下年轻人对"社交网络时代，杀马特等非主流文化
也可以有自己的平台"的态度**

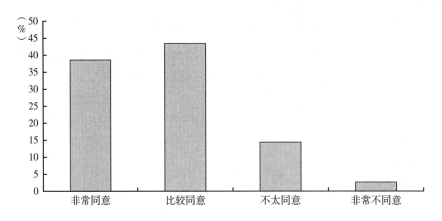

图9　26岁以下年轻人对"社交网络增强了年轻人的话语权"的态度

（三）微信公众号写手、电子游戏玩家等成为青年网民的职业偏
好，个人兴趣是择业的理由

就社交网络上的内容来讲，除了主流的新闻等信息外，我们特别调查了
"90后"的文化特征和兴趣共同体的情况。26岁以下青年对于电子游戏和
微信公众号普遍感兴趣，分别有52%和60%的被访者选这两项；其次是明
星偶像和平台直播类的内容，分别有25%和26%的被访者选该两项；也有

19%的青年对于微公益感兴趣。

26岁以下青年的职业选择更多地来源于兴趣。与兴趣的分布类似，38%的青年愿意选择电子游戏玩家作为职业，27%的愿意选择微信公众号写手作为职业，另有25%的愿意将微公益组织者作为职业，也有近20%的青年愿意选择直播平台主播作为职业。

总体上，"90后"青年能够找到培养和发展兴趣的共同体和平台，58%的青年表示"我拥有一批有共同兴趣的朋友"，41%的青年表示"我能找到培养和发展这些兴趣的平台"。但是，调查也显示了青年发展个人兴趣的社会支持和社会环境不甚完善，只有18%的青年表示"父母很支持我的兴趣爱好"，14%的青年表示"男/女朋友很支持我的兴趣爱好"，并且30%的青年"觉得自己的兴趣爱好很边缘，不太好意思说出口"（见表10）。"90后"青年的兴趣和文化比较个性化、多元化，社交网络提供了青年展示、交流和发展兴趣的平台，社会层面应当努力构建更为宽容的外界环境，支持青年将兴趣爱好发展成为自身热爱和追求的事业。

表10　年轻人的兴趣特征

单位：%

兴趣特征	百分比
我拥有一批有共同兴趣的朋友	58
我能找到培养和发展这些兴趣的平台	41
父母很支持我的兴趣爱好	18
男/女朋友很支持我的兴趣爱好	14
我觉得自己的兴趣爱好很边缘，不太好意思说出口	30

（四）社交网络成为年轻人喜好的谋职渠道

"80后"青年处于经济社会地位的上升期，在社交网络的使用和参与上特别关注自身竞争力的提升。分别有45%和33%的"80后"比较同意和非常同意"社交网络增加职业和工作机会"，比如找工作、跳槽、兼职等机会（见图10）。

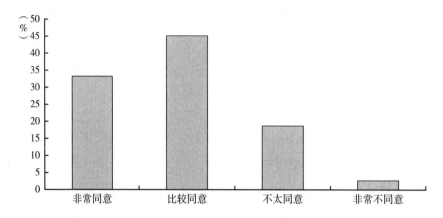

图10 26～35岁青年认同"社交网络增加职业和工作机会"的比例

职业晋升则是个更为复杂的问题，步入职场一段时间的"80后"青年普遍正面临此压力，他们并不认同社交网络增加了职业晋升机会，45%的人表示不太同意此说法（见图11）。

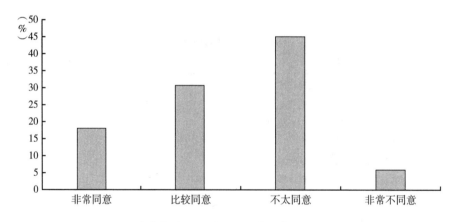

图11 26～35岁青年认同"社交网络增加职业晋升机会"的比例

对于在找工作和职场竞争两个阶段青年对社交网络的使用和参与情况有以下两点发现：在26～35岁青年中，11%通过微信好友找过工作，18%通过QQ找过工作，另有69%未曾使用社交网络找工作。社交网络中的同事（包括前同事）和同学是提供过帮助的两个最重要群体，62%的青年得到过来自同事的帮助，50%的青年得到过来自同学的帮助，也有20%的青年得到过"见过没几次的朋友"和"陌生人"的帮助；直系亲属提供过帮助的仅占28%。同样的，最后成功帮被访者找到工作的社会关系中，同事/前同事占到了40%，同学占27%，直系亲属仅占17%。

社会网理论认为，弱关系对于人们解决日常问题如求职、办事等非常重要，而且往往提供熟悉的关系网络中难以获得的信息，从而提供关键帮助。调查发现再次验证了这一点，社交网络更加促进了弱关系的发展和信息的流动。工作场合的有效社交对于扩大人脉、拓展工作机会起到非常重要的作用，社交网络的出现则更好地开拓和维护了这些人际关系，所以那些工作场合的"主动者"占了有利先机。调查显示，26~35岁的青年中有更高比例是工作场合的"主动者"，在工作场合（如日常工作、会议等）遇到第一次见面的人，11%的人会"主动加对方为微信好友"，63%的人"如果对方主动要求加为微信好友会答应"。而26岁以下青年显得更为"害羞"，只有8%的人会"主动加对方为微信好友"，61%的人"如果对方主动要求加为微信好友会答应"。

（五）通过微信朋友圈的熟人网络购物和销售成为时尚的生意经

微信的联系人大多为熟人或者熟人介绍的联系人，依赖这种较为相互信赖的关系网络，参与消费过程的生产者、销售者以及消费者都有不同于其他平台的体验。26岁以下的青年中大约12%的有过在微信平台做生意的经历，其中46%的人认为"微商"扩大了客户群体，46%的人认为"与客户沟通更便捷"，34%的人认为"与客户沟通更有趣"，但也有33%的人遇到过欺诈事件。

相对于微商，在微信购物的群体占比更高。24%的26岁以下青年和34%的26~35岁青年在微信朋友圈买过东西，购物类型中占优势比例的是熟人卖家。在有过朋友圈购物经历的青年中，分别有73%的26岁以下青年和85%的26~35岁青年在熟人卖家那里购物；另一种主要的购物类型是海外代购，26%的26岁以下青年和23%的26~35岁青年有过这种经历。

消费者在微信朋友圈购物的主要原因包括卖家可靠（44%）、价格实惠

（35%）、商品的来源可靠（21%）和商品可靠（22%）（见图12）。有意思的是，也有33%的青年主要是因为人情压力而在朋友圈购物。与此相关的是，调查中也有一定比例的被访者被朋友圈的广告信息所困扰，社交网络中的朋友、熟人一旦做起了生意，则是朋友圈的"灾难"。

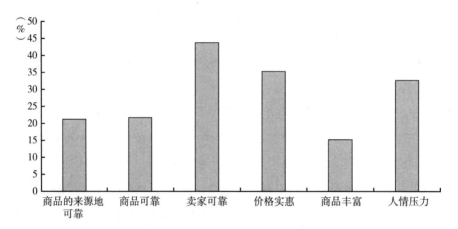

图12　26～35岁青年在微信朋友圈购物的主要原因

（六）年青一代认为社交网络有助于构建人际关系，甚至增加婚恋机会

虽然社交网络对个体的影响未有定论，但是对于人际关系毋庸置疑有重要影响。约85%的26岁以下青年和77%的26～35岁青年认为社交网络对自身人际关系网络的强化或拓宽比较有帮助和很有帮助，有高达93%以上的不同年龄青年认为社交网络使得自己与他人的交往更方便（见表11、表12）。

表11　年轻人对社交网络拓展人际关系的评价

单位：%

微信、QQ等社交网络强化或拓宽您的人际关系网络	26岁以下	26～35岁
很有帮助	37.75	31.88
比较有帮助	47.60	45.19
不太有帮助	12.55	20.08
完全没帮助	2.10	2.85

184

表 12　年轻人对社交网络方便交往的评价

单位：%

微信、QQ 等社交网络使得您与他人的交往更方便	26 岁以下	26～35 岁
很有帮助	51.84	49.69
比较有帮助	43.58	43.58
不太有帮助	3.50	5.38
完全没帮助	1.07	1.35

　　但是对于社交网络增加认识伴侣或约会等婚恋机会这个观点，在青年们看来有所争议。虽然有 39% 的 26 岁以下青年感受到社交网络对婚恋机会的增加比较有帮助，但也有 27% 的人认为"不太有帮助"。26～35 岁的青年面临更大的婚姻压力，37% 的人认为社交网络对婚恋机会的增加"比较有帮助"，但也有 34% 的人认为"不太有帮助"（见表 13）。

表 13　年轻人对社交网络增加婚恋机会的评价

单位：%

微信、QQ 等社交网络增加认识伴侣或约会等婚恋机会	26 岁以下	26～35 岁
很有帮助	25.29	18.32
比较有帮助	39.15	36.65
不太有帮助	26.78	33.80
完全没帮助	8.77	11.23

　　对于婚恋机会是否增加的认识具有一定的性别差异。在 26～35 岁人群中，更多男性（58%）认为社交网络增加了自己的婚恋机会，而只有 48% 的女性有此种感受，多达 41% 的女性认为社交网络对于增加婚恋机会"不太有帮助"（见表 14）。

表 14　不同性别的年轻人对社交网络增加婚恋机会的评价

单位：%

微信、QQ 等社交网络增加认识伴侣或约会等婚恋机会	男	女	总计
很有帮助	20.85	12.83	18.32
比较有帮助	37.46	34.87	36.65
不太有帮助	30.51	40.95	33.80
完全没帮助	11.18	11.35	11.23

（七）学历越高，认为社交网络带来知识增加的比例越低

有关社交网络的使用影响，青年群体中另一个比较有共鸣的感受是丰富知识和信息。91%的26岁以下青年和88%的26~35岁青年感受到社交网络增加了自己获取知识和信息的渠道。81%的26岁以下青年和76%的26~35岁青年在使用社交网络的过程中获得了有用的信息。但是知识和信息的增加未必带来技能的提升，66%的26岁以下青年和59%的26~35岁青年认为在社交网络的使用过程中"学到新的知识技能"。

无论哪个年龄段，都有90%左右的人认为社交网络中的信息带来知识的增加。但是随着受教育程度的提高，青年认为社交网络带来知识增加的比例逐渐降低。26~35岁青年中，34%的初中及以下学历的人认为知识明显增加，9%的认为没什么变化，而只有28%的硕士及以上学历的人认为知识明显增加，12%的认为没什么变化（见表15）。

表15　不同受教育程度的年轻人对社交网络增加知识的评价（26~35岁）

单位：%

社交网络中有很多信息,对您而言这些信息是否带来知识的增加?	初中及以下	高中/中专/技校	大学专科	大学本科	硕士及以上
明显增加	33.78	37.75	28.32	26.15	27.66
有一点增加	56.76	49.40	62.24	62.07	60.64
没什么变化	9.46	12.85	9.44	11.78	11.70

在26岁以下群体中也是类似的趋势，34%的初中及以下学历的人认为知识明显增加，只有26%的大学本科学历的人认为知识明显增加。至于知识增加的具体方面，主要体现在增加了生活常识、开阔了人生视野、拓展了兴趣爱好。26岁以下青年的表现尤其明显，79%的认为增加了生活常识，75%的认为开阔了人生视野，72%的认为拓展了兴趣爱好，62%的认为提供了学习资料。26~35岁青年处于孕育新生儿的人生阶段，除了以上这些方面外，35%的该年龄段青年还认为知识的增加体现在丰富了养生/育儿的知识，这是区别于26岁以下青年的地方（见表16）。

表16　不同年龄段的年轻人对社交网络增加的知识类型的看法

单位：%

您的知识增加主要是下列哪些方面？	26 岁以下	26~35 岁
增加了生活常识	78.72	79.85
丰富了养生/育儿知识	15.60	35.29
提高了工作技能	34.66	36.98
提供了学习资料	61.98	61.39
开阔了人生视野	74.69	74.84
拓展了兴趣爱好	72.00	67.73
获得了就业机会	19.01	13.51
其他	3.87	1.75

五　主要结论

　　通过对互联网与社交网络生活的考察，我们发现网络已经深深地渗入人们的日常工作和生活中。不管是老年人还是中青年人，他们在日常生活和工作中，都会有意无意涉及网络的连接和使用。实证分析表明，社交网络不仅仅是被个体使用的一种工具，更在不断塑造着个体及其所处的社会环境，继而生产出一些新的关系和社会结构。互联网对生活和工作的渗透，以及社交网络本身随着日常实践所产生出来的社会结构，从理论和方法上对传统的互联网研究都构成了挑战。

　　需要强调的是，有关社交网络与虚拟生活的研究不应脱离人们的现实生活，反而现实世界的社会关系与社会互动应当成为研究社交网络的视角、维度与立足点。这也是本研究的方法论基础——将社交网络与互联网作为观察和分析社会生活的途径，目的在于理解新的条件和结构如何塑造人们的社会生活。

　　本研究只是在这方面进行的一个尝试，提供了许多经验数据，亦对一些可能存在的问题进行了探讨和反思。总体上，社交网络具有两重性。一方面，社交网络具有工具性，是联络交流的工具，是带来便利和乐趣、履行家

庭责任的工具；另一方面，社交网络又具有实践性，逐渐改变着人们的互动方式、生活方式乃至价值观。工具性反映的是人与人之间的关系，社交网络只不过是人们社会实践的"连接"；而实践性则反映的是人与物之间的关系，社交网络作为社会实践的参与者，与行动主体一样具有能动性和局限性，与人发生互动、对人产生影响。

社交网络拓宽了人际关系网络、增加了生活的多种可能性、丰富了知识和信息，也增强了家庭关系。当然，对社交网络给人们带来的困扰和焦虑也要引起重视并加以研究。但是，个体、群体和社会组织所形成的连接，似乎越来越超越线上和线下所设定的局限，日益成为社会生活的一个基本特征。也许我们要问：传统的测量方法，是否能够全面地揭示这种网络和连接无处不在的社会生活？本报告只是抛砖引玉，希望可以引出更多有价值的研究。

参考文献

Madianou，Mirca & Daniel Miller Polymedia，"Towards a New Theory of Digital Media in Interpersonal Communication." *International Journal of Cultural Studies*，2013，16（2）.

Miller，Daniel. *Social Media in an English Village.* London：UCL Press. 2016.

赵联飞：《现代性与虚拟社区》，社会科学文献出版社，2012。

中国互联网络信息中心：《中国互联网络发展状况统计报告》，2016。

B.12
中国公众的转基因认知与态度调研报告

何光喜　廖　苗　石长慧　张文霞　赵延东*

摘　要：　本文利用一项覆盖 12 个地区的快速电话抽样调查数据，分析了当前我国公众对转基因的认识和态度。结果显示，大多数民众处于对转基因不知晓或不了解的状态，但转基因被深度"妖魔化"和"污名化"的现象的确存在。公众对转基因的态度总体上比较消极，对转基因技术应用和推广的反对程度尤其高，并在过去 10 多年间呈现持续且明显的上升趋势。进一步分析显示，关于转基因的错误知识、对管理部门的不信任、对转基因风险－收益感知的失衡，均是造成公众对转基因接受度低的重要原因。

关键词：　公众态度　转基因　风险－收益　接受度

一　问题与数据

（一）问题的提出

2015 年，全球共有 28 个国家种植了 1.797 亿公顷的转基因作物；其

---

* 作者单位：中国科学技术发展战略研究院。

中，中国转基因作物种植面积约为 3700 万公顷，在 28 个国家中排名第 6 位。自 1996 年首次种植以来，转基因作物在全球的种植面积经历了连续约 20 年的增长，其安全性也得到了主流科学界和权威机构的认可。然而，与主流科学界的支持态度不同，转基因技术在世界各国特别是欧美国家的应用推广过程中，却造成社会公众意见的分裂和对立。围绕影响公众对转基因的态度的因素问题，积累了丰富的研究成果，知识、风险－收益感知、信任以及信息媒介等重要因素被研究和讨论。

2009 年以前，与发达国家相比，我国公众对转基因的态度总体上呈现不了解、不关心和接受度较高的特点。2009 年底，中国国家农业转基因生物安全委员会向两种转基因水稻、一种转基因玉米颁发了"生物安全证书"，被认为在转基因主粮作物的商业化种植方向上迈进了一大步。自此，关于转基因问题的争论在我国从小范围内扩展至整个社会层面。是否支持转基因主粮商业化种植，已经成为当前中国社会的一大焦点议题。著名科普人方舟子和电视主持人崔永元的论战，更让这场争论变得尖锐化和富于戏剧性，许多普通公众在这个问题上也分裂成尖锐对立的两派，争论激烈程度至今持续不减。

以微博、微信为代表的新媒体是双方论战的主战场，至于"线下"普通公众对转基因的认识和态度到底如何，则需要实证调查数据来回答。近年来，不同机构针对这一问题开展了规模、范围不等的实证调查，但多是针对一地或特殊群体（如大学生）的小范围调查，针对普通公众的规模相对较大的调查主要开展于 2011～2013 年。考虑到 2013 年以来转基因争论持续升温，我们于 2016 年 4～5 月开展了一次快速电话问卷调查，以把握我国公众对转基因的认识和态度的最新情况。与以往调查相比，本次调查有以下几个特点：①采用拨打移动电话的方式，因此在以往多数调查只覆盖城市公众样本的基础上，增加了农村公众样本；②通过知识题测量了公众对转基因的客观了解程度；③除对转基因作物和食品的态度外，还测量了公众对转基因医药、转基因科研活动的态度；④重点询问了公众对转基因风险和收益的认识，即公众对转基因担心什么，又认为转基因到底存在什么好处。本文即基于此次调查数据，依次着重分析和回答以下问题：公众对转基因了解吗？公众对转基因接受吗？公众对转基因担心什么？公众真的支持转基因科研吗？

（二）数据说明

本文数据来自中国科学技术发展战略研究院与科技日报社共同开展的一次公众抽样调查。此次调查由科学技术发展战略研究院设计调查问卷和调查方案，由数字 100 市场调研公司负责组织实施。调查采用基于计算机辅助电话访问系统（CATI）的方法，于 2016 年 4 月 26 日至 5 月 3 日，在全国 12 个地区（北京、广州、无锡、滨州、合肥、郑州、晋中、芜湖、成都、兰州、遵义、红河）采用随机抽取并拨打移动电话号码的方式选取调查对象。手机号码不能区分机主的居住地是城市还是农村，因此本次调查的对象包括了城乡居民。调查中共拨打有效号码 13840 个，最终完成有效问卷 1453 份，有效完成率为 10.5%。由于调查的有效完成率相对较低，问卷样本构成存在一定偏差（女性和低学历人群比例较低），最后汇总统计数据时按我国 2016 年总人口的性别和教育水平构成对数据进行了加权处理。此外，我们在北京、云南、青海等地还通过焦点组座谈等方法，对当地城乡居民关于转基因问题的认识和态度进行了定性访谈。尽管如此，我们认识到上述数据资料的局限性，并不试图以本文的分析结果推论至全国总体情况。

二 公众对转基因了解多少？

本部分主要分析我国公众对转基因技术的了解水平和了解渠道，以及二者之间的关系。

（一）近六成公众没有听说过"转基因"，多数人自认对转基因了解甚少

调查结果显示，我国公众对转基因的了解较少。58.5% 的受访者在调查前没有听说过"转基因"这个概念。其中，在县城和农村居住的公众中，

高达 72.5% 的人没有听说过；小学及以下教育水平的公众中，这一比例高达 81.7%。与之相比，大专及以上教育水平的公众中，没听说过"转基因"的只占 24.8%（见图 1）。①

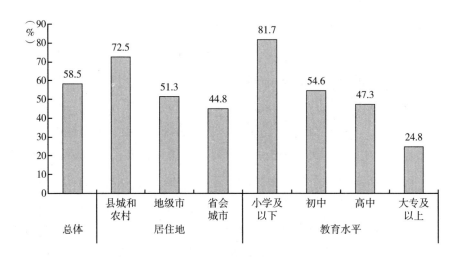

图 1 没听说过"转基因"的公众比例

在听说过"转基因"的受访者中，也只有 1.4% 的人自认为对转基因方面的知识了解"非常多"，7.3% 自认了解"比较多"，二者相加亦不足一成。自认了解"比较少"和"非常少"的分别占 49.1% 和 23.9%，此外还有近两成人（18.3%）自认"完全不了解"。换言之，超过九成公众自认为对转基因的知识了解较少和完全不了解。进一步的分析表明，学历越高的公众自认为对转基因相关知识的了解程度也越高，但即使是大专及以上学历的人群中，自认为对转基因相关知识了解"非常多"和"比较多"的也只占 16.9%。

---

① 与以往调查数据相比，此次调查中没有听说过转基因的公众比例明显较高。例如，2011 年在六个城市调查中，没有听说过转基因的比例只占 33.8%。这可能与本次调查样本中包括了农村公众有关，但也有可能与电话调查的方式有关。对后一种可能性，我们将在未来的研究中加以关注。

（二）公众对转基因相关知识的误解比较普遍

为测量受访者对转基因相关知识的了解情况，调查中设置了四道知识测试题，只询问那些听说过"转基因"的受访者。测量结果显示，即使在那些听说过"转基因"的受访者中，也有相当多人对一些基本的转基因知识缺乏正确认识。例如，29.8%的受访者认为"吃了转基因食物，人可能会被'转基因'"，12.6%不知道答案，答对者不足六成（见图2）。在转基因论战中广为流传的"美国人不吃、不种转基因"等谣言显然也已经在公众中大有市场。①

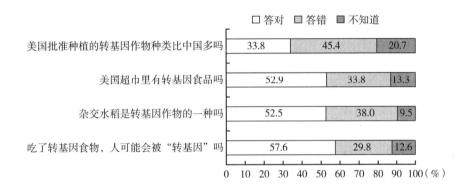

图2 公众对部分转基因问题的回答情况

进一步分析显示，在听说过"转基因"的受访者中，只有9.5%的人答对了全部4道题，答对3道的占23.2%，答对2道的占31.4%，答对1道的占26.5%，全部答错和"不知道"的占9.4%。有意思的是，自认对转基因知识了解"非常多"或"比较多"的受访者，其上述问题的答对率与其他人并无显著差异。例如，答对全部4道题的也只有9.8%。

实地调研中我们还让一些受访者列举他们知道的转基因食品。结果显

---

① 张熠婧、郑志浩、高杨2015年的研究发现，在许多转基因知识题上，2013年我国城市公众的答对率比2002年明显提高，且已不再明显低于美国、欧盟等国家和地区的公众（事实上在许多题上答对率还相对较高）。

示，多数人并不能列举出真正转基因的食品，所举例子大致可归为以下两类：一是颜色、性状或口感与他们以往接触的食品不同和显得"奇怪"的食品，如"小西红柿""彩色玉米"；二是新闻报道中经常出现的各种"不安全"的食品，如"喷了激素的黄瓜"等。

（三）互联网在获取转基因信息方面的影响力超过了电视等传统媒体

调查结果显示，电视、报纸等传统媒体仍是公众获取转基因相关知识和信息最为普遍的渠道：通过这一渠道获取过相关知识和信息的受访者比例为75.6%，多于互联网（68.5%）、亲友熟人间的交流（60.0%），更明显多于杂志和书籍（38.7%）、上课/学习/培训/宣传材料（22.0%）等渠道。但从重要性来看，互联网已经成为最重要的渠道：52.2%的受访者表示互联网是自己获取转基因信息时最重要的渠道，远高于以电视、广播、报纸（26.3%）以及其他渠道为最重要渠道的受访者（见图3）。值得注意的是，互联网信息的时效性和多元性更强，但在信息准确度方面则相对较差，各种似是而非的小道消息更容易快速传播，极有可能给公众带来认识上的矛盾和混乱。

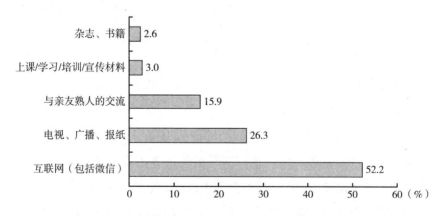

图3 获取与转基因相关的知识/信息时最重要的渠道

进一步分析表明，获取渠道与人们对转基因的了解水平显著相关。在几种主要渠道中，以杂志、书籍等为最重要渠道的人对转基因的了解水平高于其他渠道。例如，在回答 4 道转基因知识题时，以杂志、书籍为最重要渠道者平均答对了 2.23 道，以互联网为最重要渠道者答对了 2.08 道，以电视、广播、报纸为最重要渠道者答对了 1.96 道，以与亲友熟人的交流为最重要渠道者答对率最低，只有 1.70 道。以杂志、书籍为最重要渠道的人中，自认为对转基因相关知识、信息了解比较多的比例也最高，达到 16.7%（见图 4）。

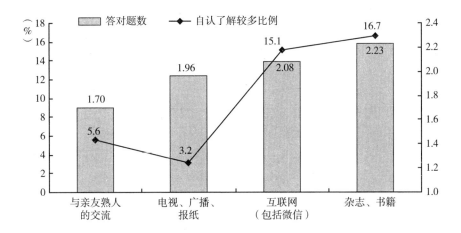

图 4 最重要信息渠道与对转基因了解水平的关系

三 公众愿意接受转基因吗?

本部分集中分析我国公众对转基因的总体态度，特别是对转基因技术应用和推广的接受程度，并重点从认知和信任的角度分析影响公众态度的重要因素。①

————————————

① 对转基因的态度是多种因素综合作用的结果。除本文分析的这些因素外，公众对转基因风险的担忧及对转基因收益的感知也很重要。此外，为保证分析的科学性，我们还分别以是否赞同种植转基因水稻和是否愿意吃转基因食品为因变量，并引入对转基因知识的掌握、对管理部门的信任、对转基因风险 - 收益的感知等自变量，并控制性别、年龄、教育程度等变量，通过 logistic 回归分析，确认了上述因素影响作用的统计显著。限于篇幅，对具体回归结果不做详细阐述。

（一）公众对转基因接受度低，且呈现显著下降趋势

调查结果显示，73.2%的受访者明确表示不愿意吃转基因食品，表示愿意吃的仅占19.0%。63.2%的人反对在我国推广种植转基因水稻，支持种植的仅占27.1%。58.9%的人反对把转基因技术应用于医疗药品生产，支持者仅占25.3%。支持开展转基因科研的受访者比例较高，达到61.7%，反对者只占29.6%（见图5）。但正如后文将要展示的那样，赞成转基因科研的公众更多支持的是关于转基因风险的研究或相关基础研究，而非应用开发研究。从这个意义上说，我国公众对转基因应用和科研的态度都偏于消极。

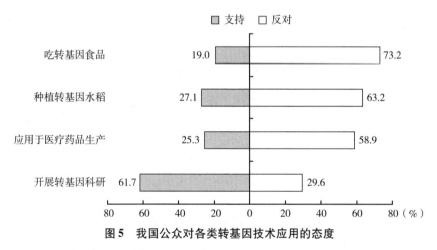

图5　我国公众对各类转基因技术应用的态度

注：没有明确表达"支持""反对"态度的人回答了"不清楚"。

2000年联合国粮农组织（FAO）的一项跨国调查数据显示，83%的中国消费者愿意购买改善营养的转基因食品，在所调查的10个国家中比例最高。2006年中国农科院对11个城市的公众调查数据显示，当时我国城市消费者对转基因食品的接受比例约为65%。2011年中国科学技术发展战略研究院在五个城市开展的一项城镇公众调查数据显示，当年尚有42.1%的受访者明确支持在我国推广种植转基因水稻。2013年中国社会科学院农村发展研究所对15个省份城镇居民的调查显示，城镇居民对转基因大豆油、改善营养的转基因大米的接受度分别为 26.2% 和 32.0%。综合上述调查数据及本次调查结果可见，近年来我国公众对转基因的接受度的确呈现持续下滑的趋势。

（二）女性、年龄大和教育水平低的人群对转基因接受度更低

进一步分析显示，不同性别、年龄段和教育水平的公众对转基因的接受度都不高（支持者均明显少于反对者），但仍存在一定差异性。具体而言，女性、年龄较大和教育水平较低的公众对转基因的接受度更低。例如，女性赞成推广种植转基因水稻、愿意吃转基因食品和赞成将转基因技术应用于医疗药品生产的比例均明显低于男性。30 岁以下的年轻人对转基因的接受度最高；年龄大的人大多不愿意吃转基因食品。大专及以上教育水平的人对转基因的接受度最高；教育水平越高，越赞成把转基因技术应用于医疗药品生产（见图6）。

（三）对转基因知识掌握较少的公众对转基因接受度更低

在调研中，很多科研人员认为，公众对转基因的质疑和反对缘于其对转基因的不了解甚至误解，陷入一种"无知的恐惧"中。调查数据显示，我国公众对转基因知识的了解水平的确不容乐观。许多公众不能正确回答"杂交水稻是否转基因作物"、"吃了转基因食物，人是否会被'转基因'"、"美国批准种植的转基因作物种类比中国多还是少"以及"美国超市里有没

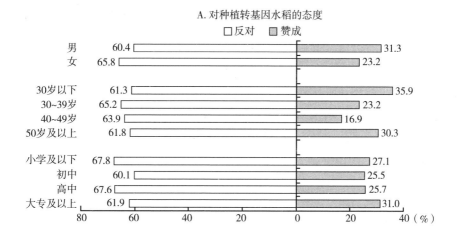

A. 对种植转基因水稻的态度

□ 反对　■ 赞成

类别	反对	赞成
男	60.4	31.3
女	65.8	23.2
30岁以下	61.3	35.9
30~39岁	65.2	23.2
40~49岁	63.9	16.9
50岁及以上	61.8	30.3
小学及以下	67.8	27.1
初中	60.1	25.5
高中	67.6	25.7
大专及以上	61.9	31.0

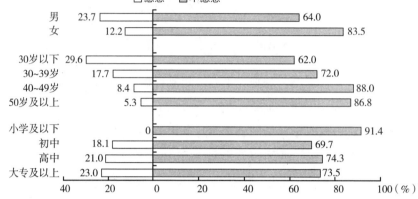

B. 是否愿意吃转基因食品
□愿意　■不愿意

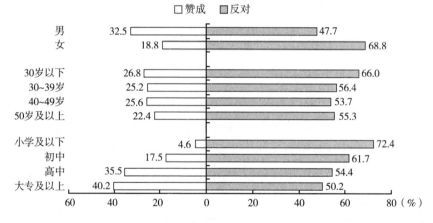

C. 对转基因技术应用于医疗药品生产的态度
□赞成　■反对

图6　不同性别、年龄和教育水平的公众对转基因的态度

有转基因食品"等问题。进一步分析显示，答错题越多的公众对转基因的接受度越低。例如，4道题全部答对的受访者中，69.4%的人赞同在我国推广种植转基因水稻，55.6%的人愿意吃转基因食品。与之相比，4道题全部答错的受访者中这两个比例均只有约4.5%（见图7）。①

——————————

① 关于掌握更多科学知识是否有助于公众更加支持转基因技术应用，以往的研究一般倾向于认为二者之间存在正相关关系，但知识却并非对态度的强预测变量。本次调查发现，对与转基因直接相关的知识的掌握程度，的确与对转基因的态度存在较强的相关关系。

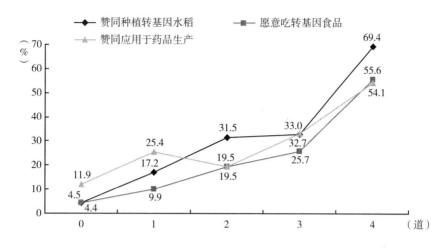

图7　答对题目数量与对转基因态度的关系

（四）对管理部门信任度低的公众对转基因接受度更低

不少质疑转基因的公众常说：我同意转基因的风险在理论上是可控的，但怀疑管理部门实际上能否真正管理得好。调查结果显示，我国公众对管理部门的信任水平确实不高。在转基因问题上，只有33.1%的受访者愿意相信政府官员提供的信息，60.1%不相信；66.6%的人认为我国关于转基因管理的制度规定还不健全，仅18.9%的人认为已经很健全。此外，27.2%的人认为政府在管理公共事务方面的能力不值得信赖，明确表示值得信赖的只占39.1%（其他人回答了"说不清"）；28.4%的人不信任政府在管理公共事务时会充分考虑社会公众的利益，明确表示信任的只占43.8%（其他人回答了"说不清"）。进一步分析显示，对管理部门信任程度低的公众，对转基因的接受度也更低。例如，认为政府部门管理公共事务的能力不值得信赖的受访者中，赞成种植转基因水稻的比例只有16.4%，愿意吃转基因食品的只有13.3%，均显著低于认为值得信赖的受访者（见图8）。在调研中，我们了解到社会上广为流传的一些"谣言"进一步削弱了政府在转基因问题上的公信力。例如，许多人在访谈中反问：你们说转基因安全，为什

么国家举办国际运动会的时候都禁止使用转基因食品？为什么国家部委的机关食堂都不使用转基因食品？①

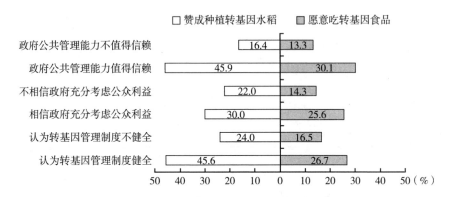

图8　对管理部门是否信任与对转基因态度的关系

四　公众对转基因担心什么？

本部分将分析我国公众对转基因风险－收益的感知，特别是反对转基因的公众主要担心转基因带来哪些危害，而支持转基因的公众又认识到了转基因的哪些好处。

（一）公众对转基因的第一印象以"中性"或"负面"为主

调查结果显示，58.5%的受访者被调查前没有听说过"转基因"。听说过"转基因"的受访者中，被问及"提到'转基因'首先想到了什么"时，21.2%的人想不出任何词；56.0%想到了中性词（如"食物""食品""大豆""大豆油"等），21.0%想到负面词（如"不好""白血病""不健康""不会买""不愿吃"等），只有极少数人（1.8%）想到正面词（如"高科技""高

---

① 这个发现与以往大多数研究是一致的，即确认了"信任"在解释对转基因态度问题上的核心重要性。

产量"等)(见图9)。这表明,在转基因议题上,大多数公众是对转基因毫无认知和概念的"无关者"。在对转基因有所认知的公众中,多数人对转基因的第一印象仍以中性为主,但在不少人心目中也确实形成了对转基因"妖魔化""污名化"的第一印象,只有极少数人形成了积极的第一印象。

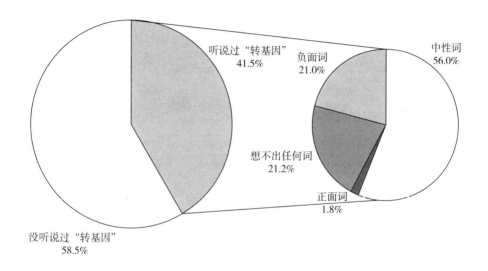

图9 公众对转基因的知晓情况和第一印象

(二)多数公众对转基因的风险存在担忧,对其收益也有一定认识

听说过"转基因"的受访者中,51.0%的人认为转基因食品会危害人体健康,多于认为没有危害的人(占38.5%,其余人回答"说不清")。46.8%认为转基因作物会危害生态环境,也多于认为没有危害的人。认同"转基因技术是西方控制中国的手段"和"大公司剥削农民的工具"等"阴谋论"的受访者比例相对较低,但也分别占到37.7%和28.2%。在收益感知方面,分别有51.6%、51.3%和50.2%的受访者对转基因技术在缓解粮食短缺、减少农民劳动投入和减少农药用量方面的好处有清晰的认识,均多于明确不认可这些好处的人。但只有25.4%的受访者认为转基因技术能够提高食品营养,远低于认为转基因技术没有这个好处的人(见图10)。

对下述关于转基因风险或收益的说法，你是否赞同？

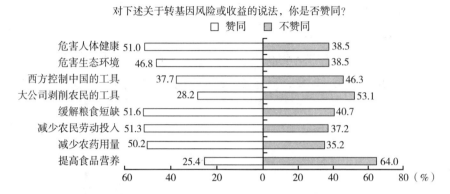

图10　公众对转基因风险与收益的感知

（三）对转基因风险－收益感知的失衡，是许多公众不愿接受转基因的重要原因

与支持推广种植转基因水稻的受访者（以下简称"挺转者"）相比，反对种植者（以下简称"反转者"）对转基因风险的感知明显更加强烈，对转基因收益的感知则明显较低。具体而言，在转基因风险方面，"反转者"和"挺转者"的认知差异主要体现在对人体健康、生态环境及国家利益（西方控制中国）危害的担心上："反转者"认为存在上述危害的比例比"挺转者"分别高了33.2个、32.2个和33.6个百分点。在转基因收益方面，两个群体的认知差异主要体现在与消费者个体直接相关的收益上："反转者"认为转基因技术有"减少农药用量"和"提高食品营养"好处的比例比"挺转者"分别低35.2个和31.8个百分点。值得注意的是，两个群体对转基因技术的公共收益（缓解粮食短缺）和对农民收益（减少农民劳动投入）的感知差异却没有那么突出：即便在"反转者"中，也有近半数人（分别为48.3%和48.8%）认为转基因技术有这两个方面的好处，仅比"挺转者"分别低13.7个和6.6个百分点。（见图11）。

这表明：①许多"反转者"在担心转基因风险的同时，也认识到了转基因技术的诸多收益。但心理学研究发现，人们在做决策时大多有规避风险

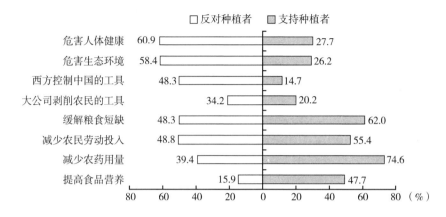

图 11 "反转"和"挺转"公众对转基因风险与收益的感知

优先于获取收益的心理偏好。因此，即便认识到潜在收益，在对转基因风险特别是安全风险的担心被消除之前，人们仍更倾向于拒绝转基因。②许多公众担心的是转基因对自身健康的威胁，而感知的转基因收益却主要是粮食安全、生态环境等公共收益或他人（如农民）的收益，作为消费者个体感受到的直接收益（如提升营养、降低农药含量）相对较少。从这个意义上说，部分公众确实在一定程度上存在对转基因风险-收益的感知失衡。

五 公众支持转基因科研吗？

本部分将分析我国公众对转基因科研的态度，特别是对相关科研活动投入方向的期望。

（一）六成以上公众赞成开展转基因科研活动

调查结果显示，公众对于开展转基因科研活动普遍持支持态度。61.7%的受访者明确表示赞成"开展转基因技术的科学研究活动"（33.0%"完全赞成"，28.7%"比较赞成"），表示"不太赞成"和"完全反对"的只占29.6%（17.2%"不太赞成"，12.4%"完全反对"），另有8.7%的受访者表示"说不清"（见图12）。进一步分析显示：受教育程度高的公众，赞成

开展转基因科研的比例更高，反对的比例更低；即使是在那些明确表示不愿食用转基因食品的受访者中，也有超过一半的人表示赞成开展转基因科研活动。前文显示，我国公众对转基因技术应用或商业化的态度总体上比较消极。与之相比，公众对转基因科学研究的态度更加积极。

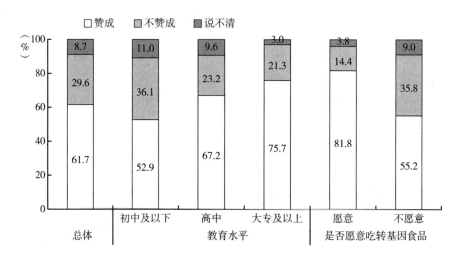

图12 公众对开展转基因科研活动的态度

（二）公众认为当前应重点支持对转基因技术潜在危害和风险的研究

尽管多数公众对开展转基因科学研究表示赞同，但相比于基础研究和应用/开发研究，公众更希望研究转基因技术的潜在危害和风险。本次调查为被访者设计了一个情境，"假设现在有10亿元科研经费由您来分配给三类研究活动：第一类是对转基因的基础科学研究，第二类是应用/开发研究，第三类是对其潜在危害和风险的研究。您会怎么来分配这10亿元？"调查结果显示，受访者分配给应用/开发研究的平均经费最低，为2.3亿元；分配给基础研究的平均经费略高，为2.8亿元；分配给危害/风险研究的经费最高，平均达5亿元，即占了总经费的一半（见图13）。值得注意的是，虽然支持转基因应用的受访者分配给危害/风险研究的平均经费比反对者低了约 0.9 亿元，但他们分配给转基因危害/风险研究的经费也远高于应用/开发研究。

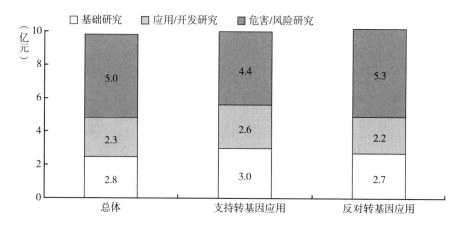

图 13 公众给不同类型转基因科研活动分配的经费

（三）转基因技术的风险研究应该由谁投入，怎样投入？

上述分析表明，无论公众对转基因技术的态度如何，他们都希望将多数经费用于研究转基因技术的潜在危害和风险。那么，对转基因技术的风险研究经费应该由谁投入，又如何投入呢？

我们建议，对转基因技术风险研究的投入应当主要由政府来承担。这是因为与转基因相关的基础科学研究中包含着许多生命科学的基本和前沿问题，吸引了大量生物学、医学、农学和化学的科研人员投身其中，科研人员探究自然、认识世界的好奇心为这类基础研究活动提供了基本推动力。而在技术应用和开发的研究方面，作为市场主体的企业家在占领市场和谋取利润等动机的驱动下，也会自发地加大对转基因研发的投入。然而，对转基因技术的风险研究则缺乏上述两类研究主体自发的动力，本研究表明，社会公众对转基因技术的风险研究有极强烈的需求，为了满足公众的这种需求，应当由政府加大对风险方面研究的投入。

当前，我国对转基因研究的财政科技投入中已有相当一部分投入了风险

研究，但仍远低于公众的预期。中国农科院万建民院士曾指出，中国目前的转基因重大专项里，已投入了25%的经费用于研究生物安全，在所有重大研发计划对安全性研究投入比例中是最高的，在这些力量的投入下，我国已经建立了严格谨慎的转基因安全监管和评价体系。即便如此，当前对转基因技术研究的财政科研投入中，在风险方面的投入比例仍远远落后于公众的希望。当然，我们并不是说一定要按照公众的意见将风险研究的科技投入比例提高到50%，但是实际投入与公众预期之间的差距还是值得思考的。当前已经有如此高比例的经费投入转基因技术的安全性研究上，为何仍然难以减少公众对转基因技术应用的不接受、对健康风险的担忧以及随之而来的对更多风险研究的需求？也许这并不仅仅是通过提高用于生物安全研究的科研经费就能解决的问题。

发达国家经验表明，对转基因技术潜在风险的研究范围广泛，包括其生物安全性、社会可接受性、社会及法律和伦理后果的研究。公众对于转基因技术产业化应用的担忧最主要的是健康方面的风险，如食品安全问题，对于转基因农作物的生态风险以及产业发展、国际贸易方面的风险也有所关注。转基因技术研究、开发和应用方面的潜在风险，并不局限于生物安全这一个方面。作为一个经济和社会发展的重大公共议题，转基因技术的应用推广已经引发了巨大的争议，甚至出现了所谓"挺转"和"反转"两派极端的观点，成为有可能影响安定团结的潜在社会风险。由新科技引发的新现象、新问题，往往会产生技术风险与社会风险相互伴随、相互交织的现象。因此，欧美国家的技术评估，不仅关注技术的实用性和经济效益，同时也非常重视评估社会效果。例如，预警性技术评估模式强调，在引入、扩散新的科学技术时，应尽可能预测其给环境、经济、健康、安全、社会伦理等造成的负面影响，并据此采取必要措施，使负面影响最小化。近些年来，欧美国家的大型科技研究计划中往往辟出一部分经费用于对某些特定科学技术的伦理、法律和社会议题进行研究，称为ELSI（Ethical, Legal and Societal Issues的缩写）研究。1990年美国启动人类基因组计划，在著名科学家沃森的提议下，将项目预算的3%～5%用于ELSI研究，成为大科学计划中纳入人文社科研究的范例。2001 年美国启动国家纳米计划，在反思人类基因组计划 ELSI 研究得失的基础上，进一步提出 ELSI 研究要在技术发展的上游、早期就开展，要对社会影响有一些预见，并将其整合到科技研发过程中同步进行。欧盟框架计划一直有"科学与社会""社会中的科学""为了社会的科学"等专项，地平线 2020 计划中的"负责任的研究与创新"，也都是在开展 ELSI 方面的研究。ELSI 研究关注了技术涉及的生物安全以外的更为广泛的社会影响，这对于理解公众对新技术的担忧、应对公众对政府和科学家的信任不足等问题都是有用的。

六　结论与建议

本文利用一项覆盖 12 个地区的快速电话抽样调查数据，分析了当前我国公众对转基因的认识和态度。结果显示，大多数公众处于对转基因不知晓或不了解的状况，对转基因的第一印象也以"中性"为主，属于需要争取的对象。但关于转基因的各种谣言或错误知识也确实流传甚广，转基因被深度"妖魔化"和"污名化"的现象在部分人群中的确存在，转基因科普工作任重道远。公众对转基因的态度总体上比较消极，多数公众虽然支持就转基因问题开展科研活动，但更期望开展关于转基因风险或危害的研究，对转基因技术应用和推广的反对程度更高，在过去 10 多年间呈现持续且明显的上升趋势。风险 - 收益感知分析则显示，公众虽然对转基因技术在保障粮食安全、降低农业成本等方面的收益有所认识，但他们对转基因在人体健康、生态环境乃至产业安全等方面风险的担心则更加突出。进一步分析显示，关于转基因的错误知识、对管理部门的不信任、对转基因风险 - 收益感知的失衡，是公众对转基因接受度低的重要原因。

目前，我国政府对转基因的总体态度是积极研究、自主创新和慎重推广。2016 年中央"一号文件"中明确提出要"慎重推广转基因"。着眼于长远的粮食安全，转基因技术的研究和应用将是未来农业产业发展的必由之路。基于本次调查，我们认为要进一步改善转基因在公众中的形象，提高公

众对转基因的接受度，应重点开展以下工作。

一是进一步加强科普活动。特别是加强科学界与公众间的沟通交流活动，提高媒体和教育领域转基因科学知识供给的质量，集中梳理常见和影响力大的转基因谣言和错误知识，开展有针对性的澄清和解释工作，加强公众对转基因技术的理解和正确认识。在科普工作中，应重在消减公众对转基因风险——特别是转基因对人体健康和生态环境的影响——的担忧；同时，有针对性地鼓励、支持能够让消费者直接体会到收益（如改善营养、口味）的转基因产品的开发，让消费者切实体会到转基因技术带来的好处，平衡公众的风险－收益感知。

二是提升公众对管理部门的信任水平。提高政府公共治理能力，在转基因作物研发、种植、产品销售和食用等各个环节，进一步完善相关管理制度，并贯彻落实，确保转基因食品的安全性。通过宣传、听证等公众参与手段，提高公众对相关管理制度的了解和支持程度。对涉及转基因的具有重大社会影响的事件和相关谣言，组织权威机构及时发布权威信息，打消公众疑虑。相关部门、领导同志可以发挥示范作用，带头食用经批准上市的转基因食品，提升公众对转基因产品的信心和接受度。

三是继续加大对转基因的科研投入力度。尤其要重视群众的关切，加大对转基因技术风险的研究投入。汲取欧美国家的经验，在涉及转基因技术的大型科技研发项目中加强伦理、法律、社会问题的专项研究，对技术的社会效果进行预估、评估并防范新技术可能给社会带来的风险，就技术可能造成的社会影响提前做好应对准备，避免不良社会后果在公众中引起恐慌和对抗情绪从而阻碍科技创新。

参考文献

Food and Agriculutre Organization of the United Nations（FAO），*The State of Food and Agriculture 2003 - 2004*，http：//www. fao. org/docrep/006/y5160c/y5160c00. htm，2004.

Gaskell, G. , Bauer, M. W. , Durant, J. , Allum, N. C. , "Worlds Apart? The Reception of Genetically Modified Foods in Europe and the US. " *Science*, 1999. 285 (5426) .

Hallman, W. K. , Hebden, W. C. , Aquino, H. L. , Cuite, C. L. , Lang, J. T. , Public Perceptions of Genetically Modified Foods: A National Study of American Knowledge and Opinion. Food Policy Institute, Cook College, Rutgers, the State University of New Jersey, New Brunswick, NJ. www. foodpolicyinstitute. org, 2003.

National Academies of Sciences, Engineering, and Medicine, Genetically Engineered Crops: Experiences and Prospects. DOI, 2016. 10, 23395.

Mielby, H. , Sandoe, P. , Lassen, J. , 2013. "The Role of Scientific Knowledge in Shaping Public Attitudes to GM Technologies. " *Public Understanding of Science*, 22 (2) .

Clive James:《2015 年全球生物技术／转基因作物商业化发展态势》,《中国生物工程杂志》2016 年第 36 期。

何光喜、赵延东、张文霞、薛品:《公众对转基因作物的接受度及其影响因素:基于六城市调查数据的社会学分析》,《社会》2015 年第 35 期。

黄季焜、仇焕广、白军飞、Carl Pray:《中国城市消费者对转基因食品的认知程度、接受程度和购买意愿》,《中国软科学》2006 年第 2 期。

贾鹤鹏、范敬群:《知识与价值的博弈——公众质疑转基因的社会学与心理学因素分析》,《自然辩证法通讯》2016 年第 38 期。

彭勃文、黄季焜:《中国消费者对转基因食品的认知和接受程度》,《农业经济与管理》2015 年第 1 期。

仇焕广、黄季焜、杨军:《关于消费者对转基因技术和食品态度研究的讨论》,《中国科技论坛》2007 年第 3 期。

余霞、于阿娜:《信息沟通对转基因食品公众态度的影响研究》,《华中农业大学学报》(社会科学版)2014 年第 4 期。

张熠婧、郑志浩、高杨:《消费者对转基因食品的认知水平和接受程度——基于全国 15 省份城镇居民的调查与分析》,《中国农村观察》2015 年第 6 期。

B.13
中国企业青年价值观调研报告

陈 晨*

摘 要： 本文根据"中国青年价值观现状及社会主义核心价值观培育研究"项目的调查数据，对企业青年的价值观及其日常行为进行了探索性分析。该项目得到中央财政专项资金资助。本研究试图回答四个方面的问题：①企业青年的概貌是怎么样的？他们的工作状况如何？②他们的日常行为和价值观具有怎样的特征？③青年群体内部在哪些方面出现价值观分化，在哪些方面又表现出一致性？④青年价值观的发展变化受到哪些因素的影响，青年在这其中的适应与抵抗又会对他们的价值观变化产生怎样的作用？本文将在回答这些问题的基础上提出相关的反思供研究者和决策者参考。

关键词： 企业青年 价值观 代际

青年走在时代风气之先，是社会改革的重要力量，他们的价值观成为观测社会变化的晴雨表，也影响着社会的发展进程，中国社会科学院一项关于青年价值观的调查结论认为，"研究青年的价值观，乃是研究整个社会的价值观"，足见青年价值观的重要性。当下，"80后""90后"甚至"00后"一一登上社会舞台，他们没有经历过苦难的煎熬，缺少对传统文化的记忆，他们生长在改革开放的背景下，感受着市场经济带来的冲击，面临着社会转

---

* 陈晨，中国青少年研究中心副研究员。

型的变化，接受着西方价值观的影响，也体验着信息技术的快捷与便利。他们的价值观变得复杂多元，代与代之间、群体之间、群体内部的价值观存在一定程度的差异。除此之外，当代青年的价值观也正逐渐从理想向现实、从传统向现代、从困惑向自觉转变，这无一不彰显着我们的时代在进步、社会在发展。

习近平同志指出，"历史和现实都告诉我们，青年一代有理想、有担当，国家就有前途，民族就有希望"。近年来，党和国家越来越关注青年的理想信念和思想动态，共青团在创新青年工作方式的同时也越来越注重对青年的思想引领，不断探索符合青年需求、社会进步的引领路径。要实现对青年的吸引凝聚，关键在于深刻地了解青年的思想特点，青年价值观研究也由此变得十分必要且非常迫切。

基于这一背景，由中央财政专项资助、中国青少年研究中心负责执行的"中国青年价值观现状及社会主义核心价值观培育研究"项目于 2015 年 6 月正式启动，该项目在全国八个省市通过分层多阶段与规模成比例（PPS）的抽样方法，共获得有效样本量 3617 个，涵盖了国有、私营、外资、合资四种类型的企业。本文所称的企业青年，是指年龄在 18～45 岁，调查时是所在企业登记在册的工作人员。

一 企业青年的基本状况

（一）性别比均衡，未婚比例最高，受教育程度较高，党团员比例超过六成

调查数据显示，18～45 岁企业青年的平均年龄为 27 岁，男性青年占 52.9%，女性青年占 47.1%。未婚比例最高，为 48.7%，已婚的占 48.1%，再婚比例为 1.2%，离婚的占 1.7%，丧偶的占 0.4%。企业青年正处于婚配的高峰期。

从教育程度看，69.9% 的企业青年拥有大专及以上学历，其中本科学历

占 40.6%，研究生学历占 3.8%；高中和职校毕业的比例为 19.1%，初中及以下学历的比例为 11%。分性别来看，男女接受高等教育的比例没有明显差异，女性甚至略高于男性，初中及以下学历的比例女性略高于男性，高中和职校学历男性多于女性，所以从总体来看，企业青年的受教育程度良好，高学历比例较高，明显的性别差异已经消失。

从政治面貌看，中共党员占 21.9%，共青团员占 45.1%，民主党派占 1.5%，群众为 31.5%（见图 1）。分性别来看，男女是党员的比例相等，均为 22.2%，男性是共青团员的比例高于女性 4 个百分点，女性是群众的比例高于男性 3 个百分点。

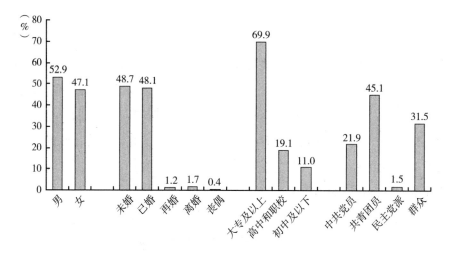

图 1　企业青年人口的基本特征

（二）七成以上青年没有独立住房，在购房意愿上存在性别差异

从居住方式看，和父母住在一起的比例为 28.3%，没有住房在外租房和住在单位宿舍的比例分别为 21.1% 和 20.9%，有自己住房的占 29.6%。就购房计划来讲，在未来 3~5 年内有意购房的青年为 31.9%，没有考虑过买房的占 12.4%，还有 22.9% 的人表示不敢想。分性别来看，男女存在显著差异，女性有自己住所的比例（包括和父母同住与自己有房）显著高于

男性，男性住在单位宿舍的比例高出女性 11.6 个百分点，另外在未来 3～5 年有购房计划者中，女性考虑买房和目前已经购买住房的比例均高于男性，男性表示不敢想者占比超过女性 10.3 个百分点。在住房上表现出的性别差异很大程度上与他们是否本地人有很强相关性，六成以上的本地人表示已经购房或考虑买房，同样行为的外地人仅占三成多。女性是本地人的比例为69.2%，高出男性 13.1 个百分点。

（三）企业青年的加班比例过半，男性在职场中竞争力更强，年龄大的青年男尊女卑观念更严重

职业生涯对于青年的重要性毋庸置疑，所调查的企业青年大多为普通一线工作人员，占 75.8%，中层管理人员占 9.9%，专业技术人员占 10.9%，其他占 3.5%。周工作时长在 44 小时以下的占 44.6%，超过 60 小时的占12.2%。根据劳动法第三十六条规定，国家实行劳动者每日工作时间不超过8 小时、平均每周工作时间不超过 44 小时的工时制度。也就是说有超过一半的企业青年需要加班，其中 12.2% 的加班量超过 50%。企业性质不同则工作时间存在显著差异，国有企业加班的比例为 51.8%，外资、合资企业为 39.7%，私营企业为 64.4%，私营企业的加班比例最高。分性别来看，男性在国有企业中的比例为 53.0%，高出女性 14 个百分点，女性在私营企业中的比例为 42.1%，高出男性 11 个百分点，这在一定程度上反映了劳动力市场的性别差异，男性女性的就业质量是不同的。通常而言，国有企业是体制内编制，收入福利保障等高于体制外，是稀缺资源，显然男性在获得这一资源方面比女性占有更多优势。在职位获得上也有类似的结果，女性中普通员工的比例为 82.7%，高出男性 12 个百分点，男性是中层管理人员和专业技术人员的比例为 25.6%，高出女性 11 个百分点。可以看出，在职场的位置中，男性女性存在显著性别差异。

在关于职业与性别的关系上，35 岁以上的青年持传统价值观的比例更高，比如 38.5% 的人同意"当工作机会比较少时，男性应该比女性有更多工作的权利"，高出 25 岁以下青年 10 个百分点。在职业的地域排斥方面，

35 岁以上青年同样呈现排斥的心理，42.5% 的人同意"当工作机会比较少时，雇主应该将更多的机会给本地人"，高出 25 岁以下青年 20 个百分点。在收入与家庭关系方面，各个青年群体没有明显的差异，半数左右的人都不同意"如果女性比她的丈夫赚钱多，会产生家庭矛盾"的说法。可以看出，35 岁以上青年对于职业的属性有部分传统认识，存在男尊女卑意识，并具有较强的保守心态，这与 90 后 25 岁以下青年形成了鲜明对比，90 后更加注重男女平等观念，并有开放的心态，从调查反映出的个人信息可以看到，90 后青年非本地人的比例大大高于 35 岁以上的青年群体，他们具有更加频繁的社会流动，这也为他们形成开放、现代的价值观奠定了基础。

二 企业青年价值观总体状况

（一）有较强的国家认同和政党认同感

青年群体和老年群体在有些价值观上的差别主要受到不同的成长经历的塑造和影响，代际的价值观差异是显而易见的。当代青年生于改革开放之后，成长于国家经济建设蓬勃发展之中，相对于父辈和老一辈而言，他们的生活经历相对单纯，生活条件相对优越，受教育水平普遍较高，社会发展的不确定性以及个人发展机遇的偶然性相对较少。青年在可预见的路径中规划人生，特别是在青年早期，他们有着相似的教育经历、工作经历，因而更易形成与同代人一致的价值观取向。

当代青年更加注重个人的自我实现，这是社会进步和多元文化融合的必然结果，同时他们也有强烈的爱国心，有较强的国家认同和政党认同感，展示出浓烈的集体主义精神。73.5% 的青年认为当前我国的国际地位较高，42.8% 的人认为中国是发展中国家的代表，19.8% 的人认为中国是地区大国的领导角色，25.1% 的人认为中国是世界大国的领导角色，而认为在 20 年后中国成为世界大国领导角色的人所占比重上升至 58.2%。88.8% 的人认为中国在未来 20 年内能够保持长期稳定。

84.8%的人拥护党的领导，75.8%的人认为当前党惩治腐败的措施有一定成效，61.1%的人对到2020年实现构建社会主义和谐社会的总体目标有信心。

（二）关注腐败问题，对党和政府的反腐败工作比较认同，但仍然认为当前的腐败形势比较严峻。与此同时，受中国人情社会的影响，他们自身也无法避免送礼等行为

青年对于重大的社会热点事件同样表现出较高的关注度。调查显示，企业青年认为当前影响社会和谐的前三个因素分别是收入差距过大（55.9%）、贪污腐败（33.4%）和看病难看病贵（26.9%）。收入差距大和看病难问题既是普遍的社会问题也是和青年工作生活息息相关的问题，因而得到较大关注。相对而言，腐败问题距离青年的日常生活更远，属于社会热度较高的话题，却也得到青年前所未有的关注。企业青年对当前国家治理腐败问题的效果比较认同，满意度较高。57.3%的人对当前的反腐工作满意；75.8%的人认为党和政府惩治腐败措施比较有效果；48.0%的人认为党和政府反腐工作力度较大。虽然企业青年对反腐工作的满意度和认同度较高，但是他们认为当前的腐败形势仍然很严峻。以1~10分为标准，分值越高，腐败程度越严重，调查显示商业腐败和政府腐败程度的中位数皆为7分，也就是说有50%的企业青年认为商业腐败和政府腐败程度都高于7分，反腐败任务迫切，形势严峻。不同年龄群体对腐败程度的认知也有所差异。80后认为当前腐败程度最高，其次为70后，再次为90后。以1~10分为标准，企业青年对商业腐败程度的评价，70后、80后为8分，90后为7分。对政府腐败程度的看法，占五成的70后、80后认为腐败程度高于8分，五成的90后认为腐败程度高于7分。90后对当前腐败程度的打分稍微低于70后、80后。

不难看出，企业青年认为当前的腐败形势不容乐观，对惩治腐败的措施拍手称赞，对党和政府治理腐败的种种举措表示认同。但与此同时，他们却表现出与态度相反的行为来。受中国人情社会的影响，他们自身也无法避免

送礼等行为。在为了办事方便而选择送礼行为方面，从未有过的企业青年占29.9%，很少的占28.3%，偶尔的占36.4%，经常的占5.4%，偶尔及经常送礼的比重超过四成。在传统人情文化的影响下，人们对贪污腐败深恶痛绝，但是在自己有需要的时候，也会选择送礼说情等行为。他们的价值取向与行为取向之间存在张力。反对腐败和人情送礼看似一对矛盾，实则体现了社会文化的内涵逻辑，是当代青年价值取向二重性和价值观矛盾性的心理表征。

（三）当代企业青年对他人和社会表现出较强人文关怀，但是存在代际差异，90后青年的人文关怀感强于80后和70后。文化程度越高的群体，人文关怀价值观越强

对于青年人文关怀价值的测量共涉及5个子项目，即"安全的环境很重要，可以避免危险发生""为社会做好事很重要""帮助周围的人很重要，要关心他们的身心健康""举止得当很重要，避免被人们指手画脚""个人利益应该服从集体利益"。调查显示，完全赞同和比较赞同上述表达的比例分别为84.3%、70.7%、69.5%、69.3%和63.0%。按照5年一个代际划分，调研区分了80前、80后、85后、90后、95后这几个年龄层之间的差别。从80前到95后，人文关怀的得分依次提高，90后和95后的得分分别为10.05分和10.10分，均高于总体平均值（9.8分）。这一结果与青年在不同发展阶段的需求息息相关。80后、90后正处于家庭生命周期中的成长期，生活支出、教育支出、赡养父母的压力都较大。调查显示，95后对"失业或找不到工作"非常担忧的比例最高，接近半数（49.3%），担心"找不到对象"的比例超过半数（56.6%）；80后则非常担心"不能给孩子良好的教育"和"无法尽到赡养父母的义务"，所占比例分别为61.8%和58.5%。就住房而言，各年龄群体均有约1/3的人非常担心"买不起房"。

进一步对文化程度进行细分发现，高学历的青年群体表现出较强人文关怀价值观。近八成大学以上文化程度的人认同"为社会做好事很重要"，超

过 80% 的拥有研究生学历的人认为"帮助周围的人很重要，要关心他们的身心健康"，70% 以上的认为"个人利益应该服从集体利益"。

（四）当代企业青年更加关心个人的自我实现，生活政治更加明显并呈现代际分化

在一些国家和国际事务上，青年表示担忧的比例明显低于对个人相关事务担忧比例。经过因子分析，青年最担忧的问题可以用两个因子来解释，个人事务和国家地区事务，因子 1（个人事务）对题目的贡献率为 0.436，因子 2（国家地区事务）的贡献率为 0.197，两者合计表明公因子对青年最担心问题的贡献率达到 0.633。进一步通过百分比统计分析青年对相关事务担忧的比例，发现其对个人事务担忧的比例普遍高于对国家地区事务的担忧（见表 1）。

表 1　企业青年对相关事务担忧的比例

单位：%

因子	具体指标	百分比
个人事务	无法尽到赡养父母的义务	82.0
	不能给孩子良好的教育	85.4
	失业或找不到工作	75.2
	买不起房	69.9
	找不到对象	42.2
国家地区事务	发生经济危机	65.9
	爆发中日战争	48.5
	南海发生武力冲突	48.8
	中国大陆与台湾爆发战争	47.8

整体而言，对个人事务的担心程度明显高于对国家地区事务的担忧程度，就业（75.2%）、子女教育（85.4%）、养老（82%）、住房（69.9%）等是青年尤为担心的问题，同时他们对国家的经济发展状况也颇为关注，担心发生经济危机的比例高达 65.9%。分年龄来看，30 岁以上的青年最担心子女教育和父母赡养问题，20 岁以下的青年最担心就业问题，20~30 岁的青年觉得住房压力最大。随着年龄的递增，青年对经济发展的关注度逐渐提升，25 岁以

下的青年担心"发生经济危机"的比例为 60.3%，25～34 岁的占 67.7%，35岁以上的占 77.1%。青年在工作生活中愈发感受到社会整体发展状况对个人发展的影响，嵌入社会发展框架中时间越长，感触越深，越能准确把握社会形势的走向并对个人发展适时做出有利调整。

在个人发展方面，企业青年认为成功主要靠能力、机遇、奋斗，再加上好的身体；他们最看重家庭幸福（89.6%）、身体健康（79.9%）、事业有成（60.2%），他们面临的主要困难是经济负担重、工作压力大、发展空间有限和专业技能不足；他们最需要的是技能培训、经济帮助和创业帮助。

调查发现，企业青年员工在追求个人发展与成功的道路上，普遍认为能力才是关键因素。他们认为决定成功最重要的因素排前 4 位的分别是能力（78.3%）、个人奋斗（57.2%）、机遇（57.0%）、健康（54.2%），而亲友和家庭的社会背景（25.0%）、运气（21.2%）、外貌（11.7%）、其他（2.2%）则被排在最重要因素的后 4 位。不同年龄段青年的选择存在一定差别，如表 2 所示。

表2　决定成功最重要的因素是什么

单位：%

排序	总体	25 岁以下	25～34 岁	35 岁以上
第一位	能力(78.3)	能力(80.3)	能力(78.7)	能力(79.0)
第二位	个人奋斗(57.2)	机遇(61.3)	个人奋斗(57.1)	健康(58.2)
第三位	机遇(57.0)	个人奋斗(60.8)	机遇(56.7)	个人奋斗(56.8)
第四位	健康(54.2)	知识水平(52.2)	健康(55.9)	机遇(48.0)

分年龄段进行统计后发现，能力始终是排在第一位的，说明青年普遍认可个人能力是决定成功的核心要素。在接下来的因素中，25 岁以下的青年认为外在机遇更重要，可以认为他们是刚刚步入职场的新人，很想寻找机会显露身手，一个良好的机遇可以为他们在职场上大显身手提供捷径；25～34岁的青年更注重内在因素，他们认为个人奋斗是重要因素之一，千里之行始于足下，一步一个脚印才能夯实基础，为成功做好准备；而 35 岁以上青年

的心态更加沉稳，他们过了三十而立，正在奔向四十不惑，他们深切体会到工作和生活平衡的重要性，只有健康才能为其他的一切保驾护航。值得关注的是，25 岁以下青年的选项中没有健康一项，而是多了知识水平，可以看出 90 后的青年们尚未遇到健康问题，他们认为知识是成功所不可或缺的因素，科技进步已经成为社会发展的核心竞争力，跟不上知识的更新换代就要被时代所淘汰，这也证明年青一代具有敏锐的洞察力，他们能够抓住事物的主要矛盾，看到有利于自身发展的主要因素。

　　企业青年普遍表示面临较大的经济压力。他们面临的主要困难排前 4 位的分别是经济负担过重（60.3%）、发展空间有限（34.9%）、工作压力太大（34.1%）、缺乏专业技能（27.2%）。分年龄统计结果显示，每个年龄段都有其特有的困境。25 岁以下青年与家人分离的困难更突出，25～34 岁青年的住房矛盾更明显，35 岁以上青年面临缺乏专业技能的窘境，详见表 3。

表3　青年面临的主要困难是什么

单位：%

排序	总体	25 岁以下	25～34 岁	35 岁以上
第一位	经济负担过重(60.3)	经济负担过重(54.3)	经济负担过重(63.8)	经济负担过重(64.4)
第二位	发展空间有限(34.9)	发展空间有限(35.9)	工作压力太大(35.3)	工作压力太大(40.7)
第三位	工作压力太大(34.1)	与家人分离(31.9)	发展空间有限(34.9)	发展空间有限(31.1)
第四位	缺乏专业技能(27.2)	工作压力太大(30.6)	住房条件不好(25.8)	缺乏专业技能(29.9)

　　经济负担是所有青年面临的首要困难，而且随着年龄增长，这一矛盾更加突出，35 岁以上青年反映经济负担过重的比例高出 25 岁以下青年 10个百分点，35 岁以上青年大多已经成家立业，面临的家庭支出更多，因而感觉负担更重。排在第二位的困难主要是发展空间有限和工作压力大，25岁以下青年渴望更多空间，这与他们刚刚进入职场有关，他们大多处于企业的基层，能够发挥独立性和创造性的机会较少，程序性、事务性的工作让他们看不到价值发挥的空间，因此对发展空间的诉求更高。而 25 岁以

上青年普遍感受到了工作的压力，尤其是 35 岁以上青年，感到工作压力大的比例最高，一方面这些青年有的已经走上企业的领导岗位，担负的责任更多，岗位对个人的要求更高；另一方面这些青年多数是有一定工作阅历的老员工，能够更加客观清晰地认识到个人和企业的发展前景，有较强危机感，反映在心理上就是感到工作压力太大。除此之外，25 岁以下青年面临"与家人分离"的比例明显多于其他群体。随着中国人口流动的加速，越来越多的青年人离开家人到异地求学就业，从乡镇到城市，从小城市到大城市，从欠发达地区到发达地区。在家靠父母，出外靠朋友，这些90 后的青年刚刚独立生活，在异地他乡尚未建立起稳固的朋友圈，因而在情感上更加依赖原生家庭，独在异乡为异客的孤独感使他们饱尝与家人的分离之苦。25 ~ 34 岁的青年群体反映"住房条件不好"的比例高于其他群体，这个年龄段的青年正处于组建家庭的时期，他们需要独立的住房满足生活和工作需要，集体宿舍、合租房无法满足他们的生活需求，租住和购买独立住房给他们带来较大经济压力，因而他们在住房上的困难明显大于其他群体。

（五）当代青年在工作价值观方面呈现代际继承

在一组工作价值观的测量方面，各个青年群体之间没有呈现明显差异，表现出一致与继承的趋势。调查中用 5 道赋值的题目测量了青年对职业的态度，最低分为 1 分，最高分为 10 分。收入差距测量，分值越高越赞同拉开收入差距以作为对个人努力的激励；国有企业测量，分值越高越赞同国有企业增加的说法；个人保障测量，分值越高越赞同个人要为自己提供更多保障；竞争利弊测量，分值越高越惧怕竞争，认为竞争破坏了人们的现状；工作成功测量，分值越高越认为努力工作是枉费，成功要靠运气和关系。

结果显示，各青年群体在工作价值观的各项测量得分上并没有显著差异（见图 2）。收入差距测量得分都在 5 分上下，25 岁以下青年群体得分略高。这说明青年对拉开收入差距持中立态度，不支持也不反对，这从侧面反映出

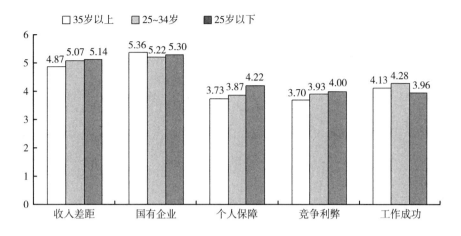

图 2　工作价值观测量

收入差距的激励方法在实际工作中成效甚微，没有引起青年的积极反馈。在对国有企业数量的测量中，各年龄群体均超过 5 分，说明他们更偏向于在国有企业就职。个人保障的测量得分较低，35 岁以上青年仅为 3.73 分，25 岁以下青年也不到 5 分，说明青年更认同应由"政府提供更多保障"的做法，这与我国当前的社会保障制度以及青年的社会安全感有关，个人承担更多保障，意味着个人的投入以及压力都会增大，以当前青年的收入状况而言，普遍贫困是他们的真实写照，他们更愿意选择由国家为自己的保障埋单这种方式，这不仅可以减压，还能够无后顾之忧。竞争利弊测量的分值几乎都在 4 分以下，说明青年更加认可竞争，市场经济发展几十年来，竞争的观念已经深入人心，工作中只有有竞争才有进步。工作成功的分值较低，说明青年普遍拥有积极的工作态度，认为努力工作会使生活更好。由以上五个指标综合测量的结果可知，企业青年拥有积极的工作心态、较强的竞争意识，但是他们希望获得更加稳定的工作环境和无后顾之忧的社会保障，但对"通过拉开收入差距以提高企业绩效的做法"并没有特别明朗的态度倾向。

（六）青年对社会总体的信任状况不容乐观

诸多因素的综合效应导致了人们在社会转型期的信任危机，按照吉

登斯的观点，信任是"对一个人或一个系统之可依赖性所持有的信心，在一系列给定的后果或事件中，这种信心表达了对诚实或他人的爱的信念，对抽象原则之正确性的信念"。那么，信任包括"人对人的信任"和"人对物的信任"，即对某一类人的信任和对某一机构系统的信任。因此，本研究测量了企业青年群体对特定人群和特定机构的信任水平。结果显示，弱势群体信任得分更高，代表国家权力的职业群体的信任得分更低（见图3）。对特定机构的信任差异不太明显，但不同年龄群体之间的信任度存在显著差异。

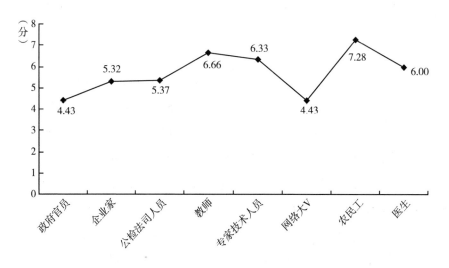

图3 不同职业群体的信任得分

信任得分水平最高的前三位分别是农民工（7.28分）、教师（6.66分）和专家技术人员（6.33分），得分最后三位分别是政府官员（4.43分）、网络大V（4.43分）和企业家（5.32分）。以10分制计分，分值越大，信任水平越高，农民工与政府官员分别位列信任得分的高低两端。农民工无论是经济地位还是政治地位都位于整个社会的底层，政府官员的经济和政治地位显然都位于社会的中上层，掌握了更多社会资源，是政策层面的权威代表。以往研究显示，制度建设和人际信任是相互促进的，信任是一种社会文化，文化和社会结构会在稳定的社会系统中形成互相支持的关系。而中国在 1978 年之后经历了翻天覆地的变化，社会结构处于快速转型期，社会阶层结构已经打破了工人、农民、知识分子的传统模式，新阶层不断涌现，新的职业群体层出不穷，社会制度的发展落后于新事物的出现，致使制度转型的过程缓慢且困难重重，各种社会矛盾在这一时期凸显出来。当公众无力通过现有知识库解释这些新的社会矛盾时，他们把埋怨和矛头一起指向了权力机关，对政府的预期远高于政府实际能力，导致公众对政府官员的信任度不高。农民工经历了代际更替，现在这一群体的主流人群为 80 后的新生代青年，他们与第一代农民工有明显不同，其生活方式、思维方式、个人理想、生活追求等均与普通青年融为一体，有些青年在各行各业崭露头角，积极参与社会服务，博得社会认可，这为他们树立正面形象、获取社会公众的信任奠定了基础。

相对于职业群体，企业青年对机构的信任程度更高。其中，对权力机构的信任度最高。通过因子分析，对 17 类机构进行了合并分类，共得到 3 个公因子，我们将其命名为"政府信任"、"媒体信任"和"组织信任"。"政府信任"里面共聚合了 10 个党政军机构，"媒体信任"里面包括了从传统纸媒到视听媒体再到新媒体的全部范畴，"组织信任"包含除了前两类之外的其他所有机构，类型复杂多样，既有国有企业、大学、科研院所，也有非公企业，大多属于行业性和专业性较强的机构类型。三个因子对机构信任的解释比例也是不一样的，因子 1（政府信任）的贡献率为 0.474，因子 2（媒体信任）的贡献率为 0.101，因子 3（组织信任）的贡献率为 0.062，三个因子合计总的贡献率为 0.637。

将因子得分进行标准化之后，得到一个企业青年机构信任度百分制统计数据，总体而言，青年对机构信任的平均分为 53.73 分，中位数为 54.48 分，也就是说约半数的企业青年对机构的信任度是中等偏上水平，也就是比较信任的态度。在对比了不同性别、年龄、政治面貌和学历等因素的青年子群体之后，我们发现不同年龄群体之间呈现的差异是最显著的（见表 4）。

表 4　不同年龄群体的信任得分情况

单位：分

信任得分	年龄分组	均值分	显著性			
政府信任标准分	35 岁以上	60. 068		> 35 岁	25 ~ 34 岁	< 25 岁
	25 ~ 34 岁	59. 072	25 ~ 34 岁	0. 266	—	
	25 岁以下	62. 072	< 25 岁	0. 030 **	0. 000 ***	—
	合　计	60. 316				
媒体信任标准分	35 岁以上	47. 321		> 35 岁	25 ~ 34 岁	< 25 岁
	25 ~ 34 岁	50. 321	25 ~ 34 岁	0. 000 ***	—	
	25 岁以下	49. 804	< 25 岁	0. 004 **	0. 320	—
	合　计	49. 820				
组织信任标准分	35 岁以上	51. 198		> 35 岁	25 ~ 34 岁	< 25 岁
	25 ~ 34 岁	50. 671	25 ~ 34 岁	0. 499	—	
	25 岁以下	51. 569	< 25 岁	0. 645	0. 065	—
	合　计	51. 067				
机构信任总体标准分	35 岁以上	52. 863		> 35 岁	25 ~ 34 岁	< 25 岁
	25 ~ 34 岁	53. 355	25 ~ 34 岁	0. 309	—	
	25 岁以下	54. 482	< 25 岁	0. 001 **	0. 000 ***	—
	合　计	53. 734				

$** p < 0.05$，$*** p < 0.001$。

　　总体而言，各青年群体政府信任的得分最高，均值超过 60 分，媒体信任得分最低，均值不到 50 分。分年龄比较发现，在政府信任得分方面，25岁以下青年与其他两个年龄群体之间存在显著性差异，简言之，在政府信任度方面，25 岁以下青年的信任水平高于 25 岁以上青年。在媒体信任得分方面，35 岁以上青年与其他两个年龄群体之间存在显著性差异，其媒体信任度最低。在组织信任得分方面，三个年龄群体没有明显差异，而且组织信任的得分居于百分制的中间，说明各年龄段青年群体对于企事业单位的信任程度不存在特别信任或者特别不信任的极端情况。从机构信任的总体得分来看，25 岁以下青年与其他两个群体都有显著性差异，这部分青年正是 90 后青年群体，他们对机构整体的信任水平高于其他两个年龄群体。

　　90 后青年与之前出生的青年的信任水平差异实质上是社会秩序变革的

反映。在传统的"差序格局"中，信任是建立在血缘、地缘等熟人社会网络中，社会流动使得熟人社会逐渐被陌生人社会所取代，业缘关系越来越强，人际信任关系需要超越原有的熟人社会的局限。我们也发现了青年在心理信任体系中表现出的矛盾，即对政府官员的信任水平最低而对政府机构信任水平最高。随着社会系统结构的复杂性不断增强，信任的基础无疑是现代社会的契约关系，但是这种契约关系及契约精神在目前中国并未完全有效建立起来，信任危机不断转移和扩散。人们对政府机构的信任不代表对政府官员的信任，机构的权威性以及在人们心中的公信力在于其在知识技能方面的不可替代性，虽然制度体系的信任度较高，但是在一些领域，比如媒体领域，其信任度大大降低。近些年暴露出来的高官腐败问题让政府官员在普通青年心中的形象大打折扣，信任危机延伸到相关职业群体，需要警惕这一不信任的情绪还有可能转移和扩散到政府部门及整个制度体系上，形成新的信任危机。

三　一点思考

（一）代际价值观的分化与继承在社会功能的不断冲突和调节中得以实现

代际价值观的分化与继承是在时间参与中逐步深化和扩展的，个体和社会文化之间的交换协调通过时间系统处理其与环境之间的分异。代际更替实质是生命系统发展的必然结果，包括群体的亚文化行为、个体新陈代谢过程、生物进化等。

价值观的变化发展是从社会文化的内涵中提炼而成的，体现了文化发展的过去和将来，而社会文化进化机制改变了时间自身及其概念化的过程。过去和将来不局限于年代学，也不仅仅把时间等同于过去、现在和将来三种模式。现象学的分析方法有助于解释时间的起源，可以把过去与将来当作现在的时间视域。

价值观念及其行为是时间中的过程，一定的价值观必然与一定的行为相关联，虽然所有行为都具有时空性，但从分析的意义而言，时间对行动来说是主要的，而空间是次要的，在帕森斯看来，时间不是行为的约束条件，而是动力，会激发直接目的作为手段向中级目的发展的多种可能性。价值观承载的社会功能一方面是培养出一种合理的社会结构，另一方面是要使这种社会结构拥有适应现代社会变迁的价值。显然，这两者都与社会的文化内涵和心态相关。西方现代社会经历了一个价值一般化的过程，基督教最初只是小范围的禁欲宗教，在宗教改革的洗礼之下变成了世俗化的普世之说。宗教的社会功能不言而喻，它在一定程度上规范了人们的行为，成为人们心中无形的戒条，它所宣扬的价值理念为整个社会所接受和遵从。相较而言，中国的一些基本价值在很早就形成了，比如仁义礼智信等传统的价值观不仅得到世代教化与继承，而且被誉为人之美德，但是在新的社会变革条件下，这些价值观受到强烈冲击，因此，如果想要在现代情境下使这些价值发挥"接续人心、融化新知"的功用，我们应该努力用既成的价值美德去回应现代时间带给社会的不确定性问题，只有这样，我们的社会系统才可能取得真正意义上的适应性升级。

（二）生活政治取代传统政治活动是青年"替代性价值观"的体现

当青年面临生存压力以及群体利益诉求边缘化时，他们的反权威化价值取向逐渐凸显，对政治表现出漠不关心但又对当前的政治环境表示不满，进而产生普遍较低的政治效能感。政治效能感低下的个体就会产生较弱的政治参与热情，而这一政治效能感的强弱又与社会政治结构密不可分。调查数据显示，企业青年对国家和国际事务的关注度不高，对政府官员的信任度较低，同时认为自己是边缘人群，处于社会的中下层地位，可以感觉到青年群体面临着无法改变社会权力分配方式的无力感，对社会公共事务比较冷漠，对政治参与没有兴趣。"他们最信任的群体是农民工，最不信任的群体是政府官员"这一调查结果带有很大意义的警示性，与其说是整个社会遭遇了信任危机，不如说是青年对当下社会不平等现象的反映。

一方面青年对公共事务漠不关心，另一方面他们的生活政治倾向更加明显。因为青年处于社会流动之中，家庭、事业都处于起步阶段，很多青年在远离原生家庭以外的城市自我发展，自然与原有家庭和以往的社会关系产生隔离，这是一种"生命循环"论的模式。关注生活方式和非物质主义价值观是青年参与当代政治生活的核心特征。

不可忽视的是每一代青年所经历的社会环境都是独特并且不可逆的，青年群体的政治态度反映了当时的整体政治环境以及成人社会对青年人的期望、对青年所持态度的反馈。当代青年一代所经历的独特的社会环境和事件，以及所处的成人过渡期的特点使得他们远离了政治参与。每一代人都被当时的社会和政治事件所影响，不同时代和社会背景下的青年期是不一样的。青年人通过替代性的途径从传统的政治活动转向生活政治，积极参与诸如环保、健康、公益等新型政治活动，这一"替代性价值观"被认为是"新政治"，反映了年青一代将注意力转移到阶级政治以外。

（三）从传统走向现代的代际价值观有助于洞察当前中国社会文化转型的内涵，促进代际融合

可以看出，当代青年身处经济快速发展、信息高速流动的文化环境中，传统与现代文化的结合加强了消费价值观的现代性，促成了个体主义的文化价值观。相对于大多数西方国家或发达国家，中国通常被认为是一个更加传统和更多集体主义的社会。当代青年被认为在文化层面是中国和西方的结合体，因为他们部分地是中国现代化和全球市场化的产物。同塑文化交流模式的盛行使得代际依赖在下降，谋求建立代际和谐，促进代际融合，形成共享现代社会价值观具有重要的现实意义。

第一，接受代际差异，提高社会保鲜和自我更新能力。个体主义与集体主义的交融以及此消彼长的态势是青年价值观体现出的社会文化内涵，也是代际差异产生的缘由。这是他们在生活方式、态度、行为等方面流露出的自然状态，而不是刻意彰显自我标榜的价值取向。代际差异是社会发展多样化

和多元的体现，接受一定的代际差异是社会保鲜、激发活力的前提，能在一定程度上保证社会和谐运行。

第二，形成哺育和反哺的代际关系。社会文化的变化与更替是缓慢的、嵌入性的，孕育于其中的青年价值观的转型同样顺应了这一规律，无论是从传统到现代，还是从物质主义到后物质主义，每一代青年都有其独特的价值取向，而这一独特性是对以往价值观的传承与变革，是特定时代的产物。在沟通中接纳，欣赏不同的代际行为，相互取长补短，结成相互依扶的共同体，才能促进代际关系融合。

第三，以人为本，助推青年一代独立成长。"我是谁"的命题在社会身份认同的追问中始终是一个永恒的话题。在社会分工日益精细化的后工业社会，人们被类别化为具有高同质性的个体，抹杀了青年一代对自我存在价值的追求。逐步摒弃缺乏个性、千篇一律的教育思路，尊重并提升青年的主体意识，激发他们的创新精神，回归到人本主义的现实追求中，从而推动青年一代独立成长，最终促进社会和谐共融。

参考文献

〔英〕安东尼·吉登斯：《现代性的后果》，译林出版社，2000。

〔美〕罗纳德·英格尔哈特：《现代化与后现代化：43 个国家的文化、经济与政治变迁》，严挺译，社会科学文献出版社，2013。

张昱、杨彩云：《泛污名化：风险社会信任危机的一种表征》，《河北学刊》2013 年第 2 期。

何健：《帕森斯社会理论的时间维度》，《社会学研究》2015 年第 2 期。

宋雁慧：《放弃还是被放弃：英国青年不参与投票的原因分析》，《中国青年研究》2011 年第 7 期。

专题篇

Reports on Special Subjects

B.14

2016年中国互联网舆情分析报告

祝华新　潘宇峰　陈晓冉*

摘　要：　2016年国内网络舆论场的一个显著变化，是政府对互联网的管
控力度进一步加大，网上对政府决策和公共治理的"吐槽"大
幅减少。"小粉红"群体崛起，表现出强烈的爱国热情和对体制
的捍卫；而基于网络直播平台的"网红"越发流行，标志着新
生代网民政治参与兴趣消退，而转入自我表达和娱乐的心态。

关键词：　舆论圈层　问答型社区　客户端算法　小粉红　网红　意见人士

2016年，网络舆论场对政府决策和公共治理的吐槽大幅减少，网络

---

* 作者皆为人民网舆情监测室舆情分析师。

"公知"① 作为一个群体已告式微。与此同时，年轻的一代网民对于政府和体制更为拥戴和支持，对网上杂音群起而攻，构成了正面舆论的强势。

2016 年以北京雷洋案②为代表，一线城市居民和中等收入阶层在一些突发事件和股市、住房、教育、个税等热点问题上展现出焦虑不安情绪，他们对于社会走向产生观望心态，成为舆论场的一股暗流。

2016 年网络舆论场还有两个特征，其一是在部分网民中产生意识形态分歧和争论，需要弥合撕裂、凝聚共识；其二是港台问题和国际话题受到网民强烈关注，境内外舆论呈现冲撞之势。

一 2016年网络舆情基本特征

2016 年，是互联网上表层杂音渐消、深层潜流涌动的一年。网民关切点的转换，提示当下社会生活基本面已发生微妙变化。

（一）政府对互联网的治理保持持续高压态势

2016 年以来，有关部门依法关闭了上百个传播歪曲党史国史的公众账号，对论坛、微博等平台上歪曲党史国史的内容也进行了查处。

2016 年 11 月 7 日，全国人大常委会通过的《网络安全法》，从专业角度界定了网民的权利和义务。它规定：网络运营者不得泄露其收集的个人信息；同时，任何个人和组织使用网络不得煽动颠覆国家政权、推翻社会主义制度，煽动分裂国家，宣扬恐怖主义、民族歧视，传播暴力、淫秽色情信息，编造、传播虚假信息扰乱经济秩序和社会秩序，以及侵害他人名誉、隐私、知识产权等。

政府对互联网的管理重点，从敏感议题、重点网友转向网络平台，"重基本规范、重基础管理，强化属地管理责任、强化网站主体责任"。

---

① 公共知识分子，近年来在网络语境中含贬义。
② 北京居民雷洋 2016 年 5 月 7 日晚离家后失联，警方指认其涉嫌嫖娼，非正常死亡。在舆论压力下，检察机关介入调查。

（二）"正能量"宣传在社交媒体中赢得话语权

在网上正能量宣传方面，借纪念红军长征胜利80周年，58家网络媒体参加"长征路上奔小康"活动，相关网络新闻共有21.5万篇，微博话题"长征路上奔小康""筑梦长征路"等总阅读量超10亿次。红军"半床被子"的故事在社交媒体上打动年轻网友。

2016年10月，由中纪委宣传部、中央电视台联合制作的反腐电视专题片《永远在路上》在央视播出。爱奇艺、腾讯视频、优酷土豆网等设立视频专题页面，累计播放量超过1000万次。外媒对"中国现代史上最强反腐手腕"也给予高度评价。

（三）舆情热点向城市居民群体转移

2016年的舆情事件，更多地涉及城市居民、中等收入阶层关注的人身安全、财产安全、人格尊严和法治保障。如教育类舆情（如常州"毒土地"事件、北京等多个城市"毒跑道"事件、湖北江苏"减招"风波）、医疗类舆情（如广州医生陈仲伟被患者杀害、大学生魏则西之死、山东非法疫苗案）、金融类舆情（如股市"熔断"、互联网金融非法集资案）、各城市新一轮楼市调控、网约车合法化进程、如家和颐酒店女子遇袭事件等。这些提示舆情事件有从利益受损群体向国民主力阶层扩散的趋势。

比较典型的是，城市居民在雷洋案中产生强烈的"代入感"，担心"今天不关心雷洋，下一个遭遇不测的就是自己"。而事关收入多寡"年收入12万元以上被定为高收入群体，要加税"的传闻，也引发城市居民吐槽。

（四）"广场式舆论"与"茶馆式舆论"背离

近年来，在微博、BBS、新闻跟帖等公开的"广场式舆论"中拥护政府和体制的声音占了上风；对公共治理的"吐槽"下沉到微信群、线下私人聚会等小众、私密的"茶馆式舆论"中。在当前的社会转型中，如适度包

容网民公开发声，让网络反映基层治理存在的矛盾，提出意见诉求，有利于及时发现问题、解决问题。"广场式舆论"风平浪静不一定就能高枕无忧，还需要仔细体察"茶馆式舆论"的潜流和线下的社会问题，毕竟直面矛盾、解决问题才是釜底抽薪的舆情应对法。

（五）全民法治意识增强，对热点案件的关切不减

从 2016 年 7 月 1 日起，最高人民法院所有公开开庭的庭审活动原则上均通过互联网直播。司法体制改革迅速推进，重审疑案，平反冤案，得到舆论广泛好评。网民关注多年的聂树斌案，由最高人民法院于 2016 年 6 月决定依法提审，按照审判监督程序重新审判。

天津非法维权律师审判案，给"法律人共同体"带来一定冲击，但案件的全程微博图文直播，使国内舆论场上正面的声音起到覆盖作用。外媒记者从一开始的"不相信有料"，变为主动紧盯官微"找料"。

2016 年初，中央政法委书记孟建柱在广州与新闻媒体座谈时，提出司法机关要与媒体形成良性互动的关系，共同建设法治社会的命运共同体。以微信公众号"@长安剑"为代表的政法新媒体，提供权威信息源，推动舆论场理性监督政法热点事件，而非发动情绪化的"舆论审判"，促成网络舆情"拨云见日"而非"煽风点火"。

（六）在网络热点问题上，意识形态因素凸显

近年来，网上对于改革前和改革后两个历史时期存在理解上的分歧。在市场取向的改革中利益受损的人群，表现出对计划经济时代的怀念。面对中国社会贫富分化的现实，网络舆论场上强调公平的左翼声音要大于强调个人自由的右翼。

2016 年 7 月，《炎黄春秋》杂志的主管单位中国艺术研究院宣布改组杂志社领导班子，撤销原社长杜导正职务，派人进驻并编辑新刊，引发知识界的关切。

从"毕福剑饭桌妄言"事件以来，网络舆论场产生诸多分歧和争议。

目前，社会治理对右翼表述的管理敏感而主动，对左翼表述则缺乏明确边界，尤其要警惕"极左"思想与民粹的勾连，使舆论压力溢出互联网，在街头寻求表达渠道。当前，中国的社会转型进入攻坚克难时期，需要官民之间、社会各界对变革的节奏和力度达成共识，同时克服来自"左""右"两个方向的杂音干扰。

（七）境内境外舆论场交互，民意隔阂需要沟通化解

由于经济不景气、社会贫富差距加大的影响，港台青年对前途感到悲观失望。2016年大年初一夜里，香港旺角因无牌小贩与到场取缔的食物环境卫生署人员发生冲突，香港本土派人士赶来，演变成骚乱。而此前铜锣湾书店事件，各方对"一国两制"的前途深表关切。2016年10月，香港特区立法会两名候任议员在宣誓仪式上刻意以侮辱性词语称呼中国，并展示标语宣扬"港独"，引起轩然大波。为此，全国人大常委会对香港基本法第104条"释法"，明确规定不依法宣誓即丧失公职资格，表明中央政府坚决遏制"港独"的立场。

台湾方面，在蔡英文当选台湾地区领导人后，1月20日晚，大陆有2400万注册用户的百度贴吧"李毅吧"发起"帝吧出征"行动。网友集体"翻墙"登录"脸书"（Facebook），到蔡英文和台湾深绿媒体账号下发帖抗议，表达对国家统一的支持和捍卫，8小时内刷出40000条评论。两岸青年网友的"表情包"大战，以各自的美食、美景和"感人的诗歌"来过招。这样的隔空对话对于两岸渐行渐远的民意是一次难得的文化交流。

两岸三地的社交媒体对于民意的表达，特别是年轻人的社会化，影响较大。台湾《中国时报》评论称，大可不必担心两岸网友的对立，反而应鼓励更多民众参与其中，只有这样，过去对两岸民情差异无感的人才会想去正视问题，同时，若能怀着善意和幽默的心情看待，则会创造出意想不到的谅解氛围。

过去一年，中外关系呈现波诡云谲的局面。南海仲裁案中，中国网络舆论同仇敌忾，坚决支持政府"不接受、不参与、不承认"的立场，与西方

舆论分庭抗礼。《人民日报》法人微博在"最终裁决"出台前后连发两条微博,以"中国一点都不能少"为标签,配发一张包含南海诸岛的中国地图,共转发528万次,收获评论19万条,被点赞约132万次,24小时微博话题阅读量超过27亿次。

二 2016年舆论压力的量化分析

本报告对本年度蓝皮书覆盖时段(2015年11月1日至2016年10月31日)内每月热度排名前50的600件舆情热点事件进行分析,试图刻画过去一年的互联网舆论压力状况。

表1 2016年20件热点舆情事件

单位:千篇,%

热度排名	事件	报刊	新闻	论坛	博客	微博	微信	APP	热度
1	杭州G20峰会	36.1	602.6	59.5	47.2	80.0	327.3	28.9	97.62
2	南海仲裁事件	18.4	411.6	170.0	65.3	307.6	240.0	37.7	97.37
3	雷洋事件	16.2	237.5	66.6	43.4	67.5	292.1	19.3	93.37
4	2016年美国大选	9.5	443.5	20.3	57.4	54.6	158.3	18.1	92.48
5	王宝强离婚事件	4.2	220.7	55.7	24.5	328.5	175.3	18.6	90.92
6	魏则西事件	10.2	169.1	40.3	40.0	104.1	195.8	10.6	90.67
7	女排奥运夺冠"女排精神"成舆论热点	9.4	127.6	20.2	11.2	67.3	118.9	17.9	88.76
8	网络直播带动"网红"	5.7	240.8	22.0	21.0	5.6	122.9	13.6	86.08
9	A股熔断机制实施四天后暂停	7.3	203.3	44.8	45.3	18.2	52.9	5.1	85.77
10	2016年全国多省份暴雨洪灾	8.7	126.2	13.6	10.4	13.2	67.4	4.3	84.04
11	山东"问题疫苗"事件	5.3	117.0	15.6	9.3	16.8	94.6	2.5	82.85
12	各地网约车新规出台	2.9	100.4	7.9	6.5	15.7	56.4	4.6	80.82
13	校园"毒跑道"引舆论关注	2.4	42.4	9.3	6.4	26.4	20.7	6.1	78.54
14	杨改兰案与《盛世中的蝼蚁》引争议	2.3	49.6	11.0	8.9	7.9	59.5	1.7	77.38
15	赵薇新片《没有别的爱》引风波	0.5	33.0	10.5	4.7	121.4	45.2	5.3	76.87

热度排名	事件	报刊	新闻	论坛	博客	微博	微信	APP	热度
16	北京如家和颐酒店女子遇袭事件	1.2	29.4	4.0	2.5	57.1	14.7	1.2	74.04
17	朴槿惠"闺蜜门"	1.3	31.6	17.0	1.2	16.0	4.6	1.0	71.23
18	江苏、湖北等地高考减招风波	0.8	17.1	5.3	13.1	11.0	16.1	0.7	70.58
19	帝吧表情包大战	0.4	21.3	4.9	2.0	9.9	29.1	1.5	70.45
20	"连云港反核"群体性事件	0.5	12.9	4.1	2.6	13.7	11.9	0.4	67.36

人民网舆情监测室在 2015 年热度指标体系的基础上，加入对新闻客户端的数据考察，制定了新的舆情热度指标。具体包含报刊、新闻、论坛、博客、微博、微信、App 七类媒介形态，并运用德尔菲法及层次分析法，邀请近 20 名舆情研究领域的专家针对七大形态的权重进行赋分。通过专家打分法对每一热点事件的舆论倾向性做了量化处理。事件中针对官方的正负面舆论倾向对应的具体含义为：1—极端负面，2—较为负面，3—中性，4—较为正面，5—极端正面。综合计算事件的热度和舆论倾向性，得到最终的舆情压力指数。当舆情压力指数为正时，负面舆情占主导，当舆情压力指数为负时，正面舆情占主导。

本报告将热点事件分为公共管理、社会矛盾、公共安全、企业舆情等八大类别，可以看出：①2016 年的舆情热点事件讨论热度较 2015 年有明显下降，时政话题的网民关注度的持续低迷，使得舆论场的整体压力有所缓解。②公共管理依然是舆情事件最多发生的领域，且舆情压力指数已经超越贫富差距等社会矛盾聚焦点，位列第一。党政机关和事业单位发布的各类法令、政策、规章以及执行的方式方法，是网民最为关注的话题。③随着魏则西事件、如家和颐酒店女子遇袭案等涉企舆情事件的热议，企业危机事件成为本年度互联网舆情的爆点。近年来，政府舆情应对能力上升，而企业在舆情危机应对方面的脆弱性凸显出来。④吏治反腐事件在本年度的平均热度和舆情压力指数均有显著下降，提示反腐红利释放。

表2 2016年不同舆情领域压力指数

单位：件，%

分类	热点事件数量	热点事件占比	2015年占比	事件平均热度	2015年平均热度	舆情压力指数	2015年舆情压力指数	舆情压力名次变化
公共管理	228	38.0	31.2	50.14	65.67	103.69	91.71	↑1
社会矛盾	153	25.5	20.6	41.30	56.86	102.41	105.09	↓1
公共安全	64	10.7	11.6	48.72	62.54	59.83	61.41	—
企业舆情	31	5.2	14.0	53.74	61.81	24.94	49.82	↑1
吏治反腐	39	6.5	4.4	45.54	58.41	20.08	12.99	↓1
体育、娱乐及公众人物	36	6.0	5.4	60.25	66.10	12.57	12.41	—
涉外涉军	43	7.2	9.4	59.73	65.72	9.76	11.02	—
其他	8	1.3	3.4	48.97	66.76	5.27	8.00	—

从压力指数的地域分布得知：①北京、上海等一线城市舆情压力较上一年度有明显上升。特别是北京成为舆情高发地区，这在往年是难以想象的。②四川、甘肃等西部省份也是舆情重点聚焦地。

从压力指数的职能部门分布得知：①公安、教育机关依然承受着最大的舆情压力。②由于2016年股市的波动和房价的上涨，财税金贸相关部门的舆情压力升至第三位。③旅游、环保舆情升温，纪检监察、人社相关部门舆情压力下降。④共青团系统多次触发热点舆情。

社会矛盾领域承担的舆论压力趋小，其细分矛盾聚焦点较上年也出现较大的变化：①2016年，网民对贫富差距、城乡差距方面的讨论持续走高，《盛世中的蝼蚁》《北京折叠》《一个农村儿媳眼中的乡村图景》《残酷底层物语》等网络文章引起的热议可见一斑。②官民、警民冲突有所上升，雷洋事件等多起民警执法争议案件，形成对公安机关公信力的损伤。③公务员辞职创业等事件增多，引发网民对个人价值的反思。④意识形态话题的热度依然较高，但由于官方对于相关议题具有较高的主导性，舆情的现实压力并不突出。

表3　2016年社会矛盾聚焦点压力指数

单位：件，%

社会矛盾聚焦点	热点事件数量	2016年热点事件占比	2015年热点事件占比	2016年事件平均热度	2015年事件平均热度	2016年舆情压力指数	2015年舆情压力指数	舆情压力名次变化
社会道德争议	46	7.7	6.4	38.98	59.30	19.65	25.37	—
贫富及城乡差距	16	2.7	0.4	47.56	66.08	12.37	1.78	↑9
官民关系	17	2.8	1.2	36.43	59.41	11.48	9.85	↑3
警民关系	8	1.3	1.2	44.03	57.96	8.69	9.16	↑3
社会暴力	10	1.7	2.6	41.43	54.37	8.57	10.11	—
劳资纠纷	8	1.3	2.4	46.75	52.62	7.55	10.96	↓3
未成年人及弱势群体保护	14	2.3	2.2	30.75	52.32	7.23	11.70	↓5
征地拆迁与群体维权	6	1.0	0.6	41.84	57.84	5.56	5.52	—
意识形态	6	1.0	1.2	53.79	56.87	0.04	10.35	↓5
医患关系	8	1.3	0.8	38.62	58.02	5.01	4.80	↓1
其他	17	2.8	1.4	44.72	56.82	11.87	4.52	

三　媒体生态和舆论分层

截至2016年6月，我国手机网民规模达6.56亿人，较2015年底增加3656万人。移动互联网应用向社会各层面渗透，网络舆论格局呈现以下六个方面的变化。

（一）网民结构与社会人口结构趋同，社会舆论分层

数据显示，截至2016年6月，我国网民仍以10～39岁人群为主，占整体的74.7%；但40岁及以上人群占比、农村互联网普及率、小学及以下学历人群占比有了些许提升。这反映出更多没有经历过PC端网络的人群直接接入了移动互联网。他们受互联网浸润的时间不长，缺乏对网络虚拟性的辨别和自我保护意识，容易成为网络谣言、电信诈骗的受害者。就趋势而言，网民的年龄结构、学历结构、职业结构将向中国人口结构还原，但城乡结构、地域结构仍然受到中国经济发展水平不均衡的影响。

社会阶层分野在网上逐步体现出来，基于知识结构的差异形成了不同的

网络舆论圈层。① 微博平台上各垂直领域阅读的划分，表明网民基于兴趣爱好自行架构了话题参与范围，彼此交叉较少。微信依托强社交关系的约束，也形成了基于不同兴趣点的信息传播闭环。

（二）微博、微信平台化，主导互联网舆论生成

从应用范围来看，微博、微信都已经超出单一社交应用范畴，成为平台级入口。与推特（Twitter）江河日下的情形不同，微博月活跃用户从 2016 年一季度的 2.61 亿个上升到二季度的 2.82 亿个。②

腾讯 2016 年三季度财报显示，微信和 Wechat 的合并月活跃账户数约 8.46 亿个。订票、餐饮、购物，几乎无所不能的微信早已从一个单纯的社交 App，升级为一个移动互联网的入口级应用平台。

平台化的微博、微信已经成为信息分发的主渠道，任何一家传统媒体和其他自媒体均无法企及。2016 年国办文件《关于在政务公开工作中进一步做好政务舆情回应的通知》，也把政务微博、政务微信和政府客户端作为政务公开的标配。

（三）新媒体平台需要"总编辑"

新闻客户端的亮点是依据计算机"算法"③ 的信息推送，不同人群的信息偏好和意见倾向性在"定制"服务作用下不断得到强化。"精准推送"也导致个体成为信息孤岛，接触不到异质的信息和观点。传统上由媒体精英过滤传播信息的方式不复存在，大众文化成为互联网"算法"经济的核心。

对网民兴趣主导的客户端"算法"，需要提升受众的鉴别力、鉴赏力。网络平台不能没有"总编辑"，不能没有依据主流价值观进行的信息选择和推荐。《人民日报》、央视新闻、新华社发布、澎湃新闻等主流新媒体都有

---

① 微信群、朋友圈等网络载体构成不同的舆论圈子，彼此在不同文化程度、职业的网民价值取向中呈现明显的差异。

② 微博公司财报，2016 年。

③ 发掘用户行为信息，如用户订阅的关键词、用户阅读的新闻内容及阅读时间等，向用户精确推送新闻信息。

很强的编辑部设置，而新浪网原总编辑陈彤加盟一点资讯出任总裁，同时兼任凤凰网联席总裁，标志着商业性网络平台"总编辑回来了"。

（四）网络平台对公共生活的影响需要依法制约

西安大学生魏则西患有一种罕见的滑膜肉瘤，受百度搜索误导，在武警二院接受生物免疫疗法的治疗，耗尽家财，于2016年4月去世。国家网信办会同国家工商总局、国家卫生计生委成立联合调查组进驻百度，要求百度明示推广内容和风险，改变竞价排名机制，不能仅以给钱多少为排位标准。国家工商总局发布《互联网广告管理暂行办法》，将"推销商品或者服务的付费搜索广告"定义为互联网广告，被网民称为"魏则西条款"。

"快播"传播淫秽物品牟利案庭审视频直播，虽然因为法检机关新媒体知识不足而遭遇调侃，但此案更大的社会意义是给了互联网平台一个警训：互联网网站不只是技术平台，运营者对上面传播什么信息、有人利用平台做什么事，负有管理责任。

（五）网民代际更新，网络流行议题和文化热点发生转换

尽管数据显示80后、90后是互联网应用主体人群，然而剖析各平台变化后发现，95后、00后人群作为新生代网民，正在逐步重塑网络舆论的基本形态。

首先，70后、80后的论坛时代结束。根据CNNIC最新发布的《第38次中国互联网络发展状况统计报告》，2012年以来，论坛使用率已经出现连续4年的负增长。

其次，新一代微博用户中，演艺界话题走俏，娱乐心态凸显。从历年互联网舆情分析报告对参与每年热度最高的20件网络舆情事件讨论的320万微博用户样本的分析中可发现，关注新闻热点话题的微博网民的确发生了代际交替。统计发现，参与热点舆情事件讨论的微博用户年龄结构变化不大，中位数始终保持在24岁左右，但随着老用户的流失和大量新用户的加入，微博舆论场中网民的社会学结构有着显著的改变，表现为女性比例明显上升以及三、四线城市的用户比例猛增。

表4　2011～2016年参与新闻热点话题讨论的微博用户信息统计

| 年份 | 性别比(男女比值) | 年龄中位数(岁) | 居住地(%) | | | | | 样本量(万个) |
			一线城市	二线城市	三线城市	四线及以下城市	港澳台地区及国外	
2011	172.1	24.7	47.9	31.8	9.4	9.3	1.6	42.8
2012	174.4	23.9	37.1	36.1	11.2	13.9	1.6	40.5
2013	193.9	25.3	35.7	34.4	14.7	14.0	1.3	45.4
2014	100.7	23.3	28.7	37.5	14.7	17.8	1.3	54.8
2015	110.9	23.8	22.0	38.6	15.9	22.4	1.1	50.4
2016	84.0	24.0	23.1	38.6	16.2	21.0	1.0	85.1

微博用户更替，使得新闻时政类话题的关注度有所下降。在微博平台阅读量最高的垂直领域中，"明星"明显超过"媒体"，紧随其后的三个领域分别是"时尚""美女""动漫"，微博的义娱色彩更趋浓厚。与此同时，2016年以来，赵薇事件、王宝强离婚、郭德纲师徒矛盾的现象级传播，微博平台男性高知群体的流失，原有"意见领袖"活跃度的下降，使人感到当年热捧时政新闻类的"大V"年代已经远去。

2016年，各大网站纷纷开设网络直播平台，游戏（斗鱼、熊猫）、弹幕（哔哩哔哩）、视频（乐视、优酷网、爱奇艺）、秀场（9158、六间房）、移动（映客、花椒）、社交（微博、微信）等各类网络直播迅速涌现。网络直播让普通中国人坦然面对摄像头，表现真实的自我，但在商业机制的推动下，涉嫌低俗色情的"网红"主持人、暴食恶搞、未成年人表演等亚文化甚至反文化内容也有出现。上海观察App指出：《"炫底裤"式的网红文化，这种病就该治！》

（六）专业自媒体步入兴盛

自媒体融资变现的诱惑，吸引众多专业人士投身其中。自2015年天津"8·12"特大火灾爆炸事故以来，@丁香医生、@警察蜀黍等专业人士发声平息谣言，具有职业色彩的自媒体在舆情事件中常常发挥着舆情稳定器的作用。2016年"问题疫苗"引发的社会恐慌中，自媒体@口袋育儿率先对耸人听闻的新闻标题提出批评，医疗领域自媒体如@丁香园、@春雨医生等对"问题疫苗"进行科普解读，填补了权威信息的不足，也扩大了自身在舆论场中的影响力，有必要鼓励更多的学术文化出版机构和专家学者进入互联网，加厚网上的文化土层，培植网民的科学理性。

四 网上正面宣传的"时度效"

2016年引人瞩目的现象是"小粉红"① 群体的崛起。在微博平台中，数量庞大的"小粉红"凝聚在一批共青团系统官方微博周围，在"帝吧出征"反台独、表情包大战、赵薇电影《没有别的爱》争议、南海仲裁事件等涉及爱国表达的热点事件中，表现出90后强大的自我动员与组织能力。

（一）"小粉红"的人口学特征

研究@共青团中央、@成都共青团、@共青湖南三个位居2016年第三季度团委系统微博排行榜前三的账号，对其2016年新增的29.6万个粉丝样本进行统计分析，共青团系统微博的粉丝年龄（以关注团系统账号的日期计算年龄）集中分布在18~24岁（占比56.2%），中位数仅为21.0岁。

这批生于1992~1998年的新生代粉丝中，女性居多（57.9%）。其填写的微博兴趣标签中出现频率最高的为搞笑（9.04%）、幽默（8.98%）、旅游（8.84%）、音乐（7.30%）、明星（5.59%），总体爱好偏向娱乐化。从地域分布来看，一线、二线、三线、四线及以下城市居住率分别为11.8%、34.2%、16.5%和34.2%。

---

① "粉红"一词源于晋江文学城的论坛，得名缘于论坛配色，似乎女性网民更多，后来"小粉红"概念已远远超出该网站的范畴，成为网络爱国青年的泛称。

（二）"小粉红"是富有文化自信的一代

"小粉红"是富有文化自信的一代，其在成长过程中享有改革开放的红利，目睹国力强盛，成为世界第二大经济体，因而对此前所谓西方范本不以为然，对于国家模式和发展道路认同度更高，为国家几十年取得的成就而自豪，乐于在网上传播正能量。

从2008年开始，在西藏3·14事件、汶川地震、北京奥运会、南方冰冻雨雪灾害等一系列事件中，强烈的危难意识，让年轻人民族情绪高涨。他们的视野从风花雪月转向了"星辰大海"，把国家的荣誉与自己紧密联系在一起，把主权、领土视为心中的红线，敢于在公开场合表达爱国情感，与质疑批评中国现状的"公知"发生激烈争论。而以90后为主体的"帝吧"网友行动，不仅"翻墙"刷屏反台独，也经常集体抗议外企和明星的某些行为，在短时间内形成大规模的网络群体行动。

（三）为年轻网民补充历史记忆，倡导理性爱国

年轻网民血气方刚、热情可嘉，同时也容易表现出冲动和偏激，往往在维护主流价值观的同时不能包容思想自由，在警惕敌对势力政治图谋的同时也否定了吸纳西方先进管理经验的必要性。特别需要提升青年网络文明志愿者的知识化、专业化程度，使其养成现代国家治理所需要的知识和理性储备，避免为网上偏激主张所误导。

鉴于过去高度集中的计划经济特别是"文化大革命"给国家带来的严重伤害，需要帮助今天的年轻人补充历史记忆，了解为什么要彻底否定"文革"，为什么要包产到户，为什么要引进西方科学技术和管理经验；同时，勿满足于当"键盘侠"，引导年轻人既要做勇于批评错误观点的战士，也要做热心帮助弱势群体的侠士，爱国首先要爱同胞、爱身边人。

《人民日报》评论提醒说：爱国不仅是一种情感，还是一种能力，运用理性的能力，避免盲目的冲动和偏激的行动，真正的爱国行为需要成熟健康的大国心态。

（四）谨防民生问题政治化，也要避免意识形态宣传庸俗化

在网络舆论场上，一些民生问题容易被政治化解读，舆论剑走偏锋趋向对体制的攻击。政府的舆情应对和思想政治领域的舆论斗争经常交织在一起。左翼网友在教育、医疗等议题上，抨击改革"资本化""精英化""权贵化"；右翼网友借城管、警方执法、各省高考录取分数线等问题，攻击社会主义制度和党的领导。例如，政府放开"全面二孩"政策后，有人据此全盘否定计划生育、批判政府。《人民日报》写道："放开二孩"是对之前人口政策做出的创造性延续与改革，人口结构变化、老龄化和少子化日益严峻，调整人口政策是题中应有之义。在这个问题上翻旧账，甚至以今非古，只会加剧社会撕裂、模糊历史认识。

与此同时，也要防止意识形态问题庸俗化，像新婚之夜抄党章、家庭建立党支部的宣传，当事人用心良善，但容易让人联想起极左政治侵蚀家庭生活、伤害骨肉亲情的过往，客观影响是负面的。

五 互联网治理和网络舆论场的前途

习近平总书记在2016年2月19日新闻舆论工作座谈会上强调党管媒体、舆论导向，新闻舆论工作各个方面、各个环节都要坚持正确的舆论导向。不能因为传播媒介不同而"网开一面"，出现"舆论飞地""舆论特区"。

舆论导向和网络群众路线是一套完整的政策思路，需要融会贯通地理解。这主要体现在以下几个方面。

（一）把握好互联网治理和"网络群众路线"的尺度

过去的一年，地方政府对互联网舆论的态度进退失据。例如，垃圾焚烧发电项目，引起当地居民的非理性恐慌。2016年6月25日，湖北仙桃市群众上街抵制环保部门批复的垃圾焚烧发电项目，26日市政府宣布停止建设。与此同时，6月27日在湖南宁乡县，公安部门高调宣布通缉几名基层网友，

他们因为"编辑和转发文字信息煽动非法集会"反对垃圾焚烧项目而涉嫌犯罪。两地政府对群众的反对采取了截然不同的反应。

在一些地方，有网友因在微信朋友圈"妄议"而受处分，因对政府活动发帖批评被视为"虚假信息、影响恶劣"而被拘留，与前些年舆论阻击"跨省抓捕"网友形成对照。在依法打击网络谣言的同时包容网上的杂音、承认互联网的"公共空间属性"，关系体制与民意的良性互动。

（二）中央大力倡导"政务舆情回应"，建立舆情收集、研判、处置和回应机制

从"非典"事件以来，政府高度重视政务舆情回应工作。2016年2月，中办、国办印发《关于全面推进政务公开工作的意见》，要求建立政务公开负面清单，建立健全政务舆情收集、研判、处置和回应机制，在应对重大突发事件及社会热点事件时不失声、不缺位；主要负责人带头接受媒体采访，当好"第一新闻发言人"。8月，国办文件《关于在政务公开工作中进一步做好政务舆情回应的通知》明确指出，涉事责任部门是"第一责任主体"。过去体制内习惯于把舆情回应看作宣传部一家的事情，事实上应将解决舆论聚焦的问题排在第一位，而将舆论引导排在第二位，这就需要涉事责任部门首先做出努力，并与宣传部门配合完成。

2016年11月15日，国务院办公厅发布《〈关于全面推进政务公开工作的意见〉实施细则》，其中明确要求：对涉及特别重大、重大突发事件的政务舆情，要快速反应，最迟要在5小时内发布权威信息，在24小时内举行新闻发布会。

（三）"意见人士"工作提上政府日程

近年来，网上出现了对"大V"的激烈批评，"公知"被妖魔化并成为过街老鼠；与此同时，青年网络文明志愿者和众多"自干五"①受到热捧。

---

① "自带干粮的五毛"简称，正能量网友自称。

网络舆论从精英阶层设置议程、构成关键少数，发展为大众话语权、平民话语权，并出现了贬斥精英的反智倾向。新时期，在互联网上仍有一个落实知识分子政策的问题。

中共中央统战部新成立"新的社会阶层人士工作局"，工作对象包括非公经济人士、留学人员，还有"新媒体中的代表性人士"。统战部官方微信解释说，新媒体人士包括新媒体经营人员和网络"意见人士"①。自媒体人士大多未经专业训练，缺乏对网络信息的有效甄别和新闻事件的尺度把握，有可能成为失真、虚假信息的"二传手"甚至炒作者。今天网络新媒体呈现"野蛮"生长状态，统战部门、网信部门与新媒体人士的沟通对话，有助于加强政治引领。"统一战线"的真义就是凝聚共识，允许求同存异，努力聚同化异。

六 2017年网络舆情风险预判

30多年来，中国由一个互联网空白国家发展成为世界互联网第一大国，网络舆情成为社情民意的敏感信号，为公共治理提供了警示路标。

展望2017年，网络舆论的载体呈现以下趋势。

——微博、微信平台化趋势进一步显现，微信作为移动智能终端核心APP将占用中国人的更多时间。微博的月活跃用户继续增长，向三线、四线城市的渗透会表现在文娱和社会议题的热度上。

——网络舆论向"外围地带"延伸。当微博、微信等成为大众舆论的集散地，一些大学生和职场青年正利用新媒体创建一个亚文化生产场域，如简书②、MONO③、平行世界④、《读读日报》App⑤等，它们依托于专业定

---

① 中共中央统战部用语，学界称为"意见领袖"。
② 一种写作软件加阅读社区，包含杂文时政、小说诗歌、电影评论、科技新闻等。
③ 猫弄，关心用户喜好与兴趣的内容订阅平台。
④ 一种记录分享的App，以文字或图片形式讲述一个简单的故事，即生成一个状态卡，不能评论和转发，只能通过私信形式实现互动交流。
⑤ 一种移动端内容传播渠道，推崇品味和眼力，让精彩内容精确抵达同好人群。

位，在特定议题上分享话语权，以自己的方式影响着青年的社会化进程。"外围地带"的小众文化提示当今社会舆论的复杂多元，宣传工作需注重分众传播、专业性沟通。

关于网络舆情的热点转换，2017年或将有以下几个方面的变化。

——经济生活层面：由于中国经济面临的巨大压力以及区域间经济发展的不平衡，经济下行省份的社会稳定、去产能行业的人员安置会出现新的舆情热点；人民币贬值与普通公众的财富安全感，央国企改革与充分发挥民间资本的经济促进作用，在这些方面会出现新的困惑和挑战。如何加强草根阶层的社会保障，抚慰财富阶层和知识阶层的不安情绪，是2017年凝聚民心民意的重要方面。

——政治生活层面：在改革开放强国之路这个大是大非问题上，需要正本清源。对习近平总书记"两个三十年不能互相否定"的战略思想，需避免左右翼各取所需的拆解。从中央层面多个领导小组的成立、增强核心意识，到国家监察体制改革试点，政治制度建设为各方所关注。反腐由治标向治本的转变，也为党内外所期待。

——国际政治方面：中国军力引起的境外炒作仍将持续，2017年建军90周年活动或形成境外中国军事威胁论与中国经济崩溃论的叠加。在特朗普当选美国总统后，中美关系在双边贸易和金融领域的摩擦可能加剧。特朗普新孤立主义的政策取向，对中国造成的经济压力会加大。

——国际传播方面：随着中国大踏步走到世界舞台的中央，如何利用外国人喜闻乐见的渠道和语言，讲好中国故事，需要创新精神。央媒在西方社交媒体纷纷开设账号，《人民日报》脸书（Facebook）账号有2700万粉丝，远超《纽约时报》和《华尔街日报》。

对网络舆情的研究和政务舆情应对，在2017年面临新的突破。

——舆情研究方面：网络舆论研究将更多地依托互联网大数据，由网上意见数据到网络经济数据，数据抓取与建模以及在这一过程中的信息处理，将开启舆情和国情研究的新天地。

"互联网 +"蓬勃发展，每天都产生大量极具研究价值的数据，揭示中国人的商业消费、出行习惯和生活方式，合起来构成转型期社会的"全息地图"，数据挖掘将推动政府决策的科学化、民主化。

——政务公开方面：从信息发布走向政策解读。以习近平同志为核心的党中央正在以踏石留印、抓铁有痕的力度推进改革，势必涉及利益格局的多方面调整；而随着网络表达门槛的降低，各阶层的声音上网，非理性舆论的分贝加大，对政府决策形成裹挟。在此情况下，尤其需要组织专家，对政府决策进行解读，为老百姓释疑解惑。前些年"指手画脚"的"大V"基本退出网络平台，而体制内专家型"中V"的价值凸显。智库机构和策士型知识分子对于政策的宣传贯彻将发挥更大的作用。

参考文献

中国互联网络信息中心（CNNIC）：《第38次中国互联网络发展状况统计报告》。

中共中央办公厅、国务院办公厅：《关于全面推进政务公开工作的意见》，中国政府网，2016年2月17日。

国务院办公厅：《关于在政务公开工作中进一步做好政务舆情回应的通知》，中国政府网，2016年8月12日。

蒋建国：《在中国新闻发言人论坛开幕式上的致辞》，国务院新闻办网站，2016年11月5日。

祝华新：《做好灰色地带的争取和转化》，人民网舆情频道，2016年7月27日。

盛媛：《"社交媒体总统"特朗普崛起》，《第一财经日报》2016年11月11日。

人民网舆情监测室：《2015－2016年度微博意见领袖公共传播报告》，2016年10月。

腾讯公司：《2016年业绩报告》，http：//www.tencent.com/zh－cn/content/ir/rp/2016/attachments/201601.pdf。

企鹅智酷：《2016微博用户研究》，199IT互联网数据中心，http：//www.199it.com/archives/515416.html。

《微博崛起：真崛起还是假高潮？》，新浪科技，http：//tech.sina.com.cn/i/2016－07－13/doc－ifxtwihq0175102.shtml。

B.15
2016年中国农村土地产权改革进展报告

高 强*

摘 要： 现阶段，随着工业化、城镇化深入推进，农村劳动力大量进
入城镇就业，相当一部分农户举家迁入城市，在第二、第三
产业稳定就业，并将土地流转给他人经营，"家家包地、户户
种田"的情形已经发生巨大变化。进城农民工农村财产权利
退出机制的缺乏不仅影响农业转移人口市民化的步伐，还制
约土地资源要素功能的发挥，不利于农业现代化发展。从已
有实践看，各试点区立足当地实际，创新探索了一些典型模
式，取得了一定进展。鉴于城镇化和农业转移人口市民化是
一个长期的历史过程，构建城乡统一的社保体系也尚待时日，
进城农民工农村财产权利退出也将遵循一个渐进式路径。因
此，进城农民工农村财产权利退出应根据现实情况设定前提
和条件，当前应以退出机制探索为主，慎重稳妥推进。

关键词： 农民工　农村改革　土地退出　财产权利

随着国家新型城镇化战略深入推进，农村劳动力加速向非农产业转移，
大量在城镇稳定就业居住的农民工在城镇落户。如何妥善处理进城农民工在
农村的土地承包权、住房财产权、集体收益分配权（以下简称"三权"），
建立农民财产权利有偿退出机制，加快实现城乡资源要素自由流动、平等交

---

* 高强，博士，农业部农村经济研究中心助理研究员。

换，不仅关系其财产权利的保障和实现，而且关系城镇化进程的健康和稳定。2014年《国务院关于进一步推进户籍制度改革的意见》明确要求，"现阶段，不得以退出土地承包经营权、宅基地使用权、集体收益分配权为农民进城落户的条件"。党的十八届五中全会《关于制定国民经济和社会发展第十三个五年规划的建议》明确要求，"维护进城落户农民土地承包权、宅基地使用权、集体收益分配权，支持引导其依法自愿有偿转让上述权益"。从实践看，建立农村财产权利退出机制具有一系列现实必要性。当前，亟须正视农民处置农村财产权利的主观诉求，把握退出的社会背景，总结地方性探索与经验，加快农村财产权利退出机制分析与研判。

一　农村财产权利退出的社会背景

（一）工业化、城镇化加速，大量农民工进城落户

农村劳动力大量进入城镇就业，一部分农户举家迁入城市，在第二、第三产业稳定就业，并将土地流转给他人经营，承包地与承包农户发生分离，"家家包地、户户种田"的情形已经发生巨大变化。一方面，农民工数量持续增加。根据国家统计局抽样调查结果，2015年农民工总量为27747万人，其中外出农民工16884万人，比上年增加63万人。如图1所示，虽然近五年农民工总量增速放缓，但总量持续增加。到2020年，全国有大约1亿农业人口进城落户。建立农村财产权利退出机制，有助于唤醒农民长期沉睡的资产，实现农民集体资产的财产功能，为农民进城落户提供原始积累，减少农村转移人口"离乡不弃农、进城不退地"的现象。

（二）土地流转速度加快，农业生产经营结构发生深刻变化

近年来，土地流转与规模经营加快推进。截至2015年底，全国有7000万左右的农户流转土地，家庭承包经营耕地流转面积4.43亿亩，占比达33.31%（见表1）。适度规模经营继续发展，经营50亩以上的农户达到341

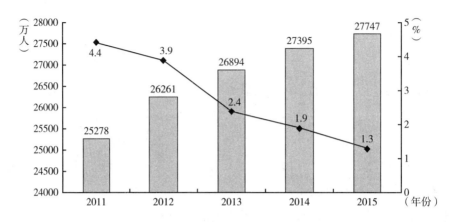

图1　近五年农民工总量及增速变化

资料来源：国家统计局，2015年农民工监测调查报告。

万户，其经营耕地总面积超过3.5亿亩。同时，农业生产者结构发生了深刻变化。以家庭农场、农民合作社、农业企业为主的270多万个各类新型农业经营主体，成为实际的农业生产经营者。在兼业化背景下，到2020年，至少要新增2亿~3亿亩耕地的利用和流转，累计流转承包地规模将占农民实际承包耕地面积的1/3。建立农村财产权利退出机制，有助于发挥土地生产要素功能，促进土地适度聚集，缓解耕地撂荒现象，提高土地资源利用效率。

表1　近年来中国土地流转情况的变化

单位：亿亩，%

情况	2010年	2011年	2012年	2013年	2014年	2015年
承包地面积	12.73	12.77	13.10	13.27	13.29	13.30
流转面积	1.87	2.28	2.78	3.41	4.03	4.43
流转率	14.69	17.85	21.22	25.70	30.32	33.31

资料来源：农业部，历年全国农村经营管理统计资料。

（三）社会主义市场经济体制下的农村综合改革加快推进

现行农村集体产权制度的基本框架形成于20世纪80年代，曾极大地调动农民生产积极性。而集体经济的独有特征在一定程度上排斥成员个体对份额的分割和所有，阻碍财产权利的自由转让。针对目前的新形势，党中央及时出台政策措施，以明晰农村集体产权归属、赋予农民更多财产权利为重点，在深化农村土地承包经营制度改革、开展农村土地征收、集体经营性建设用地入市、宅基地制度改革试点等方面，做出了一系列重大部署。一方面，土地承包经营权确权登记颁证试点范围逐步扩大。目前，已经有2545个县（市、区）、2.9万个乡镇、49.2万个村开展试点，已经完成确权面积7.5亿亩，接近家庭承包耕地面积的60%。① 另一方面，推进农村集体产权制度改革逐步深化，农村集体资产总量不断增加。根据第二次全国土地调查，农村集体土地总面积为66.9亿亩，其中农用地55.3亿亩、建设用地3.1亿亩。根据全国农村经营管理统计资料，截至2015年底，全国农村集体经济组织账面资产（不包括资源性资产）总额为2.86万亿元，村均493.6万元。② 这些重点领域的改革为建立农民财产权利退出机制奠定了基础。同时，农民非农化程度越高、市民化意愿越强烈，农村产权制度存在的制度缺陷就越多。特别是对于在城镇稳定就业与长期居住的农民工而言，这些制度缺陷长期存在，引发了一系列矛盾、冲突和问题。例如，现行的宅基地实行无偿分配制度，排斥土地的商品属性，否定市场调节的作用。这是导致农村宅基地低效利用、"空心村"大量存在的主要原因。建立农村财产权利退出机制，完善农民财产权的保护制度，有利于解决农村宅基地闲置和私下交易问题，将农民财产交易纳入法治化轨道，防止农民"被上楼""被征地"，依法保护农民合法权益。

二 农村财产权利退出的主要模式

针对农村财产权利退出，以宁夏平罗、重庆梁平、浙江乐清、浙江宁

---

① 《农业部部长韩长赋就〈三权分置意见〉有关情况答记者问》，http://www.farmer.com.cn/uzt/san/ta/201611/t20161115_ 1254378_ 4.htm。

② 《农村集体产权改革该向何处去》，中国经济新闻网，http://jjsb.cet.com.cn/show_479988.html，2016年11月18日。

波等为代表的全国农村改革试验区，按照中央要求，积极开展有关试点试验，从不同层面进行了有意义的探索，形成了特色鲜明的农村财产权利退出模式。

（一）与生态移民安置相结合的宁夏平罗模式

2012年以来，宁夏平罗县开始探索建立农民财产权利退出机制，对在城镇稳定就业或从事二、三产业、有稳定收入来源和固定住所的进城农民工，允许其自愿有偿转让农村"三权"。平罗县探索制定了《农村集体土地和房屋产权自愿永久退出收储暂行办法》，从退出条件、程序、补偿以及后继保障等方面进行了规范；修改完善了《平罗县推进农民向市民转变暂行办法》，从住房保障、养老保险、计划生育、就业创业等方面出台了相关优惠政策。

其主要做法有以下三点：一是采取财政预算安排和收储土地、房屋流转收益注入的方式，设立了农民土地和宅基地退出收储基金500万元，对在城镇有稳定就业收入（非农收入占总收入的70%以上）和固定住所的农户，按照自愿有偿原则，允许其自愿永久退出农村土地承包经营权、宅基地使用权和房屋所有权，给予一次性补偿，同时享受村集体经济组织"三资"（资源、资产、资金）收益分配一次性补偿。二是对农户退出的耕地，采取转包、出租、转让等方式进行流转，促进土地规模经营。对整村或整队退出的宅基地和闲置房屋通过拆除复垦，恢复为耕地后进行流转。三是围绕"三权"退出插花安置生态移民工作，为全区移民安置探索了新路径。截至目前，落实"三权"退出农户1718户4295人，转让耕地8650多亩，插花安置移民1300户7200人。

2015年5月，平罗县在新启动的农村改革试验工作方案中，提出了探索建立农村土地承包经营权、宅基地使用权、房屋所有权在集体经济组织内部自愿转让和由村集体收储的农村土地退出机制，以盘活农村土地、房屋资源，加快推进外出务工农民的市民化，促进农业用地适度规模经营。

（二）统筹城乡背景下的重庆梁平模式

重庆市是中西部地区唯一的直辖市，是全国统筹城乡综合配套改革试验区，在统筹城乡改革和发展中做出了积极探索。梁平县从2014年起开展土地承包权退出试点，初步建立了一套符合当地实际的制度体系。按照批复的试验方案，梁平县制定了农村土地承包经营权退出试点实施办法（以下简称退地实施办法），在礼让镇川西村和屏锦镇万年村开展试点。其中，川西村的做法更有代表性。川西村距离梁平县城15公里，共9个村民小组3358人。当地特色产业是豆筋加工，每家每户都做豆筋，人均年收入约2万元。由于种粮收入太低，全村3728亩耕地全部流转给大户和农业企业。2015年按照县里的安排，村委会宣传发动村民参加土地退出试点，并根据参与积极性高低，确定3个村民小组开展试点。

具体做法包括以下几个方面：一是明确退出条件。试点要求是否退地完全尊重村民意愿，提出退地申请的村民必须满足两个条件，即在农业以外有稳定的职业或收入来源、在本村以外有自己名下的住房。退地农民必须征得所有家庭成员同意，并向村集体承诺永久退地，二轮到期后不再要求承包土地。目前，全村共有21户村民提出申请，经过筛选后有15户符合条件，共退地79.7亩，目前第一批7户正在完善相关手续。二是进行合理补偿。按照退地实施办法，补偿价格由村集体和退地村民协商，并经集体经济组织成员会议民主讨论确定，补偿标准需结合本轮承包期剩余年限、当地土地租金确定，原则上不超过同期征地补偿标准。川西村的村民代表按上述要求讨论并通过了补偿方案，每亩补偿标准为1.4万元。三是筹集补偿资金。梁平县财政出资160万元建立土地退出基金，在乡镇建立退出补偿周转金资金池，用于支付退地补偿款。截至目前，县镇两级财政为川西村拨付30万元，由村集体按补偿标准一次性支付给退地农民。四是合理利用土地。退出的承包地不能改变农业用途，原则上不再以家庭承包方式发包，可由村集体统一经营，也可对外出租发包或入股新型经营主体。目前，川西村采用"小并大、零拼整"的办法，把退出的土地集中了起来，整理后拟出租给农业企业。

五是严格退地程序。退地需按照农户申请、民主决策、村镇审核、张榜公示、签约交易、注销权证、上报备案的程序办理，每个环节都有示范文本。从整体运行情况看，梁平县严格控制试点范围和退地条件，退地农民基本生活有保障；补偿标准符合农民预期，不少农民愿意退出土地；相关风险得到有效控制，改革进程比较平稳。

（三）实现农房跨村流转的浙江乐清模式

乐清市地处浙南丘陵地区沿海小平原，是"温州模式"的主要发祥地。随着当地经济和城镇化发展，乐清市中心城区和部分乡镇建成区迅速扩张，但农村集体建设用地并没有同步转为国有，城镇中出现了商品房稀缺但存在大量农房的现象。城中村的农民有将农房财产变现的意愿，进城农民也有购房改善居住条件的需求，农房交易成为进城农民工住房财产权实现的重要途径。农村房屋和宅基地管理的政策性很强。20多年来，为防范风险，规范农房转让和融资抵押行为，乐清市立足当地实际，不懈探索，逐步形成了稳妥可行的农房登记办法和操作规范。

2009年1月，乐清市被温州市确定为农房抵押贷款试点地区。2009年7月，乐清市政府印发《关于加快推进农村改革发展的实施意见》，明确提出，对有集体土地使用证和房产证的农村房产，允许在全市金融机构抵押，允许在市域范围内农业户籍人口间进行转让。至此，农房转让工作开始由政府统一管理。2014年，乐清市成功申报浙江省农村改革试验区，承担"农户宅基地用益物权保障和住房财产权抵押转让机制创新"试验任务。乐清市结合农房交易实际，参照城镇商品房交易管理办法，逐步完善了农房转让的办法和流程，当地农房交易量较之前有了显著增加。截至2015年6月底，乐清市累计办理14220宗农房抵押登记，贷款余额约40亿元；2008年至2015年6月底，共办理5890宗农房跨村流转登记，其中80%分布在中心城区和4个中心集镇，因就业创业需要购买农房的占40%，因改善居住条件购买农房的占20%。

经过多年的改革探索，乐清市逐步建立起流程清晰、风险可控、可操作性较强的市域内农房流转交易办法，农房转让实现了由以卖契为凭证的实物交易向以产权移交为标志的物权交易的根本转变。按照乐清市的规定，农房转让必须满足的条件有：一是出让的房屋已经办理房屋所有权证和集体土地使用权证；二是不是唯一住房；三是出让农户需承诺不再申请宅基地；四是受让方是市域农业户籍的农民；五是村集体同意。同时，乐清市还明确了农房转让的相关政策：一是除税费外，按出让方村集体要求缴纳公共服务配套费；二是出受让双方均保持原村集体成员身份不变；三是农房转让先办理所有权转移登记，后办理集体土地使用权证变更登记。同时，乐清市参照城市住房管理办法，制定了农房产权移交程序。

（四）农村集体产权制度改革下的浙江宁波模式

浙江宁波是经济发展最快、最发达的地区之一。其农村集体经济组织具有较高发展水平。浙江省在2014年出台《关于全面开展村经济合作社股份合作制改革的意见》，推进农村集体经济确权到人（户）、权跟人（户）走，赋予农村集体资产股权继承、社内流转等权能，使农民工不因外出而丧失农村权益。目前，宁波、嘉兴、温岭等地在两权退出方面有不同程度的探索，其中宁波市的做法更具代表性。

宁波市早在1993年就探索农村集体经济股份合作制改革，以满足村级集体发展和福利分配的需要。2014年，市政府出台《关于全面推进村经济合作社股份合作制改革的指导意见》。2015年底，全市累计完成2802个村社改革，占总村社数的99.3%。海曙区位于宁波市中心，原有16个行政村，2004年全部完成股份合作制改造，成立15个股份经济合作社（有两个村并入一个合作社），量化集体资产10.6亿元，股份10.6亿股，股东12343人，股权全部固化，实行"生不增、死不减"。

海曙区股份合作社开展集体资产股权流转的做法：一是坚持自愿有偿原则。必须由股东本人自愿申请，如果将股权退还给股份合作社，合作社应给予合理补偿。股东完全转让股权后，自动放弃村集体经济组织成员身份和权益。二是明确退出条件。合作社必须已制定集体资产股权交易办法或在章程

中明确了内部转让规定。退出股权的股东应有稳定的就业或收入来源，有固定住所，在出让股权前办理好养老保险，或者预留相应的养老保险金。三是允许继承股权。继承股权的人可来自集体经济组织外部，继承后平等享有收益权、选举权等各项权益。目前，15 个合作社均有继承股权的案例，通过继承新增 2041 个股东，涉及股金 1.43 亿元。四是允许转让股权。股权可退还给合作社，也可转让给本集体经济组织成员，但不能转让给本集体经济组织以外的人员。为了便于个人转让股权，合作社建立了统一的股权交易平台。股东退股前要向合作社董事会提出书面申请，合作社董事会审核确认后，股东在股权交易平台上发布转让信息。如果有人购买，转让双方按照商定的价格签订股权转让协议、办理公证，然后到合作社办理股权变更登记并备案。总体来看，海曙区农村股份经济合作社已经打通了集体资产股权转让的通道，为农民提供了相关制度选择。

三 基于地方探索的经验总结

试点地区的探索为建立农村财产权利退出机制提供了有意义的经验性材料，但从全国层面看，农村财产权利退出机制的关键环节尚未破冰。由于地区经济发展水平、社会保障制度以及个人关注财产权益角度等多种因素的差异，不同群体之间对农村财产权利退出的理解和认识不一。

（一）当前的产权制度仍有充分的弹性空间

改革开放 30 多年的历史证明，农村土地集体所有、家庭承包的基本经营制度符合国情农情，不仅能够适应不同层次的生产力水平，并且具有很强的制度弹性，能够通过权能设置缓解退出压力。从另一角度看，退出机制的建立也应在现有的制度框架内，这样制度变迁的成本较小，诱发风险的不确定性较低。农村集体土地的按户承包和按户分配（一户一宅），是当前制度安排的精髓。作为农民最为重要的财产权利，土地承包经营权、宅基地使用权是确权到户的。农民家庭实际上是共同拥有的产权基础单位，在处分权上，土地承包经营权和宅基地使用权在家庭边界上具有不可分割性。这也是中央一再强调不得把"三权"退出作为农民进城落户条件的原因。虽然当前推进农村集体产权制度改革的地区，多数将集体资产股份量化到人，但成员个人对收益权的重视程度要远远高于处分权。家庭是最为稳定的基本社会单位，与农民个人进城落户相比，全家迁出农村社区的概率要小得多，迁入设区的市的情况则更少。因此，只要农户家庭一直存在，个体成员财产权退出的压力就可以在农户家庭内部得到缓解。

（二）财产权利物权体现不充分，农民退出受限

按照法律规定，农村土地承包经营权、宅基地使用权和集体收益分配权的取得具有身份性，只有本集体经济组织成员才能取得。与此同时，农村土地承包经营权、宅基地使用权又是一种用益物权，其财产性特征明显。但按现行法规定，土地承包经营权、集体资产股权转让受到诸多限制且具有社区封闭性，宅基地不得通过市场交易，它并不具备作为物权应有的自由流通属性。一些农民在城镇已有稳定的工作和住所，有意将农村的闲置宅基地处置变现，但由于现行法律并不认可此种交易，也只能任其闲置。在珠三角等部分改制先行区，按照"股权固化、按股分红"原则推进农村股份制改革，农户实际上失去了对村集体耕地的控制权或处置权。一些外嫁女愿意放弃集体资产股权，但资产评估机制不健全，股权流转受限。这些问题的存在导致农民主动退出财产权利的动力不足。

（三）财产权利退出面临资金约束，农民担心补偿不公

农村土地承包经营权、宅基地使用权和集体收益分配权属于农民的财产权，必须给予相应的补偿才能使其放弃。一般而言，农民财产权利除可以有偿退出给集体经济组织外，不能向外部人员流转交易，也不能抵押、担保、继承。在不考虑其他限制条件的情况下，集体经济组织必须有足够的资金支持。而一些调研表明，农村集体经济组织中无经营收益或收益较低的村集体占多数，有些村甚至负债严重，根本无力承担这部分费用。同时，补偿标准

不统一也制约着农民的退出行为。《土地承包法》规定，"承包方全家迁入设区的市，转为非农业户口的，应当将承包的耕地和草地交回发包方"。《土地管理法》规定，"农村村民一户只能拥有一处宅基地，且面积不得超过省、自治区、直辖市规定的标准"，"农村村民出卖、出租住房后，再申请宅基地的，不予批准"。相关法律规定了承包地、宅基地收回的几种情形，但是并未明确收回的程序和补偿标准，加之集体土地市场的欠缺，没有统一规范的集体土地价值评估机构，很多农民担心不能得到充分的价值补偿。

（四）农民工分化导致个别退出操作困难

进城农民工"三权"退出还存在一些现实性问题和障碍因素，造成"不好退"与"不能退"。农民工群体加速分化，在经济和社会地位上的差异逐步扩大。同一种性质或同一程度的外界力量，可能会带来农户不同的反应方式和适应形式。调研发现，传统农民工与新生代农民工、进城务工农户与稳定居住农民工等不同群体之间的退出意愿很难统一，在退出与补偿标准上更难达成一致意见。这些大大增加了操作难度。以目前较为流行的宅基地置换和城乡建设用地增减挂钩为例，这类退出一般以项目运作的方式，通过实施土地整理，将农户零星分散的宅基地统一复垦为耕地。实施城乡建设用地挂钩必须在国家下达的指标以内，将拆旧地块和建新地块共同组成的项目区整体报批。因此，有的村庄尽管"空心化"程度严重，农民退出意愿也比较强烈，但很难达到立项要求。

四　未来展望与启示

（一）未来展望

农村财产权利退出意味着进城农民逐步脱离农村集体经济，并彻底放弃以农村土地为基础的保障功能。如果处理不好，不仅会给农村集体经济带来冲击，也会对城镇社保体系构成挑战，更会对农民自身稳定发展产生影响。特别需要提出的是，农村财产权利退出涉及农村基本经济制度，影响到农村长期形成的利益格局，不仅是经济问题，更是复杂敏感的社会问题、政治问题。因此，对于农村财产权利退出不能简单地回答可否，不能搞"一刀切"，而应根据现实情况设定前提和条件，当前应以退出机制探索为主，慎重稳妥推进。

2016年，《国务院关于实施支持农业转移人口市民化若干财政政策的通知》进一步要求，逐步建立进城落户农民在农村的相关权益退出机制，积极引导和支持进城落户农民依法自愿有偿转让相关权益。总的来看，未来农村财产权利退出将呈现以下趋势：一是对于全国大多数地区以及大部分进城农民，目前农村财产权利处理的重点仍然是稳定和维护农民权益；对已不依赖农村集体经济的进城农民工而言，他们将沉睡的资产变现以及退出的意愿将更加强烈。二是农村改革的综合性、协同性越来越强。随着农村土地承包经营权确权登记颁证工作基本完成，以及土地征收、宅基地管理和集体经营性建设用地试点取得进展，建立农村财产权利有偿退出机制的历史条件将更加成熟。三是从长远来看，推进农村财产权利有序退出需尊重农村集体经济发展和新型城镇化的基本规律，将有一个渐进式过程，需要继续在部分地区开展试点试验。

（二）政策启示

第一，尊重农民的意愿选择。土地承包经营权、宅基地使用权、集体收益分配权等，是法律赋予农民的财产权利，无论他们是否还需要以此来做基本保障，也无论他们是留在农村还是进入城镇，其处置都必须尊重农民意愿。这是前提，也是农民拥有的一票否决的权利，任何人都无权剥夺。现阶段，重点是通过建立农村财产权利退出机制，赋予农民多样化的选择权利，为有意愿、有能力退出的农民提供合法的退出渠道。

第二，建立多元退出补偿机制。农民财产权利退出的经济内容是地租、地价和股权的市场实现。建立农民财产权利退出补偿机制，从权利类型看，

具体包括：以土地流转价格和二轮承包剩余年限为标准，由村集体经济组织赎回农户意欲退出的承包地，保护承包地的用益物权；采取置换、奖励、补助或者城镇购房补贴等方式协商收回农户空闲或者多余的宅基地，充分体现土地房屋的物权价值；按市场价值对集体经济组织成员的股权进行现金回购等内容。此外，还要不断提高集体土地征收补偿标准，明确收益使用范围，增加农民征地补偿费用，促进土地增值收益合理分配。

第三，加快构建财政支持体系。农村财产权利的退出需要现代金融的支撑。通过政府与社会资本合作、政府购买服务、担保贴息、以奖代补、民办公助、风险补偿等措施，带动金融和社会资本投向农村产权交易，发挥财政资金的引导和杠杆作用。稳妥有序地开展"两权"抵押贷款试点，盘活农民土地用益物权的财产属性，加大金融对"三农"的支持力度。力争用3年时间建立健全具有中国特色、覆盖全国的政策性农村产权信贷担保体系框架。有条件的地区要结合实际，采取利息补贴、利用农村土地产权交易平台提供担保、设立风险补偿基金等方式，建立农村财产权利退出风险缓释及补偿机制。进一步完善农业保险制度，大力推进农业保险和农民住房保险工作，扩大保险覆盖范围，充分发挥保险的风险保障作用。

第四，及时调整和修改法律。需要把党中央的明确要求和行之有效的实践经验上升为法律，将进城农民工承包地退出机制作为《农村土地承包法》的修改内容，将宅基地有偿使用制度和自愿有偿退出机制纳入《土地管理法》调整范围。同时，加紧制定《农村集体经济组织条例》，确定集体经济组织成员身份的法定依据，并将集体资产股权退出机制作为重要内容，为建立进城农民工农村财产权利退出机制提供法律保证。

参考文献

刘灿：《构建以用益物权为内涵属性的农村土地使用权制度》，《经济学动态》2014年第11期。

高强：《土地承包经营权有偿退出需要政策措施支撑》，《农民日报》2016年7月19日。

张云华、伍振军、刘同山：《农民承包地退出制度在试验中渐成型——梁平县农民承包地退出试验可行》，《中国经济时报》2016年11月16日。

张红宇：《新型城镇化与农地制度改革》，中国工人出版社，2014。

郭熙保：《市民化过程中土地退出问题与改革的新思路》，《经济理论与经济管理》2014年第10期。

韩启德：《寻找宅基地有偿退出机制的切入点》，《中国房地产业》2015年第4期。

国务院发展研究中心农村经济研究部：《集体所有制下的产权重构》，中国发展出版社，2015。

B.16
2016年中国食品药品安全形势报告

罗杰 张昊*

摘　要：　食品药品安全关系每一个人的身体健康和生命安全，党和政府
　　　　　对食品药品安全高度重视，已将食品安全上升为国家战略。
　　　　　2016年是"十三五"规划开局之年，是全面建成小康社会的
　　　　　决胜阶段。《食品安全法》正式实施一周年，食品安全法律框
　　　　　架日趋完善，食品安全监督抽检合格率稳步提升，食品安全犯
　　　　　罪案件逐步减少。药品医疗器械审评审批加速，仿制药一致性
　　　　　评价工作全面开展，政府鼓励药品创新力度不断加大。目前，
　　　　　中国食品药品安全基础依然薄弱，问题易发多发，人民群众的
　　　　　安全感和满意度还不高，保障食品药品安全任务依然艰巨。

关键词：　食品药品安全　食品抽验　药品创新

　　食品药品安全事关人民群众身体健康、生命安全与经济社会发展大局。近年来，中国食品药品情况总体趋好，食品药品监测合格率不断提高，食品药品安全管理体系进一步完善，体制机制进一步理顺，监管效能进一步提升，未发生大的食品药品安全事故和区域性、系统性风险。但中国经济社会发展所处的阶段，决定了食品药品的安全水平与公众需求尚有差距。食品安

---

* 罗杰，国家食品药品监督管理总局高级研修学院党委副书记，副教授，法学博士，食品安全
与工程博士后，研究方向为宪法学与行政法学，食品药品监管；张昊，国家食品药品监督管
理总局高级研修学院，博士后，中级药师，研究方向为食品药品监管政策研究。

全方面：农业种植、养殖业的源头污染问题依然严重，食品加工中添加剂问题屡禁不止，食品经营活动不够规范，消费者食品安全意识较为淡薄，食品安全事故仍时有发生。药品安全方面：一些农村药品经营单位和医疗机构购进药品、生物制品（疫苗）销售渠道不够规范，网上非法售药、非法利用中药提取物生产药品制剂、中药材市场秩序混乱等现象仍然存在。

2016年是完成"十三五"时期中国食品药品安全工作目标任务的攻坚之年。保障食品药品安全离不开食品药品安全法律法规建设、标准建设、企业生产经营行为规范建设。新修订的《食品安全法》于2015年10月1日实施，标志着中国食品安全的法治化水平进一步提升。与此同时，《药品管理法》《食品安全法实施条例》以及配套规章和规范性文件的制修订工作也在紧锣密鼓地推进中。"十三五"期间，将实施食品安全战略，完善食品安全法规制度，提高食品安全标准，强化源头治理，增加监督检查频次和扩大抽验监测覆盖面，实施全产业链可追溯管理；将深化药品医疗器械审评审批制度改革，着力构建药品安全社会共治格局，全面提升药品质量，保障百姓用药安全。

一 食品药品安全总体形势

食品行业总体情况，2013～2015年，食品工业增加值增长率呈逐年下降趋势，这与近年来中国经济增速放缓的整体形势一致，而固定资产投资额、主营业务收入以及利润总额均呈逐年增长趋势。在中国经济形势下，食品工业呈现了发展活力。2015年，经过药品飞行检查和对中药饮片市场的治理，药品生产、流通环节得到进一步规范，2016年药品行业迎来"仿制药一致性评价"等制度和要求的挑战。

（一）2015年食品安全监督抽检合格率为96.8%

2015年，国家食品药品监管总局在全国范围内组织抽检了172310批次食品样品，其中检验不合格样品5541批次，样品合格率为96.8%，比2014年高2.1个百分点。在抽检的25类食品（包括保健食品和食品添加剂）

中，粮、油、肉、蛋、乳等大宗日常消费品的合格率均接近或高于平均水平。乳制品抽检9350批次，不合格44批次；食用油、油脂及其制品抽检9510批次，不合格181批次；蛋及蛋制品抽检2339批次，不合格48批次；粮食及粮食制品抽检23942批次，不合格641批次；肉及肉制品抽检18344批次，不合格631批次；婴幼儿配方乳粉共抽检3397批次，检出不符合食品安全国家标准、存在食品安全风险的样品36批次，占样品总数的1.1%；蔬菜及其制品的样品合格率为95.6%；水产及水产制品的样品合格率为95.3%；调味品的样品合格率为96.9%；茶叶及其相关制品的样品合格率为99.3%；酒类的样品合格率为97.0%。与2014年相比，25类样品中合格率升高的食品品种有19类，其中饮料、豆类及其制品、餐饮食品和酒类的升幅较大。抽检食品不合格原因主要包括微生物超标、食品品质不达标和油类苯并芘超标以及一些其他原因。在抽检食品种类中不合格率较高的分别是水产及水产制品、水果及其制品和焙烤食品。

农产品质量安全例行监测情况：2015年，主要农产品的合格率达到95%以上。其中，蔬菜、水果、茶叶、水产品的合格率呈小幅增长趋势；畜禽产品合格率保持在99%以上的较高水平，综合分析近三年的数据可知，主要农产品的合格率均稳定在较高水平，无明显波动变化。

（二）中国进口和出口食品安全整体情况良好

近三年来，中国进口食品数量逐年增加，且增加幅度逐渐扩大，2015年进口食品数量较大的依次是粮食类、油类、蔬菜类、糖类等；同比增长较快的是酒类、婴幼儿食品、糖类等；减少幅度较大的是蛋类、罐头类等。2015年进口食品合格率为98.6%，不合格率最高的来自缅甸，其次来自马来西亚和智利，不合格率较高的食品依次是蜂产品类、蜜饯类和酒类。其原因除标签不合格外，主要是有害生物和食品添加剂超标。中国出口食品数量在2013年出现大幅度增加后，近两年保持相对稳定的态势。出口食品数量较大的依次是蔬菜类、水果类、水产类、粮食类等；同比增长幅度较大的是婴幼儿食品、调味品、蜂产品等；减少幅度较大的是粮食类、咖啡类、可可类、肉类等。

出口食品安全整体情况良好，仅有0.06%被境外通报，其中乳制品类、油类、干坚果类通报率较高，主要原因是农兽药残留、品质不达标和食品添加剂超标。

（三）食源性疾病数量呈逐年缓慢递增趋势

2015年，食品评估中心"食源性疾病监测系统"监测显示：食源性疾病共2401起，中毒人数21374人，其中139人死亡，与中国人口总数相比，发生率仍较低。在发达国家，估计每年有1/3的人群感染食源性疾病。全世界每年有220万～1000万人因患食源性疾病而丧生。监测结果显示：监测起数、中毒人数和死亡人数随着气温变化的趋势明显，于8月份达到峰值，之后逐渐降低。从食源性疾病的原因来看，导致监测起数和死亡人数最多的是有毒动植物及毒蘑菇，导致中毒人数最多的是微生物。微生物性食源性疾病的主要致病毒菌是非伤寒沙门氏菌、副溶血性弧菌、致泻大肠埃希氏菌等；有毒动植物及毒蘑菇性食源性疾病主要由毒蘑菇和菜豆中毒导致；化学性食源性疾病主要由亚硝酸盐引起。从发生场所来看，食源性疾病超过半数发生于家庭，且家庭食物中毒导致的死亡人数最多；中毒人数最多的是餐饮服务场所。近三年的数据分析显示，食源性疾病数量呈逐年递增趋势，这提示相关部门应加强对食源性疾病的监管、加大食品科普宣传力度，特别是在夏季到来之前做好预防工作，以遏制逐年递增的趋势。从另一个角度分析，此数据结果也可能与监测系统的日益完善、食源性疾病发现上报率提高有关。随着大众生活水平的提高、餐品的多样化，食品科学知识的普及必不可少。

（四）国家基本药物安全状况平稳，抗感染药报告占总体报告比例下降

2015年，国家药品不良反应监测网络收到药品不良反应/事件报告139.8万份，较2014年增长5.3%。其中，新的和严重药品不良反应/事件报告39.3万份，占同期报告总数的28.1%。药品不良反应/事件报告县级覆盖率达到96.6%，全国每百万人口平均报告数量达到1044份。统计分析显示，2015年药品不良反应/事件报告仍以医疗机构为主，药品生产企业报

告较 2014 年有所增长。从涉及药品情况看，国家基本药物安全状况平稳，抗感染药报告占总体报告的比例下降 1.5 个百分点。从涉及患者情况看，涉及 14 岁以下儿童患者的报告占 9.9%，与 2014 年相比略有下降；涉及 65 岁以上老年人的报告占 21.5%，较 2014 年有所提高。[①] 按药品剂型统计，2015 年药品不良反应/事件报告涉及的药品剂型分布中，注射剂占 61.3%、口服制剂占 34.7%、其他制剂占 4.0%。注射剂所占比例较 2014 年增加 3.5 个百分点，口服制剂比例降低 1.5 个百分点。

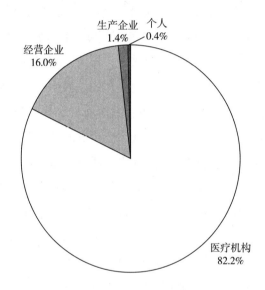

图1　2015 年药品不良反应/事件报告来源分布

（五）药品连锁企业数量增加，百姓买药更偏向于连锁药店

药品生产许可情况：截至 2015 年 11 月底，全国共有原料药和制剂生产企业 5065 家，比上年同期增加 65 家。药品经营许可情况：截至 2015 年 11 月底，全国共有《药品经营许可证》持证企业 466546 家，其中法人批发企

---

① 《国家药品不良反应监测年度报告（2015 年）》，国家食品药品监管总局网，http：//www.sda.gov.cn/WS01/CL0844/158940.html。

业11959家，非法人批发企业1549家；零售连锁企业4981家，零售连锁企业门店204895家，比上年同期增加19%；零售单体药店243162家，比上年同期减少7.7%。

（六）食品流通和消费为主要投诉举报环节，食品安全犯罪案件略有减少

2015年，各级监管机构共受理食品投诉举报409830件，立案27402件，移交司法机关370件。电话投诉仍然是最主要的方式，投诉主要针对食品流通和消费环节。投诉举报信息接收渠道方面，电话投诉举报占总量的76.2%①，网络、信件、走访等形式所占比例较少。按照投诉举报受理情况分类，受理和不受理的投诉举报分别占总量的65.4%和6.9%。相关信息咨询也是其中一部分重要内容，占总量的27.3%。接收的投诉举报信息还涉及意见建议，为数较少，仅占0.5%。受理投诉举报环节主要为流通环节，所占比例为49.6%，其次为消费环节，所占比例为36.9%；针对生产环节的投诉举报比例相对较小，仅占10.1%。消费者由于自身消费特点，更多接触的是流通和消费环节，对于生产环节的投诉举报数量相对较少。

（七）2015年居民食品安全认知调查发现居民对中国食品安全的满意度较低

近年来，国内食品质量问题频繁发生，包括"三聚氰胺毒奶粉""瘦肉精""地沟油""问题胶囊"等事件，不断冲击着广大居民对食品安全的心理底线。食品安全直接关系国家和社会的稳定发展，关系居民的身体健康和生命安全，已成为当前中国亟待解决的重大民生问题。

为了解居民对食品安全的认知情况，了解居民所关心的食品安全问题，国家食品药品监管总局食监三司与北京大学公共卫生学院针对2015年居民

---

① 《2015年度食品药品监管统计年报》，国家食品药品监督管理总局网，http://www.sda.gov.cn/WS01/CL0108/143640.html。

食品安全认识情况进行了调查，本次调查收集问卷 597 份，男女比为 1:1.9；文化程度主要为大学及以上，占比为 84.3%。调查对象主要为在职人员，占比为 63.5%。长期居住地区主要在北京，占 60.5%；主要生活区域为城市，占 88.1%。家庭人均收入主要集中在 2001~5000 元和 5001~10000 元这两个区间，分别占 34.0% 和 33.8%。居民获取食品安全信息的最主要渠道是网络和电视及广播，选择其他方式的较少。居民购买食品的场所主要是商场（超市）和集贸市场，选择其他场所的比例较少。居民购买食品时主要关注食品的生产保质期、新鲜度，其次是食品的价格和品牌，对于包装、外观、QS 标志等信息关注较少。被调查居民关注度最高的食品安全问题为食品原料质量问题，占 84.8%；其次为食品非法添加问题，占 83.9%；然后是农兽药残留问题，占 79.1%。通过分析影响居民对各种食品安全问题关注度的主要因素发现，不同年龄、职业和家庭人均月收入的人群对于食品安全问题的关注度差异具有统计学意义。中老年（年龄在 41~60 岁）、职业为退休、家庭人均月收入中等水平以上（5000 元以上）的人群对于食品安全问题的关注度更高。居民关注的食品种类主要是蔬菜；其次为粮油类；再次为肉禽、水产类；其他如酒水饮料、保健食品等食用频次较低的食品关注度则较低。进一步分析发现，25 岁以下年龄段、小学及初中学历、职业为大学生、家庭月收入低于 2000 元的人群满意度更高。在所调查居民中 16.4% 的人曾就食品安全问题进行过投诉，但超过半数的调查对象对于中国的食品安全现状并不满意。

食品安全社会认知调查得出以下结论。一是网络成为居民获取安全知识的主要渠道。调查发现，居民食品安全知识的获取渠道主要是网络、电视及广播，原因可能是这些渠道具有方便、快捷的优点。但通过网络渠道获取的信息有时真假难辨，居民易接触到错误的食品安全知识或虚假的食品安全事件，这也是导致居民对中国食品安全现状满意度低的原因之一。二是居民在购买食品时最关注的是食品保质期和新鲜度，说明大多数居民具有食品安全意识，并在选购食品时选择安全性更高的食品。调查发现，居民购买食物的主要场所是商场（超市），可能原因是商场（超市）的食品在食品标识、检疫等方面做得比较规范，安全性比较有保障。三是居民关注度最高的是食品原料质量。调查发现，居民对列出的六个食品安全问题（食品添加剂滥用、食品非法添加、农兽药残留、转基因食品、食品细菌超标、食品原料质量）的关注度均在 60% 以上，其中关注度最高的是食品原料质量问题，其次是食品非法添加问题和农兽药残留问题。

二 2015年食品药品安全监管主要工作

2015 年《食品安全法》修订，在 2009 年《食品安全法》十章 104 条的基础上，扩增了 50 条，增至目前的十章 154 条。归纳起来，主要有以下几个方面的变化。

一是明确食品安全统一监管体制，调整食品安全监管模式，由之前的工商、质检、卫生、食品药品监管等部门分段监管变为食品药品监管部门负责整合相关职能，进行食品安全统一监管的模式。二是提出食品安全的社会共治。新《食品安全法》在继续强化食品生产经营企业是食品安全第一责任人与开启新的食品安全统一监管模式的同时，注重强调企业、执法部门、专业技术机构、社会团体、媒体、消费者共同有序参与的社会共治格局。强调各主体维护食品安全中的责任与义务，强调食品安全目标的实现既是各方共同期待的，也是需要各方共同履行职责推动其实现的。三是细化食品生产经营环节的具体制度要求。此次《食品安全法》修订细化并完善了食品生产经营环节相关制度。在食品生产、食品流通、餐饮服务、初级农产品的种养殖、食品标签说明书、食品广告、食品添加剂、食品相关产品、网络食品交易方面增加了很多具体要求，体现了食品安全全过程监管的理念。四是对特殊食品的管理要求更为严格具体。此次修订的《食品安全法》对"保健食品、特殊医学用途配方食品、婴幼儿配方食品"等特殊食品的生产经营方面提出明确严格的要求，如规定保健食品的原料目录和保健功能目录只能由国家食药监总局会同相关部门制定，再如婴幼儿配方食品实行从原料进厂到成品出厂的全过程质量控制，还规定生产经营转基因食品应当按规定明确标

示等。五是加强对农药的管理。此次修订的《食品安全法》提出对农药的
使用实行严格的管理制度，加快淘汰剧毒、高毒、高残留农药，推动替代产
品的研发应用，鼓励使用高效、低毒、低残留的农药。还特别强调剧毒、高
毒农药不得用于瓜果、蔬菜、茶叶、中药药材等国家规定的农作物。六是加
强对食用农产品的管理。将食用农产品的市场销售纳入《食品安全法》的
调整范围，同时在具体制度方面，对批发市场的抽查检验、食用农产品建立
进货检验记录等进行了完善。七是更加注重科学决策、预防为主。2009年
版《食品安全法》首次提出要建立食品安全风险监测和风险评估制度，此
次修订的《食品安全法》对监测制度的建立，如国家监测计划、地方监测
方案制度、进入场所收集数据、通报信息等进行了明确规定。同时在风险评
估结果的利用方面，还明确提出应建立风险分级管理制度。八是增加违法者
的违法成本，加大对受害者的保护力度。此次修订的《食品安全法》在刑
事责任方面，提出因食品安全犯罪被判处有期徒刑以上刑罚的，终身不得从
事食品生产经营的管理工作。

三 中国食品药品安全存在的主要问题及分析

（一）农兽药残留及非法添加问题

2015年国家食药监总局食品抽检数据显示，食品抽检不合格原因中，
农兽药残留问题占3%，非法添加占1%，应引起足够的重视。

农药残留超标问题集中出现在蔬菜、水果及其制品中。在蔬菜和水果
等产品上除常规使用的农药品种如多菌灵等超标外，也有氟虫腈、氧乐果
等禁限用农药残留。兽药残留主要集中出现在水产类和肉类，其中水产类
的主要问题是残留恩诺沙星、呋喃类代谢物和违禁的孔雀石绿等，肉类主
要问题是非法使用瘦肉精和抗菌类兽药。非法添加主要存在于保健品和调
味品中，例如保健食品中检出药物成分、调味品中检出罗丹明B等禁止添
加的物质。

（二）微生物超标现象

通过对 2015 年国家食品药品监管总局食品抽验数据的 25 类产品不合格原因分析，微生物超标占 30%，除了酒类和糖类外，多类食品中都存在微生物超标问题，其中饮料、焙烤类、肉及其制品类、水产类微生物超标问题较为严重。

（三）食品添加剂滥用问题

2015 年国家食品药品监管总局食品抽验数据显示，不合格食品中有 22 类存在食品添加剂滥用问题，食品添加剂滥用占不合格原因的 28%，例如水产品及其制品、肉类加工产品主要是滥用山梨酸钾和色素类等食品添加剂，来防止食品腐败和增加肉质鲜亮感。又如 2015 年第三季度，针对月饼类时令食品进行的抽验结果显示，不合格月饼类食品中防腐剂超标的占 64.3%。

（四）食品品质不达标现象

2015 年国家食品药品监管总局食品抽验数据显示，品质不达标占不合格原因的 28%。品质不达标的原因主要是功效成分（保健食品、特殊膳食食品）、酸价（食用油、油脂及其制品）、酒精度（酒类）等不达标。

婴幼儿配方乳粉品质不达标有两种情况：一种为不符合产品包装的标签明示值，即生产企业标签标识不规范；另一种为不符合质量标准。根据新《食品安全法》的相关规定，对于生产专供婴幼儿和其他特定人群主辅食品的企业，其营养成分要求不符合标准的情况属于违法行为。婴幼儿配方乳粉的品质问题备受社会关注，2015 年的抽验结果显示，婴幼儿配方乳粉品质不达标主要为标签标识不规范。

（五）食源性疾病

2015 年共监测食源性疾病 2401 起，中毒人数 21374 人，其中 139 人死

亡，监测起数、中毒人数和死亡人数随气温升高有明显增加的趋势，主要原因是有毒动植物及毒蘑菇等。气温升高利于有毒有害生物的生长繁殖，且易导致食物变质、保存难度增大，进而引起食源性疾病的高发。数据显示，超过半数的食源性疾病发生在家庭，这既与家庭对科学保存食物和正确制作食物知识的缺乏有关，也与家庭对亚硝酸盐、毒蘑菇和菜豆等认知不足有关。此外，家庭和餐饮服务场所由操作不当导致交叉污染而引发食源性疾病也是显著问题。

（六）食品安全信息公开不够及时

从舆情信息可以看出，媒体反映的多是食品安全的负面信息，官方信息滞后或者公开不够，致使老百姓对于食品安全信息难辨真伪，容易出现恐慌，甚至导致农业或食品生产企业的损失。结合问卷调查可知，居民对官方信息的认可度较高，更应该强调官方信息的公开，加强农业知识解释和权威媒体正面引导。

（七）食品安全信息统一共享平台还未建立

由于食品安全的管理涉及海关、质检、工商、农业、卫生等多个部门，各部门信息不能有效共享，在进行食品安全形势分析时难以获得各部门的一手数据，汇总数据时效性和可挖掘性较差，很难对相关问题进行深入挖掘，也难以得出明确的结论，不利于有针对性地解决问题，因此，建立食品安全的信息共享平台尤为重要。

四　政策建议及趋势分析

（一）追查农药兽药残留源头，加大对违禁药物使用和非法添加的处罚力度

农兽药残留一直是食品安全问题研究关注的重点，而农兽药的使用主要

出现在蔬菜和水果的种植或水产和生猪的养殖过程中。因此，建议农业部与国家食品药品监管总局两个部门共同关注、加强合作、协商共管，选择更有代表性的样本进行抽验，并对样本来源跟踪监测，明确不合格原因，追溯问题源头，针对问题环节进行干预。

针对农药残留的问题，建议监管部门对于蔬菜和水果应严格管控农药使用量和使用时间。针对蜂产品和茶叶及其相关制品、咖啡，建议针对农产品养殖、种植环节严格管理，严格按照标准执行，加强执法，一经发现，彻查到底，加大对违规违法使用农药的打击力度。

若在水产类和肉类食品中发现违禁兽药的使用，监管部门应该对生产者、屠宰商和销售者严厉惩处，加大处罚力度，对相关单位如动物检疫机关追查行政责任。对于非法添加的问题，监管部门应重点加大对保健食品和调味品类的抽查力度，同时应联合执法部门严格按照《食品安全法》处理违法企业，严厉打击非法行为。

（二）严格监管食品生产环境和保存条件

针对食品抽验中微生物超标的现象，建议监管部门加强对微生物超标食品企业的管控，监督食品生产工艺流程，严格控制食品保存条件。食品微生物污染涉及生产时使用的工具、容器、周转箱、周转车、包装材料、操作平台、生产车间、产品流通通道及储存空间，任何一个环节的消毒不及时、不彻底和二次污染都会引起食品微生物超标。因此，相关部门对食品企业的监管要涉及生产流程的每个环节，特别是在食品周转、储存环节加强监测，提高环境要求，以严格控制二次污染的发生。同时，也建议监管部门对食品生产企业加强食品安全生产的定期培训，以提高生产者的食品卫生意识和认知水平。

（三）有针对性地管控食品添加剂滥用行为，鼓励使用新型保鲜技术

食品抽验发现食品添加剂滥用现象较多，例如不合格脱水蔬菜产品中，主要违规情形为检出过量漂白剂（二氧化硫）；而肉类和水产品及其制品，

违规原因为防腐剂含量超标；蜜饯产品则多被检出过量甜味剂。建议监管部门一方面针对加工环节，加强监管蔬菜和水果制品、肉类和水产品等漂白剂、防腐剂和甜味剂等的使用情况，按照规定标准严格执法。特别是在应季食品生产期间适当增加应季食品抽验次数，例如在中秋节前期加大对月饼添加剂使用情况的检查力度。另一方面应鼓励食品生产加工企业采用综合食品保鲜措施，以减少食品中漂白剂和防腐剂的用量，且能够保障食品安全。

（四）针对易出现问题的食品种类加大监督检查频次

对于易出现问题的食品种类，有针对性地开展专项整治行动。对于保健食品，应着重加强对其功效成分的检测；对于食用油、油脂及其制品，应着重加强对其酸价的检测；对于酒类，应着重加强对其酒精度的检测，监督相关企业在生产流程中严格按照标准执行。

对于品质不达标的婴幼儿配方乳粉，食品药品监管部门应责令企业查清产品流向，召回不合格产品，并找出原因，对于涉嫌违法企业，加大处罚的力度。

（五）有针对性地加强食源性疾病相关知识宣传

就近三年的数据分析来看，食源性疾病数量呈逐年递增趋势，这提示相关部门应加强对食源性疾病的监管，加大科普宣传力度，特别是在夏季到来之前做好预防工作，以遏制逐年递增的趋势。

当前，食源性疾病暴露的问题多为居民和餐饮从业者对于正确制作食物、科学保存食物和亚硝酸盐、有毒动植物及毒蘑菇等相关知识的匮乏。随着大众生活水平的提高和餐品的多样化，要减少甚至杜绝食源性疾病的发生，食品科学知识的传播必不可少。建议有关部门联合媒体、社交网络、教育部门对居民和餐饮从业者进行有针对性的食品卫生、健康知识教育，以提高大众预防食源性疾病的认知，从而在根本上解决此问题。

（六）加强官方食品安全信息发布，发挥舆论的正面导向作用

面对媒体报道的"乌龙事件"，有关部门应加强官方食品安全信息对食

品安全报道的引导，兼顾及时性和准确性；面对新的研究结果，应以科学的态度和方法逐渐转变观念。

（七）建立和完善食品安全信息共享平台

建立和完善一个多部门、跨地区、开放型的信息资源共享平台，对于实现食品安全信息互通共享、全面深入分析中国食品安全形势具有重要的意义。目前，中国的食品安全信息仍处于分割零散状态，因此，建议加强食品安全信息的共享，建立多部门合作共建共享平台。

参考文献

国家食品药品监督管理总局：《2015年度食品药品监管统计年报》，http：//www. sda. gov. cn/WS01/CL0108/143640. html。

国家食品药品监督管理总局：《2015年度药品检查报告》，http：//www. sda. gov. cn/WS01/CL0051/154760. html。

国家食品药品监督管理总局：《国家药品不良反应监测年度报告（2015年）》，http：//www. sda. gov. cn/WS01/CL0844/158940. html。

《中华人民共和国食品安全法》，中国法制出版社，2015。

李培林等：《2016年中国社会形势分析与预测》，社会科学文献出版社，2015。

B.17
2016年中国环境保护
现状与新议题

贾峰　杨珂　张卉聪　田烁　黄潇潇　张子娇　周恋彤＊

摘　要：　"十二五"时期，中国环境治理力度前所未有，环境保护取得积极进展，但环境保护仍滞后于经济社会发展，生态环境恶化趋势尚未得到根本扭转。党的十八大将生态文明建设和环境保护摆在更加重要的战略位置，做出一系列重大决策部署。"十三五"时期是全面实现小康的关键期，也是环境质量总体改善的机遇期、窗口期和攻坚期。"十三五"规划纲要提出创新、协调、绿色、开放、共享五大发展理念。中国的环境保护将始终贯穿绿色发展理念，贯彻落实各项改革举措，强化环境法治保障，大力构建政府、企业、社会共治的环境治理体系。中国绿色发展的理念和实践也带动着全球环境保护迈向未来。

关键词：　环境保护　环境问题　环境管理

一　中国环境保护面临的总体形势

（一）国内形势

生态文明建设和环境保护的战略地位更加凸显。党的十八大将生态文明

＊　作者单位：环境保护部宣传教育中心。

建设和环境保护摆在更加重要的战略位置,对此项工作的认识高度、推进力度、实践深度前所未有,并做出一系列重大决策部署,顶层设计蓝图密集出台。2015年,中共中央、国务院出台《关于加快推进生态文明建设的意见》,印发《生态文明体制改革总体方案》。党的十八届五中全会审议通过《中共中央关于制定国民经济和社会发展第十三个五年规划的建议》,强调牢固树立并切实贯彻创新、协调、绿色、开放、共享五大发展理念,要求加快补齐生态环境短板,将生态环境质量总体改善列为全面建成小康社会目标。这三份文件构成当前和今后一个时期引领和指导生态文明建设的全面系统的制度架构。这是发展理念和方式的深刻转变,也是执政理念和方式的深刻转变,更是涉及生产方式、生活方式、思维方式和价值观念的重大变革。

推进生态文明建设和加强环境保护的路线图愈加清晰。2015年1月,新《环境保护法》开始施行;2015年8月,新《大气污染防治法》发布;2013年以来,《大气污染防治行动计划》《水污染防治行动计划》《土壤污染防治行动计划》等相继实施。这是为贯彻落实中央战略部署做出的设计图和路线图,也是落实生态环境保护的施工图。

环境保护成为各级党委政府的重要责任。2013年4月25日,在中央政治局常委会会议上,习近平总书记明确指出:"如果仍是粗放发展,即使实现了国内生产总值翻一番的目标,那污染又会是一种什么情况?届时资源环境恐怕完全承载不了。经济上去了,老百姓的幸福感大打折扣,甚至强烈的不满情绪上来了,那是什么形势?所以,我们不能把加强生态文明建设、加强生态环境保护、提倡绿色低碳生活方式等仅仅作为经济问题。这里面有很大的政治",并强调干部考核不能"唯GDP"论,如果由于决策失误,对环境造成严重影响的一定要追究责任,而且要"终身追究","对破坏生态环境的行为,不能手软,不能下不为例"。

中国生态环境保护的复杂性、紧迫性和长期性没有改变。总体来看,中国环境保护依然滞后于经济社会发展。由于多阶段、多领域、多类型的问题长期累积叠加,环境承载能力已经达到或者接近上限,环境污染重、

生态受损大、环境风险高，生态环境恶化趋势尚未得到根本扭转。大气环
境质量方面，主要污染物排放量仍然很大，污染程度高，部分地区冬季雾
霾频发高发；水环境质量方面，重点流域支流污染严重，城镇河流沟渠存
在黑臭水体，湖泊富营养化形势严峻；土壤环境质量方面，长三角、珠三
角、东北老工业基地等部分区域污染问题突出，西南、中南地区的土壤重
金属超标范围比较大，不少大中城市面临工业企业关闭和搬迁后废弃污染
场地修复再利用问题；生态环境方面，水土流失、土地沙化依然严重，生
态被破坏的速度远高于自然生态恢复的速度。2015 年，世界自然基金会
（WWF）与中国环境与发展国际合作委员会（CCICED）共同发布的《地
球生命力报告·中国 2015》指出："1970～2010 年间，中国的陆生脊椎动
物种群数量下降了一半，而中国的生态足迹却在同时期上升超过一倍，中
国已面临严峻的生态挑战。"

（二）国际形势

环境问题成为影响国际经济和政治秩序的重要因素，事关国家发展战略
的制定与实施。全球气候变化，臭氧层破坏，生物多样性减少，森林锐减，
土地荒漠化，大气、水和土壤污染，海洋污染，危险废物跨境转移等成为困
扰国际社会可持续发展的共同环境问题。2015 年是全球可持续发展的关键
一年。联合国三次高级别国际会议，特别是 9 月联合国发展峰会通过的
2015 年后发展议程，为人类未来可持续发展描绘了新的路径。绿色发展趋
势愈发强劲，绿色经济、绿色金融的概念越来越广泛地被国际社会所接受，
为国际社会共同应对环境问题创造了战略机遇。

应对气候变化是当前世界面临的主要挑战之一，也为各国建设更加稳
定、可持续、有竞争力的经济和社会带来了机遇。中国政府一贯秉持清醒的
认识和高度负责的态度及国际立场，将节能减排与低碳发展作为可持续发展
的内在要求，将妥善应对气候变化作为转方式、调结构的重要机遇。2015
年 9 月，中美两国元首再次就气候问题发表联合声明，表达了中美双方携手
并与其他国家一道努力，达成一项富有雄心的"巴黎成果"的坚定决心。

美国再次许诺向绿色气候基金捐资 30 亿美元；中国则用 200 亿元建立"中国气候变化南南合作基金"，支持其他发展中国家应对气候变化。2016 年 4 月 22 日，100 多个国家见证了新的全球性应对气候变化协议——《巴黎协定》的签署。2016 年 9 月 3 日，中国全国人大常委会批准中国加入《巴黎气候变化协定》，同日，国家主席习近平向联合国秘书长潘基文交存中国气候变化《巴黎协定》批准文书，向国际社会展示了应对全球环境问题的决心，也向国际社会发出了中国愿与各国共同抵御全球变暖积极而有力的信号。

二　中国环境质量状况

当前中国环境质量总体有所改善，但生态环境恶化的趋势尚未根本扭转。当前的环境保护总体状况可以概括为"环境污染重、生态受损大、环境风险高"。

（一）大气环境质量

2015 年，全国城市空气质量总体趋好，338 个地级及以上开展空气质量新标准监测的城市中，有 73 个城市空气质量达标，占 21.6%。京津冀、长三角、珠三角等重点区域和直辖市、省会城市、计划单列市等首批开展空气质量新标准监测的 74 个城市中，达标城市数量同比增加，平均达标天数比例同比提高 5.2 个百分点。

2016 年前三季度，全国 338 个地级及以上开展空气质量新标准监测的城市空气质量总体呈改善趋势，重点区域大气颗粒物浓度持续下降。平均优良天数比例为 80.3%，同比提高 2.6 个百分点。$PM_{2.5}$ 浓度为 43 微克/立方米，PM_{10} 浓度为 78 微克/立方米，分别同比下降 8.5% 和 8.2%。京津冀、长三角、珠三角城市平均优良天数比例分别为 60.8%、74.5% 和 90.1%，同比分别提高 8.4 个、1.9 个和 1.5 个百分点。

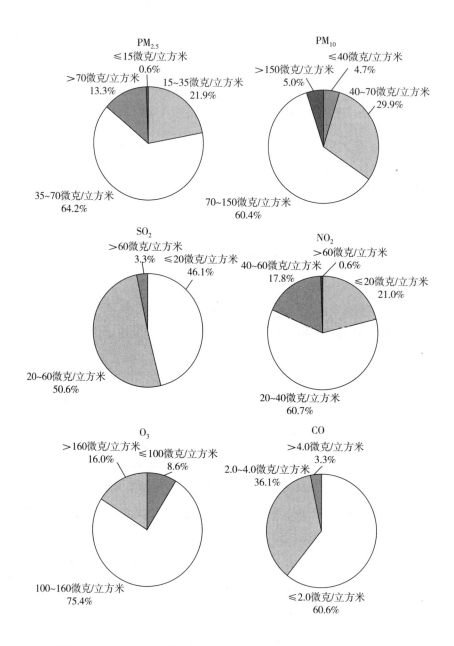

图1　2015年338个地级及以上城市各指标不同浓度区间城市比例

（二）水环境质量

2015 年，全国地表水达到或好于Ⅲ类水质的国控断面比例为 64.5%，
Ⅳ~Ⅴ类和劣Ⅴ类水质的断面比例分别为 26.7% 和 8.8%。开展监测的全国
地级以上城市集中式水源地中，地表水型饮用水水源地 92.6% 达标，地下
水型饮用水水源地 86.6% 达标。这表明地表水水质稳中趋好，但良好水体
保护形势严峻，部分水体污染问题突出。2016 年上半年，全国地表水环境
质量总体保持稳定。全国地表水达到或好于Ⅲ类水质的断面比例为 68.8%，
Ⅳ~Ⅴ类和劣Ⅴ类水质的断面比例分别为 20.6% 和 10.5%。与 2015 年全年
相比，水质优良（Ⅰ~Ⅲ类）断面比例上升 4.3 个百分点，劣Ⅴ类断面比
例上升 1.7 个百分点。

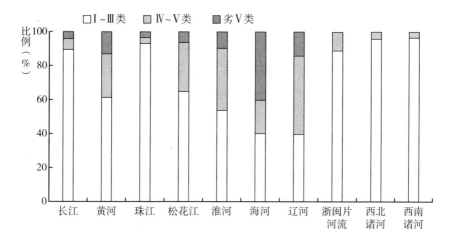

图 2　2015 年七大流域和浙闽片河流、西北诸河、西南诸河水质状况

2015 年，全国近岸以外海域海水质量良好，近岸海域水质略有好
转，水质级别为一般。全国水质优良比例（Ⅰ、Ⅱ类海水比例）同比
上升 3.7 个百分点，主要超标因子为无机氮和活性磷酸盐，点位超标率
分别为 29.2% 和 14.6%，营养状态为轻度富营养。近岸局部海域海水
环境污染依然严重，四季劣四类海水海域面积分别占中国管辖海域面积

的 2.2%、1.7%、1.3% 和 2.1%。污染海域主要分布在辽东湾、渤海湾、莱州湾、江苏沿岸、长江口、杭州湾、浙江沿岸、珠江口等近岸海域。

（三）土壤环境质量

2013 年完成的首次全国土壤污染状况调查结果显示，中国土壤污染总体状况不容乐观。全国土壤总的点位超标率为 16.1%，其中污染点位比例轻微为 11.2%、轻度为 2.3%、中度为 1.5%、重度为 1.1%。污染类型以无机型为主，有机型次之，复合型污染比重较小。

（四）声环境

2015 年，全国 321 个地级及以上城市区域声环境质量平均水平为二级。其中，一级城市占 4.0%，较上年上升 2.2 个百分点；二级占 68.5%，较上年下降 3.1 个百分点；三级占 26.2%，较上年下降 0.1 个百分点；四级、五级分别占 0.9%、0.3%，比例分别上升 0.6 个百分点和 0.3 个百分点。

表1　全国土壤无机污染物超标情况

单位：%

污染物类型	点位超标率	不同程度污染点位比例			
		轻微	轻度	中度	重度
镉	7.0	5.2	0.8	0.5	0.5
汞	1.6	1.2	0.2	0.1	0.1
砷	2.7	2.0	0.4	0.2	0.1
铜	2.1	1.6	0.3	0.15	0.05
铅	1.5	1.1	0.2	0.1	0.1
铬	1.1	0.9	0.15	0.04	0.01
锌	0.9	0.75	0.08	0.05	0.02
镍	4.8	3.9	0.5	0.3	0.1

表2 全国土壤有机污染物超标情况

单位：%

污染物类型	点位超标率	不同程度污染点位比例			
		轻微	轻度	中度	重度
六六六	0.5	0.3	0.1	0.06	0.04
滴滴涕	1.9	1.1	0.3	0.25	0.25
多环芳烃	1.4	0.8	0.2	0.2	0.2

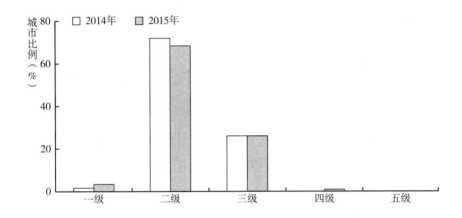

图3 2015年地级及以上城市昼间区域声环境质量状况年际比较

324个进行昼间监测的地级及以上城市，道路交通噪声平均水平为一级。308个开展城市功能区声环境监测的地级及以上城市昼间监测点次达标率平均为92.4%，夜间达标率为74.3%，同比分别上升1.1个百分点和2.5个百分点。

（五）固体废物

2014年，244个大中城市一般工业固体废物产生量19.4亿吨，其中综合利用量12.0亿吨，占总量的61.9%，处置和贮存分别为4.8亿吨和2.6亿吨，分别占24.7%和13.4%。

危险废物方面，全国工业危险废物产生量2458.5万吨，其中，综合利

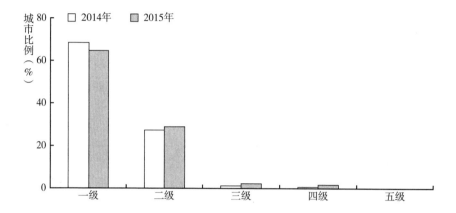

图4 2015年地级及以上城市昼间道路交通声环境质量状况年际比较

用量1431.0万吨，占总量的58.2%，处置和贮存分别为889.5万吨和138.0万吨，分别占36.2%和5.6%。医疗废物产生量62.2万吨，处置量60.7万吨，大部分城市的医疗废物处置率达到100%。生活垃圾产生量16816.1万吨，处置量16445.2万吨，处置率达97.8%。

（六）核与辐射

2015年，全国辐射环境质量保持良好。环境电离辐射水平处于本底涨落范围内，核设施、核技术利用项目周围环境电离辐射水平总体无明显变化；环境电磁辐射水平总体情况较好。中国民用核设施运行安全和建造方面，辐射环境质量总体良好。各类民用核设施及活动均未发生国际核事件分级表（INES）中1级及以上的安全事件或事故。

2016年8月，国际原子能机构（IAEA）专家评估团从技术和管理层面，对中国核安全监管体系开展了全面、系统的安全评估，对6年来中国核与辐射安全工作取得的成绩给予了积极评价。目前，中国所有运行核电机组的安全指标在世界核电运营者协会指标体系中处于中上水平。

三 突出的环境保护问题

（一）中国气、水、土、声环境污染面临的形势较为严峻

1. 大气环境方面颗粒物污染和臭氧污染问题突出

2015～2016年，中国城市空气质量总体呈改善趋势，但全国空气质量超标城市比例依然较大。超标城市中，颗粒物（$PM_{2.5}$、PM_{10}）污染和臭氧污染防治问题突出。就成因而言，机动车尾气、燃煤烟气、烟尘处于大气排放源的前三位，是$PM_{2.5}$的主要来源；工厂燃煤、机动车尾气、石油化工等排放的氮氧化物和挥发性有机化合物是促进臭氧生成的主要因素。

2. 地表水方面水体功能丧失、黑臭化、富营养化问题突出

当前，中国地表水重点流域的支流污染严重，丧失水体功能的劣Ⅴ类水体断面的比例较高；城市黑臭水体大量存在；湖泊富营养化问题突出。

3. 土壤环境仍面临重金属超标和历史遗留污染场地的困境

中国部分地区土壤污染严重，威胁农产品质量安全和人体健康。西南、中南地区土壤重金属超标范围较大，不少大中城市存在重污染行业大批企业关闭和搬迁遗留下的大量废弃污染场地，后期处理处置压力大。

4. 环境噪声投诉量大，处理结果满意度低

2015年，全国噪声投诉量超过环境投诉总量的1/3，建筑施工噪声投诉占比最高，社会生活噪声投诉占比也较高。在噪声管理方面还存在建设规划不合理导致产生更多污染源、管理主体不明确导致执法效率低、相关法规未明确责任等问题。

（二）一些环境敏感的建设项目"邻避"问题凸显

特定发展阶段和社会环境决定了现阶段中国处于环境风险多发、频发期。改革开放以来，中国走的是压缩型、追赶型的快速工业化历程。发达国家在一二百年工业化发展过程中分阶段出现、分阶段解决的环境问题，在我

们国家同时发生，新老环境问题在短期内集中爆发。中国还处于既要保证一定发展速度，又要追求更优发展质量的阶段，环境压力比世界上其他国家都大，污染治理和环境质量改善的难度前所未有。而随着社会经济发展和人民生活水平提升，群众对环境质量改善有了更高的期待，在某些方面甚至超越了当前经济发展阶段的实际状况。

2015年以来，因公众担心由建设项目带来环境问题，引发多起对基础设施和重大工业设施建设项目的"邻避"事件，其中以PX为代表的重化工、垃圾焚烧发电、核电三类项目为主。2015年仅垃圾焚烧发电项目引发的群体事件就达20余起。这些项目基本是为落实"调结构、转方式"和淘汰落后产能而建的，但"新项目建不成老项目关不了"，不仅损害当地经济和民众福祉，也直接影响国家调整产业结构、推动经济绿色升级的进程。此外，这些事件中，政府和公众之间由沟通不畅导致的无规则互动也产生了不良后果，甚至在不少地方恶性复制与蔓延，严重透支政府的信誉。

四 环境保护工作新进展

（一）"十二五"规划以来，中国生态环境保护取得积极成效

"十二五"规划以来，中国的环境治理以大气、水、土壤污染治理为重点，着力解决突出环境问题，污染治理的进程明显加快，环境法制建设日益加强，环境保护制度不断完善，全民绿色行动蓬勃兴起，环境质量改善取得积极成效。"史上最严"《环境保护法》的出台标志了环境保护法制建设取得重大进展；生态文明体制改革工作不断深化，地方党政同责、一岗双责得到落实；环境信息公开力度持续加大，绿色观念深入人心。以事关老百姓呼吸健康的雾霾治理为例，中国已建成发展中国家最大的环境空气质量监测网，全国338个地级及以上城市全部具备$PM_{2.5}$等六项指标监测能力；环境保护部发布2016年1~10月全国空气质量状况数据，全国338个地级及以上城市平均优良天数比例为81.4%，同比提高3.6个百分点，$PM_{2.5}$浓度为

42 微克/立方米，同比下降 12.5%；监测数据表明，2016 年以来全国及重点区域颗粒物浓度呈下降趋势，空气质量总体改善。

（二）深化环保领域改革，完善环保制度体系

生态文明体制改革"1＋6"方案出台后，环境保护体制机制的改革进展迅速。

在落实地方党政领导责任方面，环境保护部制定《环境保护督察方案（试行）》《生态环境监测网络建设方案》《生态环境损害赔偿制度改革试点方案》三个改革方案，参与起草《生态文明体制改革总体方案》《关于开展领导干部自然资源资产离任审计的试点方案》《党政领导干部生态环境损害责任追究办法（试行）》，生态环境保护"党政同责"、"一岗双责"、生态环境损害责任终身追究等有了明确依据。

在环境监测预警体制改革方面，环保部联合财政部印发《关于支持环境监测体制改革的实施意见》，制定《国家环境监测事权上收实施方案》，出台《环境监测数据弄虚作假行为判定及处理办法》《关于推进环境监测服务社会化的指导意见》，正在会同中央编办制定全国环境监测机构编制标准化建设的指导意见，人力资源和社会保障部已出台有关提高环境监测人员岗位津贴的通知，一批制约环境监测工作开展的体制机制障碍正在逐渐被破解。

在环保投融资和环境服务业方面，联合印发《推进水污染防治领域政府和社会资本合作的实施意见》。探索建立金融支持环境保护的新型政银合作关系，启动环境保护部、开发银行新一轮战略合作，融资总量超过 3000 亿元。开展第 5 批环境服务业试点工作。

在环境经济政策方面，印发《关于加强企业环境信用体系建设的指导意见》，初步建成企业环境信用信息系统并接入全国统一的信用信息共享交换平台。在 6 个地区开展绿色 GDP 核算试点，提交 2004～2013 年全国绿色 GDP 核算成果。印发《环境保护综合名录（2015 年版）》，发布全国投保环境污染责任保险企业名单。积极推进环保费改税，《环境保护税法》已向社会征求意见。

在环保机构改革方面，2016年9月，中共中央办公厅、国务院办公厅印发了《关于省以下环保机构监测监察执法垂直管理制度改革试点工作的指导意见》，增强环境监测监察执法的独立性、统一性、权威性和有效性。环境保护部调整内设机构，设立水、气、土壤环境管理专门机构，实行"要素管理"，统筹运用结构优化、污染治理、总量减排、达标排放、生态保护等改善环境质量的多种手段，促进形成工作合力和联动效应。

（三）环境保护法治化水平逐步提升

2015~2016年，环境立法、执法、司法、守法等方面都取得了新的进展，环境保护法治化趋势进一步增强，为国家生态文明建设和绿色发展提供了坚实的制度保障。

1. 环境保护立法理念不断更新，立法体系趋于完善

"生态文明建设"与"可持续发展"的立法理念在2014年《环境保护法》修订中得以明确后，2015~2016年，《野生动物保护法》《海洋环境保护法》《大气污染防治法》《深海海底区域资源勘探开发法》四部法律完成了修订，《环境保护税法》《核安全法》《土壤污染防治法》《循环经济促进法》《水污染防治法》正在研究制定或修改；《建设项目环境保护管理条例》等行政法规完成了修订；《应对气候变化法》《碳排放权交易管理条例》《固体废物污染环境防治法》《规划环境影响评价条例》《排污许可管理条例》等法律法规正在研究起草或修订，环境保护立法体系趋于完善。

2. 环境保护的主体责任加强，环境执法不断强化

一是党政环保主体责任加强。党中央、国务院发布的《生态文明体制改革总体方案》《党政领导干部生态环境损害责任追究办法》《生态环境监测网络建设方案》等重要文件，以及新《环境保护法》的四个配套办法，加强了对政府在环境保护中主体责任的规定，同时促进了环保部门依法行政、重拳打击环境违法行为和强化排污者环境保护责任。

二是重点案件挂牌督办和直接查办效果显著。为强化地方政府责任、有效处理跨界污染，环保部与多个省级政府共同对重点案件和重点问题进行了挂牌督办和直接查办。执法形式的创新，有效震慑了恶意环境违法行为，也促进了跨界联动治理污染的工作机制。

三是环境执法的长效机制逐步建立健全。环境保护执法的长效机制主要包括行政执法与刑事司法联动机制和环保督察机制。2015年，多数省份已初步建立并执行环保行政执法与刑事司法衔接的"三项制度"（联动执法联席会议、常设联络员和重大案件会商督办制度）和"四项机制"（案件移送、联合调查、信息共享和奖惩机制）。全国大部分省份都制定并实施了环保督察工作方案。环保部6个区域督察中心对多个城市进行督察，对督察中发现的问题及时督办和公开，对部分地市主要负责人的约谈力度加大。地方各级环境监察人员和队伍建设逐步规范。

3. 环境司法体制不断强化，环境公益诉讼制度探索走出新道路

一是环境司法体制不断强化，各级环资审判机构建立健全。截至2016年6月，全国法院共设立环境资源审判机构500余个；2014年1月至2016年6月，全国法院审结环境犯罪和环境资源犯罪的一审刑事、民事和行政案件突破29万件。

二是环境公益诉讼制度逐步建立完善，社会组织和人民检察院的监督功能日益彰显。2015年1月至2016年6月，全国法院共受理社会组织提起的环境民事公益诉讼一审案件93件，人民检察院提起的环境民事、行政公益诉讼案件21件，对环境违法的监督和环境治理的促进效果显著。

三是环境资源司法理念与审判规则不断完善，绿色发展的相关司法解释和规范得到加强。2016年，《关于充分发挥审判职能作用为推进生态文明建设与绿色发展提供司法服务和保障的意见》《关于办理环境污染刑事案件适用法律若干问题的解释》《关于审理环境侵权责任纠纷案件适用法律若干问题的解释》等规范性文件和司法解释相继出台，确定了一系列环境案件的审判规则，绿色发展的现代环境司法理念逐步进入环境资源审判工作。

4. 全社会环境守法意识逐步增强，政府、企业和公众深入践行绿色发展理念

一是各级政府的环境守法意识增强。多地按照法律的要求由当地政府向本级人大常委会汇报环保法年度实施情况，环境保护部及省级环保部门依法公布空气、水环境质量信息，国家重点监控企业自行监测信息公布率达到85%以上。

二是企业的环境社会责任意识增强。自2013年环境保护部会同国家发改委、人民银行、银监会联合发布《企业环境信用评价办法（试行）》以来，其对指导各地开展企业环境信用评价、督促企业履行环保法定义务和社会责任、约束和惩戒企业环境失信行为发挥了积极作用。2015年，新环保法明确规定环保部门"应当将企业事业单位和其他生产经营者的环境违法信息记入社会诚信档案，及时向社会公布违法者名单"。国务院印发的《水污染防治行动计划》要求"加强环境信用体系建设，构建守信激励与失信惩戒机制，于2017年底前分级建立企业环境信用评价体系"。

三是公众的环境守法意识增强，参与程度加深。国务院《关于加快推进生态文明建设的意见》要求，倡导绿色生活，倡导勤俭节约、绿色低碳、文明健康的生活方式和消费模式。新《环境保护法》第六条规定，公民应当选择低碳、节俭的生活方式，自觉履行环境保护义务。中国公众的环境守法意识在衣、食、住、行、游中初步体现。新环保法也激励了各类环保组织更深更广地参与环境保护。

五 环境保护新领域、新议题

（一）环境问题是经济问题，也是发展方式问题，并成为最重要的民生问题之一

习近平总书记多次强调"金山银山"与"绿水青山"的"两山论"，阐明生态文明建设的重要性，为建设美丽中国指引方向。绿水青山与金山银

山既会产生矛盾，又可以辩证统一。"留得青山在，才能有柴烧"，绿水青山可以源源不断地带来金山银山，绿水青山本身就是金山银山，保护环境就是保护经济社会发展潜力和后劲。转变经济发展方式，生态优势就可以转变为经济优势。

环境质量事关人民群众最直接、最现实的利益，是最公平的公共产品，是最普惠的民生福祉。2015年"两会"期间，习近平总书记参加江西代表团审议时说，"环境就是民生，青山就是美丽，蓝天也是幸福"。党和政府已经把环境问题上升到民生问题的高度去认识、去重视、去治理。近些年，关于生态文明建设和绿色发展的系列决策部署赢得全社会普遍赞扬，公众对绿色发展不断凝聚共识。

（二）五大发展理念带来绿色发展新趋势

"十三五"时期，中国环境保护同时面临两大现实挑战：一是不断满足人民群众日益增长的对良好环境质量的需求；二是以有限的环境承载能力支撑更大程度的经济发展。2015年10月29日，中国共产党十八届五中全会审议通过《中共中央关于制定国民经济和社会发展第十三个五年规划的建议》，提出牢固树立并切实贯彻创新、协调、绿色、开放、共享的发展理念，为全面建成小康社会、破解两大现实问题提供了有力的思想指引。

创新是绿色发展的动力引擎。改革开放以来，中国经济总量已跃居世界第二，但产业层次低、发展不平衡和资源环境刚性约束增强等矛盾愈加凸显，迫切需要转变发展方式，推进产业升级，其要诀是把创新作为驱动力，打造、优化发展新引擎。

协调是绿色发展的重要举措。改革开放以来，中国的协调发展取得显著成绩，但经济社会发展中存在的不平衡、不协调、不可持续问题依然存在。实现绿色发展，关键要协调好现实利益与长期利益，促进速度和结构、质量、效益相统一，经济发展与人口资源环境相协调。

开放是绿色发展的战略蓝图。21世纪，全球化已呈现更加广泛、更加

深入、更加专业的发展特点，人类日益成为一个关系紧密的命运共同体。绿色发展是国际社会面临的共同命题，提高对外开放水平，积极参与全球经济治理，推进全球绿色发展进程，成为各国的重要战略考量。

共享是绿色发展的最终归宿。发展最终是为了人民，旨在保证人人享有发展机遇、享有发展成果。绿色发展的目标则是切实改善环境质量、创造美好地球家园，共同享有良好生态环境，增进人民福祉，实现可持续发展和人的全面发展。

2016年，全国环境保护工作会议明确了"十三五"时期环境保护总体思路，即紧紧围绕"五位一体"总体布局和"四个全面"战略布局，牢固树立和贯彻落实五大发展理念，以改善环境质量为核心，实行最严格的环境保护制度，打好大气、水、土壤污染防治三大战役，推进主要污染物减排，严密防控环境风险，确保核与辐射安全，加强环境基础设施建设，强化污染防治与生态保护的联动协同效应，不断提高环境管理系统化、科学化、法治化、精细化和信息化水平，加快推进生态环境治理体系和治理能力现代化，确保2020年生态环境质量总体改善。

（三）生产和生活方式绿色化

"绿色化"包括生产方式的绿色化和生活方式的绿色化。

生产方式绿色化，要求在经济发展领域构建资源消耗少、环境污染少、科技含量高、经济和社会效益好的产业结构和生产方式，实现经济发展与资源环境承载能力的有机协调。中国在生产方式绿色化方面取得了显著成效。能源结构得到进一步优化，可再生能源、清洁能源的比例不断上升，节能减排成效显著，产业结构绿色化进程加快。新环保法的实施为产业结构调整、培育新增长点创造了良好的法治环境和强大动力，提升了企业加大环境治理投入、践行绿色转型的主动性和积极性。

生活方式绿色化，要求时时、事事、人人践行绿色生活方式。中共中央、国务院《关于加快推进生态文明建设的意见》中提出，要"培育绿色生活方式。倡导勤俭节约的消费观。广泛开展绿色生活行动，推动全民在衣、食、住、行、游等方面加快向勤俭节约、绿色低碳、文明健康的方式转变"。新环保法规定，公民应当增强环境保护意识，采取低碳、节俭的生活方式，自觉履行环境保护义务。中国环境保护部门着力建立生活方式绿色化宣传联动机制，增强全民生态文明意识，提高绿色生活的道德约束力，构建全民参与的绿色行动体系。通过广泛开展绿色创建活动，引导公众积极践行绿色生活方式；完善信息公开与公众参与平台，为公众践行、监督绿色生产生活方式创造便利条件和有利环境。

（四）中国带动全球绿色发展脚步

2009 年，美国著名媒体人马斯·弗里德曼在《纽约时报》撰文指出，中国决定走绿色发展的道路，决定依靠清洁的、国产的能源来满足能源需求，21 世纪头十年中国"绿色大跃进"具有划时代的意义。2010 年 11 月 29 日，美国能源部部长朱棣文在华盛顿对媒体发表演讲中提到，从风力发电、核电到高速铁路，中国正在以迅猛的发展势头争夺清洁能源的领导地位。这对美国来说如同又一次听到苏联首先发射了人类第一颗人造卫星。美国需进一步驱动国家创新机器，在未来全球角逐中取得竞争优势。比尔·盖茨在接受《大西洋月刊》采访时表示，中国以政府行政力量推进绿色发展的成果值得美国和世界学习。中国在绿色能源上投资总量达到 800 亿美元，超过美国（340 亿美元）和欧洲（460 亿美元）。同时，中国计划把化石燃料使用高峰控制在 2030 年，中国的太阳能发电量超过了其他国家的总和。国际社会特别是发达国家对中国绿色发展的行动都给予了肯定，同时也以中国为例，敦促本国推行绿色新政。他们的态度也给出了一个重要的风向标：绿色发展不仅事关环境改善，而且关涉一国未来的领导力和竞争力。

"十三五"时期，绿色发展是中国产业结构调整、发展方式转变的重头戏。中国将更加重视并深入实施传统产业节能减排、低碳发展的绿色战略，创新发展新兴行业的绿色链条，最大限度地实现资源的持续利用和生态环境质量的持续改善。中国公民绿色行动也已迈出坚定步伐，人们努力成为绿色

发展的推动者、传播者和贡献者，加快推广健康、自然的生产生活方式，让适度、节俭、生态的理念成为新趋势、新潮流。

参考文献

陈吉宁：《以改善环境质量为核心 全力打好补齐环保短板攻坚战》，《环境保护》2016年第2期。

余瑞祥：《生态文明的本质是实现清洁的现代化》，《党建》2015年第3期。

相雅芳：《马克思主义视阈下的可持续发展理念》，《观察与思考》2014年第10期。

赵行姝：《透视中美在气候变化问题上的合作》，《现代国际关系》2016年第8期。

B.18
2016年中国社会治安形势分析报告*

周延东　宫志刚**

摘　要：　随着立体化社会治安防控体系不断完善与创新，社会治安形势整体趋于平稳有序。2016年，国内恐怖主义势力得到有效遏制，但国际恐怖案件频发，暴恐风险隐患依然严峻；在社会大众人身安全状况不断好转的趋势下，财产安全面临重大挑战；伴随着新时期结构优化和动力转换，纠纷调解案件数量逐步上升，多元化纠纷解决机制发挥了重要作用，促使治安案件呈现明显减少趋势。非法集资犯罪、特殊类型社区安全和物流寄递安全成为新时期社会治安防控的三大"新困境"，建议从推动网络信息防控体系建设、提升社区安全防控能力和构建物流寄递安全监管体系等方面促进社会治安良性有序运行。

关键词：　治安形势　防控体系　社会秩序

当前，在中国广大地区已经逐渐形成了党委领导、政府主导、综治协调、各部门齐抓共管、社会力量积极参与的社会治安防控体系建设工作格局，使影响群众安全感的多发性案件和公共安全事故得到了有效防范，人民群众安全感和满意度明显提升，社会治安状况整体和谐有序。然而，当前经

* 本文为基金项目：北京市社会科学基金青年项目"北京'村改居'社区安全多元共治机制研究"（项目编号15SHC038）和国家社会科学基金青年项目"后单位社区安全危机及其治理创新研究"（项目编号：16CSH011）的阶段性成果。

** 周延东，中国人民公安大学治安学院讲师；宫志刚，中国人民公安大学治安学院院长，教授。

济发展进入新常态，正处于结构优化和动力转换的重要时期，经济下行压力进一步加大，给新时期社会治安形势带来了诸多新挑战。

一　2016年社会治安总体状况与趋势

（一）恐怖案件数量急剧下降，暴恐风险隐患依然严峻

2016年1月1日，《中华人民共和国反恐怖主义法》开始施行，这对于维护国家安全、公共安全和人民生命财产安全具有标志性意义。通过梳理当前用户最多的四大门户网站（新浪、网易、搜狐和腾讯）公布的数据和新闻报道得知，近五年来境内发生典型恐怖袭击事件的数量呈现"倒V"形特征（见图1）。2014年，恐怖袭击数量达到峰值，共17件；到2015年，党和政府对民族分裂主义、宗教极端主义和暴力恐怖主义等犯罪分子进行了坚决有力的打击，恐怖袭击案件得到了迅速遏制，暴恐案件数量下降到1件；2016年，立体化社会治安防控体系依然能够有效发挥主体作用，依托各种力量主动防控、严厉打击，截至11月，尚未发生恐怖袭击事件，为社会治安良性有序运行奠定了基础。

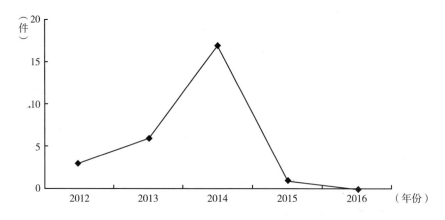

图1　2012~2016年我国典型恐怖袭击案件数量

资料来源：根据四大门户网站（新浪、网易、搜狐和腾讯）新闻报道整理而成。

然而，在国内反恐形势相对平稳的情况下，国际上许多国家却遭受恐怖主义的严重打击，暴恐袭击案件数量飙升，且危害极大。媒体称2016年为"国际恐怖年"，发生了如巴格达恐怖袭击案、布基纳法索恐怖袭击案、布鲁塞尔连环爆炸袭击案以及安卡拉大爆炸恐怖袭击案等暴恐案件，造成重大人员伤亡和经济损失，反映出国际恐怖主义发展势头不断恶性蔓延，暴恐风险依然十分严峻。

本文通过对近五年来国内外暴恐事件案发场所的梳理和分析，提出当前乃至未来一个时期内需要重点关注的主要区域。从国内来看，恐怖袭击案发场所主要包括市场、政府（镇政府、公安机关）、商铺（美容店、棋牌室）、恐怖分子住所、疆区汉族住所、居民社区、建筑工地、街道、广场、火车站、飞机场、边境和公安巡逻车等，其中政府（镇政府、公安机关）、街道、火车站、市场以及商铺（美容店、棋牌室）等场所成为恐怖袭击案件的高发区域（见图2），由此看来，这些区域依然是威胁大众生命财产安全的高风险区域，需要进一步提升打击防控能力，也要引起民众的广泛关注，加强自我防范意识。其他场所虽然发案频率较低，但一定程度上暴露了当前治安防控工作的缺陷和不足。如伊宁市"3·2"故意杀人案的主犯因街道有巡逻警车无从下手，进而转入居民社区实施犯罪，呈现恐怖分子将袭击地点从防控力量较强的公共区域转向防控力量较为薄弱的半公共区域或私人区域的特征；再如喀什市艾提尕尔清真寺伊玛目居玛·塔伊尔大毛拉被害案，塔伊尔大毛拉阿吉曾多次在媒体公开谴责暴力恐怖行为和实施暴恐者，2014年7月30日，他主持完晨礼后，被3名暴徒残忍杀害，影响极为恶劣，这反映出对重点人群的安全保卫工作尚存在一些漏洞与缺陷。

从国外来看，2016年遭受恐怖主义袭击的场所，除广场、街道、商场以及餐厅和咖啡馆等公共场所外，使馆区、足球场以及地铁站也成为恐怖分子攻击的重要对象（见表1）。近些年，在境内发生的恐怖袭击案件中，使馆区、足球场以及地铁站这三个区域还尚未涉及，但需要引起社会大众的广泛注意，并进一步加强这些区域的治安防控工作。总体来讲，当前恐怖主义

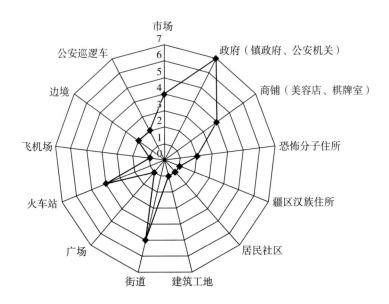

图2　2012～2016年我国典型恐怖袭击事件案发场所发生频数（单位：件）

资料来源：根据四大门户网站（新浪、网易、搜狐和腾讯）新闻报道整理而成。

问题依然严重，反恐工作面临巨大挑战，需要国际社会加强协作、共同打击。

表1　2016年国际典型恐怖袭击事件一览

年份	恐怖袭击案件	案发场所
	1·11 巴格达恐怖袭击	商场门口
	1·12 伊斯坦布尔爆炸事件	广场
	1·14 雅加达恐怖袭击	商业区、使馆区、咖啡店
	1·15 布基纳法索恐怖袭击事件	咖啡馆
	2·17 安卡拉大爆炸事件	广场
	3·13 安卡拉炸弹袭击事件	街道、广场、公共汽车站
2016	3·22 布鲁塞尔连环爆炸袭击案	机场、地铁
	3·25 伊斯坎德里耶炸弹袭击事件	足球场
	6·7 伊斯坦布尔恐怖爆炸袭击	街道
	6·28 伊斯坦布尔机场自杀式袭击事件	机场
	7·1 达卡恐怖袭击事件	餐厅
	7·14 尼斯恐怖袭击事件	街道

（二）人身安全状况趋于好转，财产安全面临挑战

根据国家统计局公布的数据，2010～2015年，公安机关立案的杀人、伤害和抢劫刑事案件数量呈现连年下降趋势，且下降幅度较大（见图3）。2015年与2010年相比，杀人刑事案件由13410起下降到9200起，下降31.39%；伤害刑事案件由174990起下降到132242起，下降24.43%；抢劫刑事案件由237258起下降到86747起，下降比例达到63.44%，进一步说明社会大众广泛关心的以"杀人"、"伤害"和"抢劫"为代表的"人身安全"状况不断趋于好转。据公安部统计，2015年，发生涉枪犯罪案件106起、涉爆犯罪案件84起，分别下降43.0%、9.9%，全国严重暴力犯罪案件下降12.5%，人民群众安全感和满意度得到进一步提高。

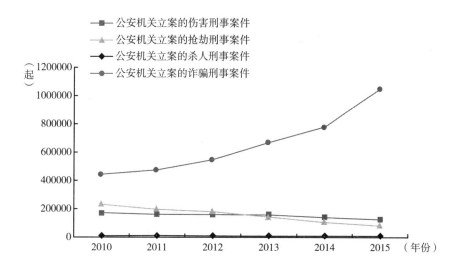

图3　2010～2015年公安机关立案的伤害、杀人、抢劫和诈骗案件数量

资料来源：国家统计局年度数据，http://data.stats.gov.cn/easyquery.htm? cn = C01。

与社会大众人身安全状况不断好转的趋势相比，"财产安全"在新时期面临前所未有的风险和困境，其突出表现为诈骗案件的急剧上升。据统计，2015年刑事案件达717.40万起，与2014年相比，增加了63.43万起，其中诈骗案件一项就增加了26.45万起，占到增值总量的41.70%，成为刑事案

件大幅增加的主要原因。公安部最新数据显示，2016 年上半年，"新兴起"的金融诈骗在全国经济犯罪案件中，所占比例远高于较为传统的扰乱市场秩序、假冒伪劣、破坏金融管理秩序、危害税收征管、妨害公司和企业管理秩序及职务类案件等，其中突出表现为电信诈骗案件数的飞速增长：从 2010 年的 10 万起暴涨到 2015 年 59 万起，上升 32.5%。[①] 2016 年，电信诈骗案件再度高发，且涉外案件增多，"互联网金融""虚拟货币"以及"金融互助"等成为不法分子进行诈骗的重要平台。

据调查分析，当前电信诈骗表现出如下几个特征：其一，跨境化，电信诈骗犯罪集团的组织者常常身在境外，利用国外服务器，甚至实现多次转接，构建电信诈骗网络平台，具有极强的隐蔽性，大大增加了打击难度；其二，集团化，电信诈骗多为具有严密组织的集团作案，分工明确，有机协作，分为电话组、短信组、银行转账组和技术运行组等，表现出极高的效率，编织了一个强大的犯罪网络；其三，专业化，电信诈骗集团的手段表现出极强的科技性和智能性，犯罪分子对于现代通信手段以及电子支付方式运行程序和规则都十分熟悉，极善于利用相关科技的成果或某些漏洞缺陷进行诈骗，作案工具不断更新换代，且具有很强的反侦察能力。

（三）治安案件数量不断下降，纠纷调解数量持续上升

国家统计局关于公安机关受理治安案件的数据显示，2010～2012 年，公安机关受理治安案件数量呈持续上升趋势，到 2012 年，案件数达到峰值，为 1388.95 万件；自 2012 年，也就是党的十八大提出"完善立体化社会治安防控体系"以来，治安案件数呈现不断下降趋势，到 2015 年，公安机关受理治安案件减少至 1179.51 万件，与 2012 年相比，下降了 15.08%（见图 4），社会治安状况不断趋于好转。

与公安机关受理治安案件数呈持续下降趋势相比，民间纠纷调解案件数

---

① 因涉及公安机关数据的保密性要求，具体数据不能公开。

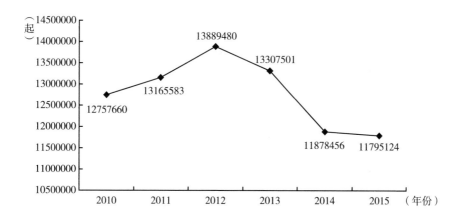

图4 2010～2015年公安机关受理治安案件数

资料来源：国家统计局年度数据，http：//data. stats. gov. cn/easyquery. htm？cn＝C01。

量不断上升。国家统计局数据显示，2010～2015年，以调解房屋、宅基地纠纷和邻里纠纷为代表的民间纠纷案件数量呈现平稳上升趋势。2015年，调解房屋、宅基地纠纷数量为65.3万件，同比增加0.93%（见图5），调解邻里纠纷数量为237.5万件，同比增加0.59%。民间纠纷调解数量平稳上升主要包括两个方面原因：首先，这与当前经济"新常态"发展阶段息息相关。"新常态"在缓解以往经济高速增长期累积的矛盾和问题的同时，也带来了新的矛盾和问题，如经济增速下降和实体企业赢利下滑等现实状况所导致的一些企业经营困难、失业人员增多和就业问题凸显等，欠薪、裁员和改制等所引发的劳资纠纷问题，以及不良贷款、地方债务和非法集资等风险点增多等都是造成民间纠纷频发的重要原因。其次，党和政府注重完善多元纠纷解决机制，它在社会治理体系中日益发挥重要作用。2016年7月，孟建柱在全国司法体制改革推进会上进一步对多元化纠纷解决机制提出要求，建议构建"有机衔接、相互协调、开放灵活、高效便民"的多元化纠纷解决机制。①

---

① 孟建柱：《坚定不移推动司法责任制改革全面开展》，《人民公安报》2016年10月20日。

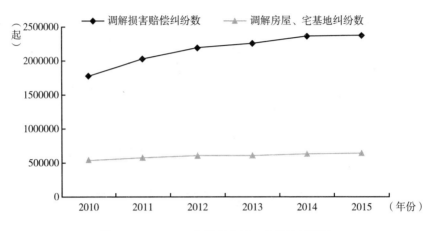

图5　2010～2015年调解房屋、宅基地纠纷数

资料来源：国家统计局年度数据，http：//data. stats. gov. cn/easyquery. htm？cn＝C01。

二　新时期社会治安的三大"新困境"

网络信息技术的飞速发展、人口频繁流动以及物品流通的飞速发展，给社会大众的日常生产生活带来了诸多便利，但也形成了诸多"新困境"，如互联网金融滋生的"非法集资犯罪问题"、人口大量流动所带来的"社区安全问题"以及物品流通飞速发展导致的"物流安全风险问题"等。

（一）非法集资犯罪高发

互联网金融业的快速发展在降低交易成本、激活民间投资等方面发挥了重要的推动作用，但一些网络借贷平台由于缺乏标准、规范和监管而存在巨大风险，不法分子利用网络借贷、网上理财等名义，以高息回报为诱饵，大肆进行非法集资等违法犯罪活动，带来严重的社会治安隐患。公安部2016年上半年经济犯罪调查数据显示，非法集资犯罪立案数同比出现下降趋势，为近年来首次回落，但涉案金额却创历史新高。2016年，连续发生"大大集团""中晋系""望洲集团"等一批大案要案，上海"快鹿"等企业由非法集资导致的资金风险也逐步显现，而且可能引发"骨牌效应"，极易在一定条件下转化为社会风险的导火索，甚至导致群体性事件的发生，给社会秩序和政治安全带来严重隐患。

2015年底以来的"e租宝""泛亚"等大案要案，表现出涉案金额大、涉案人数多、涉案地域广的特征。据了解，"e租宝"事件涉案金额达500亿元，涉案人数超过90万人，涉及31个省份和地区；"泛亚"事件涉案金额达430亿元，涉案人数为22万人，涉及20个省份和地区。2016年上半年，由非法集资所引发的群体性事件数量同比大幅上升，涉案群体规模不断扩大，并且呈现组织化程度提高、网上网下联动突出、连锁反应趋势明显和对抗性及破坏力增强等新动向、新特点，甚至出现向政治领域传导的趋势，意味着群体性事件从以公安部门为治理主体迈向多元治理系统从社会结构、资源配置和社会关系等复杂维度进行调整协调的发展过程，[①] 这也对治理能力和治理水平提出了新的挑战。

在此，还需要强调非法集资中证券期货领域犯罪呈现大幅增多的新趋势。据了解，受2015年以来股市异常波动的影响，部分案件在2016年集中暴露。证监会、审计署等部门移送案件或线索数创历史新高，并表现出一些新动向：证券交易所、证券公司、基金公司等从业人员犯罪问题突出，上市公司拟并购企业和拟借壳上市企业财务造假问题凸显以及利用"新三板"实施犯罪的案件开始出现等。

（二）社区安全隐患突出

首先，"短租房"集中严重威胁社区安全。社区中的"短租房"成为当前威胁社区大众生命财产安全和日常生活秩序的重大漏洞。当前，以公安机关为主体所构建的旅店业信息管理系统已经基本建成并得到不断完善，对恐怖主义等违法犯罪分子进行了及时有效的监管防控。但在房屋租

---

① 冯仕政：《社会冲突、国家治理与"群体性事件"概念的演生》，《社会学研究》2015年第5期。

赁领域，大部分地区尚未构建完善的信息登记系统，"随便编个身份证号就能入住""对入住者身份信息并不核实"的情况时常发生，导致"短租房"成为从事卖淫嫖娼、吸毒贩毒违法犯罪行为和暴恐分子藏身的关键隐匿区域，给社区安全秩序带来严重威胁。然而，部分地区公安机关职能部门还存在"短租房"管理职责不清的问题，"房屋租赁"与"黑旅店"分别由分管社区警务工作的人口部门和分管旅店业的行业场所管理部门负责，但"短租房"概念在实践管控中却常常难以区分确定，监管缺位问题严重。

其次，"村改居"社区治理困境凸显。2016年2月，国务院发布《关于深入推进新型城镇化建设的若干意见》，提出"促进新型城镇化有序开展"。在城镇化过程中，城市周边地区涌出诸多"村改居"社区。"村改居"社区作为一个过渡性社区，是伴随着城镇化进程而产生的，面临集体经济发展瓶颈、组织关系不顺、居住人口结构复杂且流动性强、公共服务落后、居民就业和社会保障不足等问题。传统的社区安全治理资源日益瓦解，且新模式又尚未构建形成，造成了社区犯罪和治安侵害频发、社区矛盾纠纷不断的安全困境。此外，"村改居"社区居民大多是"被抛入"城市的，呈现文化"他者"的迷茫，社区居民自身参与社区安全治理意愿的薄弱造成治理体系的缺位。① 因此，在未来一个时期，"村改居"社区安全依然面临严重困境。

最后，"拆围墙"的社区安全争论与质疑。2016年2月21日，中共中央、国务院发布了《关于进一步加强城市规划建设管理工作的若干意见》（以下简称《意见》），提出"新建住宅要推广街区制，原则上不再建设封闭住宅小区。已建成的住宅小区和单位大院要逐步打开"。《意见》的发布引起了学术界、实务界以及社会大众的广泛讨论。依据国际经验，拆除围墙并推行街区制是"打通城市交通毛细血管"的必然形势。但与此同时，这也对社区安全提出了重大挑战，如交通安全、家居安全、老年人与儿童安全以

---

① 蒋福明：《"村改居"社区文化及其困境探讨》，《北京行政学院学报》2013年第3期。

及其他治安威胁等。因此，社区安全议题将成为未来一个时期内开展《意见》落实工作的重要方面。

（三）物流寄递安全面临挑战

网络信息和电子商务的迅猛发展改变了社会大众的交易互动形式，跨越时空场域的流通网络承载了"货币""科技""文化"和"情感"等诸多时代意涵。在此背景下，物流寄递产业作为重要的联结纽带在吉登斯所论述的现代性"脱域"中发挥作用，呈现蓬勃发展的趋势。以快递业务量为例，其从2011年的36.7亿件增长到2015年的206.7亿件，增长了4.6倍，但增幅呈现逐渐下降趋势，2013年增幅为61.6%，2015年增幅下降到48.0%（见图6）。说明物流寄递业开始从"急剧增长"进入"稳步增长"阶段。2016年上半年，全国快递服务企业业务量累计完成132.5亿件，业务收入累计完成1714.6亿元，同比增长43.4%。在物流产业的蓬勃发展过程中，"物流安全"方面也产生了重要隐患，高危化学品的物流安全、寄递枪支刀具和毒品以及用户信息安全等问题开始显现，无论是国内

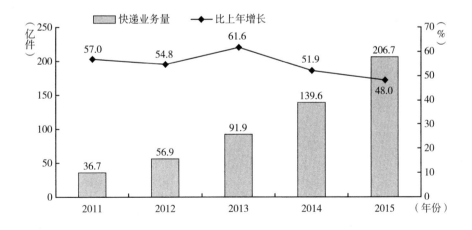

图6 2011～2015年快递业务量及其增长速度

资料来源：中国经济网，http：//www.ce.cn/xwzx/gnsz/gdxw/201605/10/t20160510_11425629.shtml。

的山东"夺命快递"事件、广东网络贩卖枪支事件，还是国外的希腊"邮件炸弹"事件和美国 UPS 信息泄露事件，都对物流安全提出了前所未有的挑战。

通过实地调查发现，当前物流安全监管体系还十分薄弱，主要存在三个问题：其一，监管主体缺位。从政府维度来看，虽然交通、邮政等部门已经设立了专门的监管执法队伍，但队伍建设与监管能力远远不能适应当前物流寄递业飞速发展的现实状况，呈现监管的滞后性和被动性；从社会组织维度来看，代表客户及社会大众利益的物流专业社会组织还未建立，没有形成有组织的社会监管专业力量，物流寄递行业协会也处于发展初级阶段，层次和类型较为单一，在培训、调查研究以及沟通政府与企业的责任方面功能缺失。其二，监管机制模糊。笼统提出"预防""消除"和"打击"等方式手段，尚未形成系统清晰的监管理念和监管机制。以危险物品运输为例，还没有建立专门的危险物品运输系统，重"堵"轻"疏"，法律明令禁止寄递化学药品、易腐蚀物品等危险物品，这也直接封闭了经济社会发展必需品的运输渠道，导致很多危险物品藏匿在普通运输体系中进行邮递，物流安全存在严重隐患。其三，监管方式封闭。突出强调自上而下的管理方式，较少涉及其他形式的监管思路和监管方式，例如当前以客户与社会大众为主体的投诉建议机制还不畅通，很大程度上降低了社会力量参与物流寄递安全监管的效果。

三　未来展望

在全面深化改革的时代背景下，社会矛盾和社会冲突的主体、形式和结构都变得更加多元、复杂与动荡，给社会治安总体形势带来了前所未有的挑战。但也要充分认识到社会矛盾倒逼力量对社会公平实现、利益结构调整和社会制度完善的推动作用，有助于实现社会良性有序和协调运行。[①] 当前，

---

① 吴忠民：《社会矛盾倒逼改革发展的机制分析》，《中国社会科学》2015 年第 5 期。

中国正大力推进"供给侧"改革和深入落实"三去一降一补"，但新旧经济发展动力的转换需要一个过程，各种新类型的犯罪将导致社会治安形势更加严峻复杂。在未来一个时期内，一些隐藏深、规模大、范围广的重大案件很有可能进入一个集中暴露期，相关违法犯罪案件的影响可能不断扩大，建议从如下几个着力点推进社会治安防控工作。

（一）推动网络信息防控体系建设

2016年3月1日，开始实施的《社会治安综合治理基础数据规范》（GB/T 31000—2015）国家标准，是社会治安综合治理工作的第一个国家标准，是社会治安综合治理工作迈向信息化的重大突破。因此，2017年及未来很长一个时期内，社会治安防控工作将不断走向"基础信息化"，对于社会治理基础要素数据的全面性、准确性和鲜活性要求越来越高。要按照"科技引领、信息支撑"的思路，提高信息共享和协同作战能力，消除"信息孤岛"现象，以打击电信诈骗和非法集资犯罪为切入点，保障人民生命财产安全。

首先，完善公共安全视频监控体系。公共安全视频监控体系的建设对于维护国家安全和社会稳定具有重要意义，是防范和打击暴力恐怖分子及其他违法犯罪行为的重要手段，也是体现社会治理能力和城乡管理水平的主要内容。近些年，以立体化社会治安防控体系建设为重要契机，公共安全视频监控体系实现了规模化发展，对于提升社会大众安全感发挥了积极作用。但当前，公共安全视频监控体系依然存在"运作效率低""共享效果差""发展不均衡"的缺陷，这就需要"加强公共安全视频体系运维办法的构建和实施""推进公共安全视频图像信息交换的共享与协作""实现公共安全视频体系的有机平衡发展"，确保其安全、高效、协调运行。

其次，充分运用现代科技成果。许多违法犯罪分子极善于利用当前科技、交通、信息和网络的先进技术，给新时期大众生命财产安全带来严重威胁。这就需要政府、企业和社会大众紧密合作，及时了解、打击和防控违法犯罪分子所采用的新型犯罪手段和形式。充分运用互联网、大数据、云计算

和地理信息系统等技术方法，提升网络安全防控的数字化、网络化和智能化水平，特别是互联网金融安全方面的主动预防和打击控制能力。具体来讲，要加强公安机关同电信、银行、互联网企业等单位组织之间的协同合作，对泄露、买卖个人信息等违法犯罪行为，坚决依法打击。广泛依靠人民群众积极举报相关违法犯罪线索，并开展宣传报道，提高公众对各类电信网络诈骗的鉴别能力和安全防范意识。

最后，强调"琐碎"信息的搜集。在关注人群、重点人员和人户分离人员的管理方面，针对发现难、见面难和摸底难等问题，强调"琐碎"信息的重要性，为信息资源的深度应用奠定扎实的数据基础。这主要包括吃、住、行、消、乐等方面，如供水、供电、供气信息，住宿和交通差旅信息，消费、娱乐活动信息，银行、电信、网络信息等。透过情报系统与政府各部门、社会组织及相关企业保持紧密的沟通联系，充分利用统计分析和数据挖掘技术对各类统计和个体活动信息进行动态分析研判，掌握相关行为特征，发现异常情况。

（二）加强社区安全防控能力建设

把"短租房"集中社区、"村改居"社区和"拆围墙"社区作为社区安全防控的重要切入点，提升社区安全治理能力。对于"短租房"集中社区，要厘清监管责任主体，构建完善的房屋租赁信息登记系统，加大立体化社会治安防控网的密度，进一步压缩恐怖主义及违法犯罪分子的犯罪空间，增强打击防控能力，提升广大社区居民的安全感和满意度；对于在新型城镇化进程中处于"过渡期"的"村改居"社区，需要从"本土"和"现代"两个领域挖掘治理资源，构建符合"村改居"社区自身状况的安全治理模式；对于"拆住宅小区和单位大院围墙"的规划意见，管理部门要分层次、分步骤地逐步实施，特别要依法推进，厘清开放后空间的所有权、使用权和收益权分配机制，以充分的前期准备提前化解可能出现的安全风险和矛盾冲突。

首先，以理性利益为主导，为社区居民提供服务。随着以"理性计算"功利逻辑"和"网络时代"为核心内容的时代变迁,社区"生活共同体"也逐渐消逝,社区安全治理的基础呈现坍塌危机。这就要求以理性利益为主导,从社区大众的实际需求出发,科学地予以调查、了解和评估,提供社区居民关切的多元服务内容,提升社区成员的共同体认同,进而强调社区的"情感"和"意识"概念。在未来很长一个时期,以"社区服务"为切入点推进社区安全治理成为保障社区居民生命财产安全的关键路径。

其次,增强基层治理权威,凝聚社区认同。社区安全治理一直是在政府的"参与"和"在场"下实现的[1],当前,社区基层的治理权威弱化导致社区安全治理体系陷入困境,这就需要不断提升社区基层治理权威、凝聚社区认同。具体来讲,社区自治组织要在"治理"和"服务"中构建多元沟通渠道和利益表达体系,透彻了解社区组织结构和居民关系网络,挖掘和整合本土治理资源,推进社区居民参与社区公共项目的决策与实践。

最后,顺应互联网时代趋势,搭建信息沟通平台。数字化、网络化和移动化已经嵌入社会大众的日常生产生活,且嵌入程度日益加深。因此,可以主动运用互联网社交平台,建立以社区成员为主体、以相关企业和社会组织为重要支撑的沟通互动网络,完善各具特色的社区安全治理体系。[2] 沟通平台的建立要特别强调依靠群众的重要作用。当前,一些犯罪分子反侦察意识强,甚至不用手机、不上网,千方百计地不留电子痕迹,但他们的日常生活离不开现实社会,躲不开群众视线。因此,只有坚持好、运用好党的群众路线,才能弥补专业力量、专门手段的不足。简言之,以现代技术增强传统治理方式的威力,以传统方式弥补现代科技的不足,使两者成为新时期社会治安防控体系的"双引擎"。

---

[1] 王汉生、吴莹:《基层社会中"看得见"与"看不见"的国家——发生在一个商品房小区中的几个"故事"》,《社会学研究》2011年第1期。

[2] 周延东、曹蕗蕗:《从居住共同体走向新生活共同体——社区安全治理的反思》,《湘潭大学学报》(哲学社会科学版)2015年第6期。

（三）构建物流寄递安全监管体系

面对当前物流安全风险及监管体系缺失困境，要汲取英国、美国和日本等国家物流寄递安全监管经验，结合物流寄递运营的现实情况，尝试构建回应性监管视野下的物流安全监管体系。①

第一，编织上下互动的多元监管网络。结合回应性监管节点治理理念，构建包括政府主管部门、行业协会、社会监管组织、客户与社会大众以及企业自身五大监管主体的物流安全监管网络。政府主要包括交通、邮政和公安等相关部门，建立专业有力的监管执法队伍，针对物流寄递企业违反法律规定的行为类型采取具有差异性的监管方式和处罚手段。行业协会的主要任务是为政府与企业建立沟通平台，畅通双方利益表达机制，并在调查研究和开展培训方面为物流寄递安全提供知识保障。此外，要借鉴美国物流寄递协会的多元发展模式，不仅要支持全国性质的物流寄递协会发展，而且要根据业务类型和区域分布建立多类型、多层次的行业协会。不同于行业协会，社会监管组织代表客户和广大社会民众的利益，类似于英国的邮政用户理事会，是社会力量形成有组织监管的核心主体，虽然没有执法处罚的权力，但可以及时反馈威胁物流寄递安全的相关信息，有效畅通安全表达机制。客户和社会大众则是物流寄递安全监管中最基础、最广泛的主体，其投诉建议渠道是否畅通便捷至为关键。鼓励企业之间形成良性有序的竞争型监管模式，政府根据企业的具体表现予以评判，并不断利用多种监管方式和监管资源，提升企业自我监管的积极性和主动性。

第二，建立专门的危险物品运输体系。危险物品的储存和运输是物流寄递安全的关键环节，为了满足经济社会在发展过程中对化学品、药品等危险物品的需求，建议借鉴日本经验，构建专门的危险品运输体系，设置专门的

---

① 刘鹏、王力：《回应性监管理论及其本土适用性分析》，《中国人民大学学报》2006年第1期。

仓储空间和专业的运输车辆，其操作规程要求和安保标准都高于普通物流，运输成本也高于普通运输。① 专门的危险品运输体系疏通了危险物品专业运输渠道，避免为了经济利益将危险物品隐藏在普通运输渠道中而形成的安全隐患。具体来讲，首先，建立危险物品运输体系标准，严格企业准入机制，拓展政府、社会组织、行业协会以及社会大众的监管网络并加大监管力度，提高企业安全运营水平，提升其自我监管能力。其次，严厉处罚违反危险物品运输规范的行为，危险物品专门运输体系的建立与应用适应了经济社会发展的需要，对于那些为了节约成本而不选择专门运输渠道的行为要严厉处罚，增加其犯罪成本，形成威慑效应。

第三，强调监管过程的差异性处置手段。对于物流寄递安全监管实践而言，政府主管部门要建立专业的监管执法队伍，运用差异性的监管处罚手段，实现降低监管成本和维护法律权威的监管目标，但面对严重的违规行为时，一定要采取强有力的打击措施，确保物流寄递安全有序运行。以往的差异性监管理论中，更多地注重了负面的惩罚，而缺少正面的支持和鼓励，这是一个需要补充的重要方面。作为监管主体，要充分肯定监管对象在自我监管过程中的有效模式和优势经验，及时予以表扬、奖励和支持，而不能轻易采取压制型监管方式，否则将导致监管对象具有"害怕"心理，使其疲于应付，在实际监管工作中不能有效发挥作用。这就需要在单向的"惩罚性金字塔"基础上，构建一个"支持性金字塔"，包括优势教育与劝说、非正式表扬、表彰与资助和最佳奖励等。②

简言之，国家安全和社会稳定需要依托中国特色立体化社会治安防控体系的不断完善与创新。立体化社会治安防控体系的建设既是一项日积月累的基础工程，又是一项多元共治的系统工程，更是一项随着时代变迁而需要不断探索的创新工程。因此，要密切关注社会治安形势状况和走向，敏锐把握

---

① 堀江正弘：《日本物流政策的演变——以〈综合物流政策实施大纲〉为中心》，孙前进译，《中国流通经济》2010年第10期。

② Ian Ayres，John Braithwaite. *Responsive Regulation：Transcending the Deregulation Debate.* Oxford：Oxford University Press，971 - 978. 1992.

"新问题""新风险""新矛盾"和"新困境"，积极防控、主动出击，维护国家安全稳定和人民安居乐业。

参考文献

冯仕政：《社会冲突、国家治理与"群体性事件"概念的演生》，《社会学研究》2015 年第 5 期。

蒋福明：《"村改居"社区文化及其困境探讨》，《北京行政学院学报》2013 年第 3 期。

堀江正弘：《日本物流政策的演变——以〈综合物流政策实施大纲〉为中心》，孙前进译，《中国流通经济》2010 年第 10 期。

刘鹏、王力：《回应性监管理论及其本土适用性分析》，《中国人民大学学报》2006 年第 1 期。

工汉生、吴莹：《基层社会中"看得见"与"看不见"的国家——发生在一个商品房小区中的几个"故事"》，《社会学研究》2011 年第 1 期。

吴忠民：《社会矛盾倒逼改革发展的机制分析》，《中国社会科学》2015 年第 5 期。

周延东、曹蕗蕗：《从居住共同体走向新生活共同体——社区安全治理的反思》，《湘潭大学学报》（哲学社会科学版）2015 年第 6 期。

Ian Ayres，John Braithwaite. *Responsive Regulation*：*Transcending the Deregulation Debate.* Oxford：Oxford University Press. 1992.

B.19
2016年供给侧结构性改革中的中国职工状况

摘 要： 2016 年在供给侧结构性改革和经济增速继续下滑的背景下，职工就业企稳回升，但结构性矛盾愈加凸显；职工工资增长趋向稳慎，国务院发文全面治理工资拖欠；阶段性降低社会保险费率，职工延迟退休政策出台在即；职业安全继续稳定向好，《职业病防治法》仓促修改拆掉职业病预防两堵墙；劳动争议高位盘桓，群体性事件有所回落。工会改革取得新的进展：重构各级工会职能定位，优化组织体系框架；推进干部队伍多元化，遴选制与专挂兼结合并行；实施以职工为主体的工作制度；以网络化和社会化为方向，拓展工会工作新领域等。最后，本报告对供给侧改革中的劳工政策，即放松管制和增强劳动力市场灵活性做出分析说明。

关键词： 供给侧结构性改革 降成本 工会改革 劳动力市场灵活化

---

* 乔健，副教授，中国劳动关系学院劳动关系系主任，主要从事劳动关系、职工状况和工会研究。

一 供给侧结构性改革中的劳工阶层现状

（一）职工就业企稳回升，但结构性矛盾更加凸显

2016 年前三季度我国 GDP 为 529971 亿元，同比增长 6.7%。① 其中，固定资产投资增速回落，民营经济投资意愿更是急剧下降，进出口同比下降，工业生产趋缓。宏观调控政策效果越来越不明显，经济"脱实向虚"愈演愈烈，带动一、二线城市房地产业和金融投机产品一轮虚涨，同时，互联网电子商务呈蓬勃发展态势。到三季度末，城镇新增就业共 1067 万人，同比增加 1 万人，提前完成全年 1000 万人的就业目标。其中，城镇失业人员再就业 426 万人；就业困难人员实现就业 125 万人，完成全年 120 万人的目标任务。全国城镇登记失业率为 4.04%，同比降低 0.01 个百分点。调查失业率首次低于 5%，环比降低 0.2 个百分点。② 2016 年大学毕业生创 770 万人新高，到第三季度认为找工作难的大学生占 57%，但就业总体稳定。

经济增速趋缓但职工就业仍能企稳回升，其原因在于：一是经济增长保持在合理区间，且经济规模持续扩大，是就业稳定的基本前提。二是产业结构有所变动，正在由工业主导型向服务业主导型转变。一般来说，第三产业对就业的带动效率高于第二产业 20 个百分点左右。随着"去产能、去库存、去杠杆、降成本、补短板"等供给侧结构性改革政策不断发力，传统制造业、重工业、能源产业的就业形势相对严峻，IT 行业、互联网电子商务企业、金融和税务行业用人需求不断增加。在国家和地区相关政策的刺激下，2016 年房地产行业在新一线城市提速发展。三是改革红利持续释放。2016 年 1~9 月，每天新登记企业 1.46 万户，同比每天增加 2000 户新企业，对就业产生一定的拉动作用。四是积极的就业政策更加系统完善，持续发挥

---

① 国家统计局：《前三季度国民经济运行稳中有进、稳中提质》，国家统计局网站，2016 年 10 月 19 日。
② 《人力资源和社会保障部 2016 年第三季度新闻发布会》，中国网，2016 年 10 月 26 日。

效能。① 此外，近期劳动年龄人口和劳动力市场供求关系的变动趋向仍然有利于就业。据统计，2015 年 16～59 岁劳动年龄人口在前三年净减少的基础上，再度净减 487 万人。② 2016 年劳动力资源继续减少，总体上已呈现劳动力求过于供的局面。到三季度末，根据中国人力资源市场信息监测中心对 97 个城市就业供求信息的统计，劳动力市场需求略大于供给，市场供求人数同比和环比均呈下降态势。用人单位招聘各类人员约 475 万人，进入市场的求职者约 432 万人，岗位空缺与求职人数的比率约为 1.10%，同比和环比分别上升 0.01 个和 0.05 个百分点。③

（二）职工工资增长趋向稳慎，国务院发文全面治理工资拖欠

2016 年前三季度，全国居民人均可支配收入 17735 元，同比名义增长 8.4%，扣除价格因素后实际增长 6.3%。城镇居民人均可支配收入 25337 元，同比名义增长 7.8%，扣除价格因素后实际增长 5.7%。到三季度末，农村外出务工劳动力总量达 17649 万人，月均收入 3232 元，同比增长 5.9%。④ 总体而言，收入增幅趋缓。

在最低工资标准方面，到三季度末，全国只有辽宁、江苏、重庆、上海等 9 个地区调整了最低工资标准，平均增幅为 10.7%，同比降低 2.6 个百分点。其所释放的信号是，与经济增速放缓相适应，工资也进入增速放缓的阶段。

作为供给侧改革劳动政策的重要内容，"降成本"经历了一个逐步清晰的过程。2016 年 3 月，财政部部长楼继伟在"两会"上继续炮轰《劳动合同法》，称它以标准工时制为基础，不适合灵活用工。薪酬的过快上涨造成

---

① 《人力资源和社会保障部 2016 年第三季度新闻发布会》，中国网，2016 年 10 月 26 日。
② 国家统计局：《2015 年国民经济和社会发展统计公报》，国家统计局网站，2016 年 2 月 29 日。
③ 《2016 年第三季度部分城市公共就业服务机构市场供求状况分析》，中国就业网，2016 年 10 月 26 日。
④ 《国家统计局发布 2016 年第三季度国民经济运行情况》，国家统计局网站，2016 年 10 月 19 日。

企业成本上升，使企业迁至其他国家，减少就业机会，损害了劳动者自己的利益。① 7 月召开的中央政治局会议提出，降成本的重点是增加劳动力市场灵活性、抑制资产泡沫和降低宏观税负，从而将修改《劳动合同法》提上议事日程。② 根据人社部劳科所近期的一项调查，企业认为人工成本上升的原因依次为：社会保险缴费比例过高（23.8%），物价上涨（23.6%），市场竞争加剧（20.6%），最低工资标准上涨过快（15.9%）。③ 也有学者认为，降低劳动力成本，重要的不是降低工资，而是减少制度性劳动力成本，如社保和住房公积金等。④

国家统计局报告称，2015 年农民工人均月收入 3072 元，比 2014 年增加 208 元，增长 7.26%，增速回落 2.6 个百分点，被拖欠工资的农民工比重提高。被拖欠工资的农民工所占比重为 1%，比上年提高 0.2 个百分点。⑤ 其中，建筑行业和制造业是"重灾区"，2015 年建筑行业农民工被拖欠工资的比重为 2%，较上年提高 0.6 个百分点，高于其他农民工集中的行业。针对农民工欠薪事件"多发、早发、常态化"的新特点，国务院办公厅于2016 年 1 月发布《关于全面治理拖欠农民工工资问题的意见》，要求健全源头预防、动态监管、失信惩戒相结合的制度保障体系，努力实现基本无拖欠。截至 2016 年 9 月底，全国劳动保障监察机构追发劳动者工资等待遇286.2 亿元⑥，而 2015 年同期追发了 324 亿元。

（三）阶段性降低社会保险费率，职工延迟退休政策出台在即

社会保险覆盖范围继续扩大，全民参保登记计划试点实施。截至三季度末，全国基本养老、基本医疗、失业、工伤、生育保险参保人数分别为

① 《财政部长：工资过快上涨损害劳动者利益》，财经网，2016 年 3 月 8 日。
② 《政治局会议再提降成本 劳动合同法修订迫在眉睫》，《经济观察报》2016 年 7 月 31 日。
③ 黄昆：《劳动合同法实施情况实证分析》，国际劳动与雇佣关系协会第 9 届亚洲会议发言，2016 年 11 月 2 日。
④ 李实：《降低劳动力成本重点不在工资》，财新网，2016 年 7 月 25 日。
⑤ 国家统计局：《2015 年农民工监测调查报告》，国家统计局网站，2016 年 4 月 28 日。
⑥ 《人力资源和社会保障部 2016 年第三季度新闻发布会》，中国网，2016 年 10 月 26 日。

8.71亿人、6.98亿人、1.78亿人、2.16亿人、1.82亿人，分别比上年底增加1225万人、3247万人、506万人、187万人、397万人。2016年1~9月，五项社会保险基金总收入为3.65万亿元，同比增长10.1%；总支出为3.17万亿元，同比增长12.5%。① 同时，职工社会保险待遇水平稳步提高。2016年全国1亿多位企业和机关事业单位退休人员待遇得到提高，部分地区提高了城乡居民养老保险基础养老金标准。

2016年4月，国务院常务会议通过了《关于阶段性降低社会保险费率的通知》，从5月1日起执行，为期两年。通知内容包括，一是阶段性降低企业职工基本养老保险单位缴费比例，企业职工基本养老保险单位缴费比例超过20%的省（区、市），将单位缴费比例降至20%；单位缴费比例为20%且2015年底企业职工养老保险基金累计结余可支付月数高于9个月的省（区、市），可以阶段性将单位缴费比例降低至19%。二是进一步阶段性降低失业保险费率，失业保险总费率在2015年已降低了1个百分点，在这个基础上可以阶段性降至1%~1.5%，其中个人费率不超过0.5%。人社部官员表示，如果各项保险降费政策全部落实到位，预计每年可降低企业成本总计1200亿元以上。② 到6月末，有17个省（区、市）出台了方案。

"十三五"规划还明确提出将生育保险和基本医疗保险合并实施，以降低管理成本。并且"探索建立长期护理保险制度，开展长期护理保险试点"，以便应对老龄化社会的到来和失能、失智老人的照顾需求。

此外，广为社会关注的渐进式延迟退休年龄政策将于2017年公布。③ 这个制度的设计原则包括：一是小步慢提，逐步到位。坚持每年只延迟几个月，经过一个长时期逐步达到目标退休年龄。二是区分对待，分步实施。选择退休年龄相对偏低的群体开始逐步实施。三是预先公告。广泛听取社会意见，凝聚共识。

---

① 《人力资源和社会保障部2016年第三季度新闻发布会》，中国网，2016年10月26日。
② 《人社部：阶段性降低缴费率不影响职工社保待遇》，中国新闻网，2016年4月16日。
③ 《人社部部长：今年出渐进式延迟退休方案》，《新京报》2016年2月29日。

（四）职业安全继续稳定向好，《职业病防治法》仓促修改拆掉职业病预防"两堵墙"

2016 年 1~6 月，安全生产形势呈现总体稳定向好的态势。这主要表现在：一是事故总量继续保持下降趋势。上半年，全国共发生各类安全生产事故 23534 起、死亡 14136 人，按可比口径，同比分别下降了 8.8% 和 5.3%。其中，较大事故发生了 311 起、死亡 1180 人，同比分别下降 12.4% 和 14.4%；重特大事故发生 15 起、死亡 198 人，同比分别下降了 25% 和 23.9%。二是大部分行业领域事故数量继续下降。其中，煤矿、非煤矿山、铁路运输业、道路运输业等事故高发的领域，事故起数和死亡人数"双下降"。三是全国 32 个省级统计单位全部实现事故起数和死亡人数的"双下降"，有 20 个省级统计单位没有发生重特大事故。①

在所有统计指标中，唯有煤矿的重大事故数是上升的。2016 年上半年全国煤矿发生各类伤亡事故 107 起、死亡 205 人，同比减少 86 起 116 人；但重大事故发生 5 起、死亡 64 人，同比增加 4 起 43 人。

2016 年 7 月 2 日，全国人大常委会第二十一次会议通过了《职业病防治法》的修改，并于公布之日起施行。本次修法是简化行政审批制度、为企业减负的重要举措。其主要有两项内容：第一，取消有职业病危害的建设项目涉及前期预防的所有安监行政审批，包括项目启动前的职业病危害预评价报告、施工前的职业病防护设施设计、竣工时的职业病防护设施验收三个环节的审批，均改为由建设单位自行开展，仅保留原法第八十九条中卫生行政部门对医疗机构放射性职业病危害控制的相关审批。第二，取消企业应委托有资质的职业卫生技术服务机构进行职业病危害预评价、职业病危害控制效果评价（竣工验收）的要求。② 诚如研究者所评论的，撤出安监部门在职业病建设项目前期预防中的所有审批角色，拆掉了职业病预防中重要的两堵

---

① 《杨焕宁出席国务院新闻办公室新闻发布会》，国家安全监管总局网站，2016 年 7 月 28 日。
② 《2016 年〈职业病防治法〉修改内容》，职业卫生网，2016 年 7 月 3 日。

墙，完全把职业病前期预防的主要任务落在企业和市场身上，安监仅承担模糊的无法定量的监督职责，这将导致职业病预防工作的倒退。[1]

（五）劳动争议高位盘桓，群体性事件有所回落

2015年，各地劳动人事争议调解组织和仲裁机构共处理劳动争议172.1万件，同比上升10.4%。[2] 2016年前三季度，全国劳动人事争议调解仲裁机构共受理案件超过110万件，同比略有上升。

以北京为例，受经济增速放缓、产业结构调整和疏解非首都功能等多种因素影响，2016年劳动争议仲裁案件持续高发。上半年仲裁机构共受理劳动人事案件42508件，同比增长22%。从仲裁和法院受理案件的性质看，案件呈现以下主要特点：一是拖欠职工工资、经济补偿金等基本权利争议仍为焦点问题，劳动报酬、经济补偿金和赔偿金争议占仲裁案件总数的87.2%。二是重大集体争议案件增长较快，上半年仲裁受理30人以上集体争议61件，涉及劳动者3326人，同比分别增长35.6%和41.1%，且多数案件为劳动报酬争议。三是由于经济下行，劳动争议分布行业特点突出。传统制造业、建筑工地、餐饮行业和批发零售行业的争议案件尤为集中。同时，一些新兴领域如金融服务、物流运输、高新科技产业也呈现劳动争议多发趋势。上半年仲裁共受理个体私营企业案件两万多起，同比增长75.2%。[3] 四是互联网新型经济模式劳动关系亟待规范。如滴滴打车软件公司与司机存在"加盟""直营""对公"等不同用工模式，从业人员与网络平台运营商呈现人格从属性松散、经济从属性模糊、业务从属性难以界定等劳动关系难点，亟待研究规范。

劳资冲突仍然是2016年群体性事件的主要形态，包括煤钢行业"去产

---

① 叶明欣、张舒迟：《拆掉职业病预防两堵墙　企业减负牺牲劳工健康？——聚焦2016年〈职业病防治法〉最新修改》，北京义联劳动法援助与研究中心网站，2016年7月8日。

② 《2015年度人力资源和社会保障事业发展统计公报》，中央政府门户网站，2016年5月30日。

③ 上述数据引自北京市劳动和社会保障法学会编《北京市（京津冀）第十八届劳动人事争议案例研讨会会议材料》，2016年9月。

能"、外企撤资及企业经营困难引发的裁员、降薪、欠薪和补偿金等问题，涉及群体广泛，包括工人、教师、护士、高尔夫球童和奢侈品零售业从业者等，反映出经济下行压力加大、社会矛盾突出的现状。[①] 其中，"两会"期间黑龙江龙煤集团上万职工讨薪事件舆论影响力较大，煤矿工人收入和安置问题成为员工的主要诉求。另外，出租车对网约车的维权事件仍居高不下，反映了互联网对传统服务业的渗透，导致新旧利益群体间的矛盾加剧。

总体来看，2016年以来劳动者群体性事件同比有所减少，且重心正在从制造业转向服务业。

二　工会改革的主要举措和进展

2015年11月，中央深改组第十八次会议审议通过了全国总工会改革方案和上海、重庆两个群团改革试点方案，从而拉开了工会改革的帷幕。

以上海群团改革为例，其总体思路是坚持问题导向、改革思维和基层意识，理顺群团职能定位，优化组织体系框架，打破干部管理体制，创新工作方法，同时强化制度资源保障，以切实解决"机关化、行政化、贵族化、娱乐化"等脱离群众的突出问题，夯实基层基础，提升群团工作的有效性。

（一）重构各级工会职能定位，优化组织体系框架

将工会组织区分不同层级，明确其职能定位。市、区总工会定位为统筹型，履行总工会职能，职责为编制工作规划，制定工作标准，统筹各类资源，引入社会资本，搭建平台窗口，塑造品牌项目及评估工作绩效；街道、镇和开发区工会定位为枢纽型和平台型，其职责是强化项目推进，窗口平台运作，力量统筹使用，活动平台搭建，各方衔接协调，探索建立工会工作基层服务站，履行地区工会职能；区域、行业、综合工会联合会定位为端口

[①] 舆情观察：《上半年群体性事件频现　舆情有何新特点?》，人民网–舆情频道，2016年7月12日。

型，主要负责信息情况收集，需求项目反馈，推动组建工会，开展区域行业集体协商，参与劳动争议处理，培训工会干部，开展职工素质工程，代行基层工会难以履行的维权职责，打通服务职工的"最后一公里"；企业工会（联合工会）定位服务型，履行代表和维护会员权益的职责。

推进机关扁平化改革，调整地方工会机构设置，推行政事分开。以聚焦主责、运转高效为目标，调整内设机构。以强化事业单位的公益性、服务性职能为目标，理顺机关与事业单位的关系，把机关部室服务职工的具体事务和日常活动交给事业单位承担，实行管办分离、政事分开。

推进干部队伍多元化，遴选制与专挂兼结合并行。第一，打破行政体制，市、区总工会领导班子实行专挂兼结合。第二，实施遴选制，扩大社会参与，按"2＋1"方式组建机关工作队伍。第三，运用多种方式，加强基层工会工作力量。第四，提高基层一线代表的比例，体现广泛性和代表性。

（二）实施以职工为主体的工作制度

1. 健全有效覆盖的基层工会组织体系，探索企业外职工入会方式

从上海产业分布广、职工数量大、结构多样的特点出发，坚持区域与产业结合，适应职工流动集聚、生产生活和需求诉求变化的新情况，推进产业、行业工会建设，构建"条块结合、行业联合、重心下移、全面覆盖"的工会组织体系。

普遍建立"三级法人、三级预算和三级目标体系"的"小三级"工会，即街镇、开发区总工会，区域性、行业性工会联合会，企业工会或联合工会。配齐"小三级"工会人员编制力量，保持职业化工会工作者合理的薪酬待遇水平，推动非公企业工会主席薪酬不低于企业经营者副职平均水平，优化基层工会工作者能力提升机制。

2. 完善和优化全方位的工会维权、保障和服务体系，打造工会品牌

一是健全完善和谐劳动关系建设的源头维权工作机制，包括深入推进劳动关系和谐企业创建工作，从源头创制，促进劳资双方和谐共赢。建立群体性劳动争议预警预防调处工作机制，运用协商机制妥善化解劳资矛盾。

二是建立广覆盖的法律援助机制和体系。建立法律咨询"零门槛"制度，向工会会员开放，健全法律援助便民窗口，开展法律援助定期通报和工作量化评估。

三是建立普惠服务、精准帮困的帮扶关爱机制和体系。推行工会会员服务卡，优化覆盖全员的普惠机制。深化女职工服务，维护其特殊权益。

通过上述维权机制，整合现有的工资集体协商指导员、劳动关系协调员、劳动法律监督员和工会工作指导员等队伍，提供维权、心理咨询、法律援助和就业帮扶等服务。

3. 建立工会机关联系基层、服务职工的工作制度

工会机关干部每年一个月轮流到镇、街道、工业区及行业性、区域性工会联合会蹲点；机关干部每月一次到窗口服务单位接待处理职工来信来访；窗口服务单位和服务平台全天候回应职工诉求；建立机关干部与基层工会主席和一线职工交朋友、与困难职工结对子制度；完善机关联系基层的联络员制度。

4. 建立来自职工的需求调查制度和工作评价机制

此次工会改革坚持职工需求导向的原则，建立需求调查制度，将其作为工会机关开展活动的必经程序。工会自下而上收集、整合职工群众意见和建议，确定年度或任期内重大工作任务、重要工作项目，强化会员的全程参与。在评价规范上，以会员知晓度、参与度、满意度为重点，坚持定性定量结合，以定量为主，设置流程操作简便的评估方法和科学合理的指标体系及测量标准，探索会员评定、基层工会评议和委托第三方对工会工作业绩开展满意度测评的方法，将考核结果作为对工会机关工作评价的基本尺度。

（三）以网络化和社会化为方向，拓展工会工作新领域

1. 建立网上工作平台，形成工会的线上线下服务体系

适应互联网时代职工需求的新趋势，上海市工会整合了市总工会网站和12351职工服务网、"上海工会发布"微博和"申工社"微信、12351职工

服务热线和 12351 职工服务 App 客户端（包括手机版《劳动报》），以及区县局（产业）工会网络服务系统、街道乡镇"小三级"工会和各类职工协会微信微博、工会干部个人微博微信，形成工会网上工作信息云和服务辐射圈。

到 2016 年 7 月末，上海全市已有 2136 人通过网络提交入会申请，吸收会员 1321 人。[①] 加入方式多样，如单位已建工会重新吸纳、单位未建工会体制外入会等。

2. 培育工会社会服务组织，加强对职工服务类社会组织的联系引导

强化工会组织的枢纽功能、引领社会组织为党联系职工群众发挥作用是此次上海工会改革的重点之一。而在其诸多举措中，首先，用自己建、联合建、引导建、"打楔子"的方法，扶持由各区县局（产业）工会自身培育发展的社会服务组织，以延长工会服务员工的"手臂"和"链条"。

其次，会同相关地区、单位党组织和共青团、妇联等群团组织，在职工聚集度高且流动性大、服务覆盖不到的各类园区、重大项目工地，牵头建立基层服务站。

再次，规范和清理由上海市各级工会主管的职工类社会组织，特别是劳动关系领域社会组织。

最后，发挥工会优势和特长，推动社会组织承接政府部门有关服务职工的项目，完善项目化购买服务机制，促进政府职能社会化。

（五）创新职工建功立业的载体和平台，增强工会先进性

围绕上海科技创新功能区和自贸区的建设，组织动员职工开展技术创新、管理创新、服务创新和创新创业，开展"劳模创新工作室""工人发明家、科技创新英才"和"浦东工匠"的选拔培养；创新劳动竞赛形式，在非公企业开展契约化劳动竞赛活动，提高非公企业职工参与率和受益度。

同时，配合宣传社会主义核心价值观，大力弘扬劳模精神、劳动精神。

---

① 引自笔者对上海市总工会基层工作部副部长钱传东的访谈记录，2016 年 8 月 9 日。

创新职工群众广泛参与、形式多样的宣传平台，运用市、区级新媒体，宣传劳模先进事迹，引导广大职工立足本职学习劳模。

（六）自觉接受党的领导，推动工会经费向基层倾斜

坚持工会自觉接受党的领导，"党建带工建，工建服务党建"，着力推进党工共建。坚持工会接受同级党委和上级工会双重领导的制度。工会换届，同级党组织应与上级工会就相关候选人充分协商，取得一致。党委尊重工会组织民主选举结果，保持领导干部任期内稳定，但是，没有就各级工会主席由同级党委常委担任或兼任做出规定。

根据职工队伍结构变化，确定不同类别工会代表在各级党代会、人代会、政协会议中的合理比例，扩大各级党代会、人代会中的工会代表比例，让更多一线工会工作者代表职工群众参与议事决策。

为夯实基层组织、激发基层活力，对企业工会经费上缴留存制度实施差异化管理改革。小微企业经费三年全额下发；非公企业从60%上调到80%，以促进企业工会组建和发展，更多地惠及职工会员；压缩市、区工会经费。

三 供给侧改革中的劳工政策：放松管制和
增强劳动力市场灵活性

2015年10月，中共十八届五中全会举行，会议审议通过了《中共中央关于制定国民经济和社会发展第十三个五年规划的建议》。其中，第七部分以"坚持共享发展，着力增进人民福祉"为题，重点阐述了"十三五"时期的劳工政策要点。

其一，在指导思想方面，与2010年"十二五"规划建议重在着力保障和改善民生、提高政府保障能力、建立健全基本公共服务体系的立意不同，"十三五"规划建议的民生建设立足新常态，特别是经济增速下滑的大背景，着重底线思维和保障"基本民生"，要求人人参与、人人尽力、突出重点，注重机会公平。

其二，在就业与劳动关系协调方面，与"十二五"规划建议相比，"十三五"规划建议更强调促进就业创业，坚持就业优先战略，提高劳动力素质、劳动参与率、劳动生产率，增强劳动力市场灵活性。在劳动关系协调部分，突出强调"维护职工和企业合法权益"。

其三，在收入分配方面，"十三五"规划建议提出坚持居民收入增长和经济增长同步、劳动报酬提高和劳动生产率提高同步，完善最低工资增长机制。"十三五"规划建议还强调缩小收入差距，明显增加低收入劳动者收入，扩大中等收入者比重。在工资决定机制部分，主张健全科学的工资水平决定机制、正常增长机制、支付保障机制，推行"企业工资集体协商制度"。

其四，在社会保障方面，"十三五"规划建议亦倡导建立更加公平、更可持续的社会保障制度，基本实现法定人员全覆盖。同时，它强调了效率和个人责任，要求坚持精算平衡，完善筹资机制，分清政府、企业、个人等的责任，完善职工养老保险个人账户制度，健全多缴多得激励机制。

"十三五"时期劳工政策调整的原因有以下几点：第一，经济增速下滑，是要求增强劳动力市场灵活性的主要原因。第二，制定"十三五"规划建议的指导思想要求人人参与、人人尽力；强调提高劳动力素质、劳动参与率和劳动生产率。第三，劳动法治环境有所不同。"十二五"时期，劳动法治更多地强调建立稳定劳动关系、维护职工合法权益、构建和谐劳动关系；而当下有关再度修改劳动合同法的讨论，其主要目标是扩大就业和增进灵活性，消除建立稳定劳动关系带来的劳动力市场"僵化"，这首先是将企业内部劳动力市场的调控权还给企业，其次是推进劳动力市场化管理，减少政府干预。

2016年，有关劳动合同法的修改讨论主要围绕着以下议题展开：第一，立法宗旨应当是单保护、双保护，还是倾斜保护。第二，覆盖范围是否应分层分类管理，例如将微型企业单立出来，以区别于大中型企业。第三，劳动关系应当严格管理，还是宽严相济，如在签订书面合同、合同的法律效力及合同的变更、解除等方面保留一定空间。第四，是建立稳定劳动关系，还是

发展灵活性。第五，法律对企业经营成本的影响测算等，有人甚至把高房价和外企撤资统统归咎于劳动合同法。① 尽管劳动行政主管部门的修法调研工作已悄然启动②，但社会相关各方要达成共识还有一定的难度。

概言之，"十三五"时期我国劳动关系正面临新的转型：即放松管制和增强劳动力市场灵活性，其主要含义是在经济下行期扩大就业及使企业能快速适应经济结构变化的调整需求，提升技术和竞争能力，促进经济复苏。在这种背景下，2016年以来先后出台的一些相关政策，难免在调节劳动关系的方式和目标方面存在一些不一致甚至矛盾之处。

政府对劳动力市场的监管内容和方式将发生重大改变。把促进充分就业作为经济社会发展优先目标，坚持分类施策，提高劳动参与率，稳定并扩大城镇就业规模。同时，加大对煤钢行业化解过剩产能所导致的下岗职工再就业的支持力度。完善就业创业服务体系，推行终身职业技能培训制度。其监管方式也将从严格监管转向宽严相济和市场调节。

然而，推进劳动力市场灵活化和放松管制的政策改革意图能否达成，还有待观察，由于劳动力市场总体求过于供的趋势，政策后效取决于政劳资博弈。

参考文献

国家统计局：《前三季度国民经济运行稳中有进、稳中提质》，国家统计局网站，2016年10月19日。

《开局首季问大势——权威人士谈当前中国经济》，《人民日报》2016年5月9日。

《人力资源和社会保障部2016年第三季度新闻发布会》，中国网，2016年10月26日。

国家统计局：《2015年农民工监测调查报告》，国家统计局网站，2016年4月

---

① 引自姜颖《劳动合同法修法之争及工会的立场》，2016年全国工会学研究会年会主旨发言，2016年11月。

② 《无固定期限劳动合同引争议〈劳动合同法〉面临修改》，央广网，2016年11月9日。

28 日。

楼继伟：《中国经济最大潜力在于改革》，《求是》2016 年第 1 期。

钱叶芳：《〈劳动合同法〉修改之争及修法建议》，《法学》2016 年第 6 期。

姜颖：《劳动合同法修法之争及工会的立场》，2016 年全国工会学研究会年会主旨发言，2016 年 11 月。

叶明欣、张舒迟：《拆掉职业病预防两堵墙 企业减负牺牲劳工健康？——聚焦2016 年〈职业病防治法〉最新修改》，北京义联劳动法援助与研究中心网站，2016 年 7 月 8 日。

乔健：《工会改革：中国特色工会道路的"提质增效"？》，工作论文，2016 年10 月。

B.20
2016年中国妇女发展报告

贾云竹 *

摘　要：　2015年在中国妇女发展和实现性别平等的历程中具有重要意义。1995年第四次世界妇女大会在北京召开，中国男女平等的基本国策正式确立。在这20多年间，随着中国经济社会的快速发展，中国妇女的生存状况发生了很大的改变，在取得巨大的发展和进步的同时，也遭遇到诸多新的挑战和问题。本报告从历史发展的视角、利用相关的权威数据，对中国妇女在健康、教育、经济、婚姻家庭、政治和社会事务决策参与、法律制度等6个重要领域取得的进展和面临的主要问题做了扼要的回顾，也关注到了妇女发展的一些热点和新问题。作为一个发展中大国，中国地区发展不平衡、传统的观念习俗文化等依然制约着妇女更好地发展，妇女群体内部的分化也日趋突出。实现性别平等是一个长期而艰难的过程，中国妇女的发展在相当长一段时期内会一直在路上。

关键词：　妇女发展　性别平等

2015年在中国妇女发展和性别平等的历程中具有重要意义。1995年第四次世界妇女大会在北京召开，它为世界各国的妇女发展和性别平等描绘了一幅宏伟蓝图，中国男女平等的基本国策正式确立。此后20年间，中国推

---

* 贾云竹，全国妇联妇女研究所信息中心副主任。

动妇女发展与性别平等的国家机制不断完善，妇女在教育、健康等诸多领域取得了巨大的发展和进步，同时也在经济社会剧烈转型中遭遇诸多新的挑战和问题。2015年9月，在中国与联合国共同举办的全球妇女峰会上，习近平主席发表了《促进妇女全面发展 共建共享美好世界》的重要讲话，向世界重申了中国贯彻男女平等基本国策的决心和在新时代背景下促进性别平等与妇女发展的主张和原则立场。

作为占据中国人口半边天的女性人口，其发展涉及经济社会的方方面面。1995年在北京市召开的第四次世界妇女大会，提出了经济、教育、健康等妇女发展的12个主要领域，限于篇幅，本报告只选取了健康、教育、经济、婚姻家庭、政治和社会事务决策参与、法律制度6个与中国妇女发展密切相关的重要领域，以这些领域的一些关键性指标为主，通过客观的数据资料对中国妇女在过去20年间的发展状况做一简要的勾画和阐释，同时也对当前妇女发展的一些热点议题进行探讨。

一 健康状况显著改善，人口老龄化给妇女健康带来新挑战

孕产妇死亡率大幅度下降，女性预期寿命持续提升。中国孕产妇死亡率由1991年的80.0/10万降至2015年的20.1/10万，其中农村地区孕产妇死亡率的降幅尤其显著，城乡差异大大缩小（见图1）。这主要得益于政府在妇幼保健领域的大力投入，通过实施降低孕产妇死亡率和消除新生儿破伤风专项行动、推行农村住院分娩补贴等一系列政策举措，使中国在2014年提前实现了联合国千年发展目标，妇幼健康核心指标位于发展中国家前列。

但由于中国地域广阔，不同地区间经济社会发展水平差异显著。东部经济发达地区的孕产妇死亡率已经降至10/10万左右，北京、上海等甚至已经达到4/10万的发达国家水平，但西部地区孕产妇死亡率还处在28/10万左右，31个省（区、市）中最高水平与最低水平间相差甚远，偏远、贫困地区更高，其下降的空间还很大。2016年上半年，二孩政策的实施造成高龄

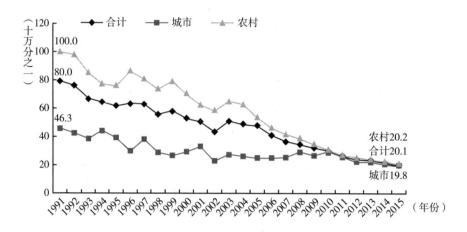

图1 1991～2015年中国城乡孕产妇死亡率的变动

资料来源：国家卫计委历年中国卫生统计年鉴。

产妇在短期内激增，一些地区孕产妇死亡率出现了小幅度的波动上升，引发了社会关注，也揭示出我国妇幼保健领域还有较大的改进完善空间。

预期寿命增长显著，女性生存优势还有较大提升空间。在过去的30多年间，中国妇女的出生预期寿命以显著高于男性的增幅增长，从1981年的69.27岁增至2015年的79.43岁，增长了10.16岁，高于男性的增幅（7.36岁），男女人口的出生预期寿命差距也从2.99岁扩展到5.79岁（见表1）。我国女性人口出生预期寿命的持续较快增长，在很大程度上得益于孕产妇死亡率的大幅度下降和青壮年女性存活率的提升。[1] 不过，与发达国家相比，我国男女两性的出生预期寿命差距相对较小。有学者指出，长久以来深烙在文化传统习俗中的性别歧视，是导致我国"女性生存优势"难以充分实现和人口性别结构长期低于世界平均水平的重要原因。[2]

---

① 贾云竹、谭琳：《我国人口老龄化过程中的女性化趋势研究》，《人口与经济》2012年第3期。

② 刘爽：《中国的出生性别比与性别偏好》，社会科学文献出版社，2010；马瀛通：《人口性别结构》，路遇、翟振武主编《新中国人口六十年》，中国人口出版社，2009。

表1　历年分性别人口出生预期寿命及性别差异

单位：岁

年份	合计	男	女	女－男
1981	67.77	66.28	69.27	2.99
1990	68.55	66.84	71.47	4.63
2000	71.40	69.63	73.33	3.70
2005	72.95	70.83	75.25	4.42
2010	74.83	72.38	77.37	4.99
2015	76.34	73.64	79.43	5.79

资料来源：国家统计局编《中国统计年鉴2016》，中国统计出版社，2016。

　　人口老龄化加速发展，老年人口的女性化程度进一步提高。我国已经步入老年型社会，人口老龄化程度不断加深，这是我国经济社会发展的一个重要基本国情。女性预期寿命比男性长，使得老年人口呈现女性化的特点，这是在世界各国老年人口中都存在的普遍现象，我国也不例外。2015年我国老年人口中女性所占比例达到52.2%，在2000年的基础上增长了1.0个百分点，并且随着老龄政策的逐步完善，老年妇女的生存优势进一步发挥，我国老年人口的女性化程度还将进一步提高。[①] 大量研究显示，老年妇女虽然比老年男性长寿，但是其慢性疾病患病率特别是多重疾病患病率更高，长期照护时间更长，对医疗服务的需求也更突出，老年妇女的健康特别是慢性疾病的管理问题将成为妇女健康领域一个长期的重要议题，其改进空间非常大。

二　受教育程度大幅提升，教育领域性别平等面临新问题

　　成人文盲率大幅度下降。改革开放以来，中国将教育作为国家发展的重要战略，包括女性在内的国民受教育状况得到显著改善，特别是以义务教育法等为代表的一系列法律、政策的实施，有效地遏制了新文盲的产生，15

[①] 全国老龄工作办公室：《第四次中国城乡老年人生活状况抽样调查成果发布》，http://dscdc.cncaprc.gov.cn/2016.10.20。

社会蓝皮书

岁及以上人口的文盲率极速下降，且女性人口的降幅更为显著，男女文盲率的差距日趋缩小。1982～2015 年的 30 多年间，女性成人文盲率从 45.2%（即几乎每两个女性中就有一个文盲）降至 2015 年的 8.0%，30 多年间下降了 37.2 个百分点，女性与男性文盲率的差距也从 1982 年的 26 个百分点缩小至 2015 年的 5.1 个百分点（见图 2）。

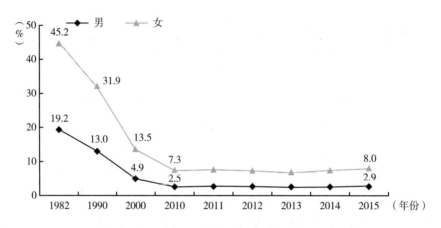

图 2　历年分性别 15 岁及以上人口的文盲率

资料来源：国家统计局历次人口普查及 1% 人口抽样变动调查。

　　文盲率的性别差异在很大程度上属于历史遗留问题，反映了年长女性在过去的弱势地位。但是，即便是在青壮年人口中性别差异依旧存在：2010年，女性青壮年（15～50 岁）的文盲率为 1.5%，而男性青壮年的文盲率仅为 0.7%，二者相差 0.8 个百分点，女性青壮年文盲率还有继续下降的空间。2010 年以后，男女成人文盲率的下降幅度都大大减缓，这在很大程度上是由于现存的成人文盲更多地集中在中老年人口中，其消减难度也相应更大。

　　女性平均受教育年限大幅提升，性别差距日趋缩小。改革开放以来，中国政府为保护在教育资源享有上长期处于相对弱势地位的女性制定了一系列特殊政策和倾斜性措施，如针对部分边远、贫困和少数民族地区女性就学存在的实际困难，采取办女童班、办女校、实现免费上学等办法，努力消除女性受教育的障碍，以确保其受教育权利能公平实现。中国 6 岁及以上女性人口的平均受教育年限从 1982 年的 4.2 年增至 2015 年的 8.8 年，与男性的差距从 1.9 年缩小至 0.7 年（见图 3）。

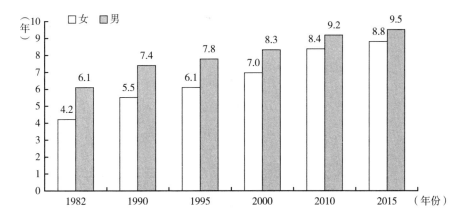

图 3　历年 6 岁及以上分性别人口的平均受教育年限

资料来源：国家统计局历次人口普查及 1% 人口抽样变动调查。

女性接受各级各类教育的机会增加，其对高等教育的参与状况显著改善。改革开放以来，女性接受各级各类教育的机会都有不同程度的提升，其中接受高等教育的增幅最为显著。1982 年，仅有 0.4% 的女性接受过高等教育，2010 年这一比例增至 8.9%，男性的相应比例则分别为 1.0% 和 10.2%。[①] 大学本科在校学生中的女生人数从 1987 年的 64.7 万人增至 2015 年的 1376 万人，占在校大学生的比例也从 33.0% 增至 52.4%。普通高等院校专任教师的女性比例在过去的 30 多年间也呈现近乎线性增长的态势：1979 年，内地普通高等院校的专任教师为 23.7 万人，其中女教师仅 6.07 万人，占 25.6%；2014 年，普通高校专任教师规模达到 153.5 万人，其中女教师 73.9 万人，占 48.1%。[②]

---

① 全国妇联妇女研究所：《女性人口状况研究》，国家统计局编《第六次人口普查研究》，中国统计出版社，2014。

② 教育部：《中国教育统计年鉴》（1987 年、2014 年），人民教育出版社。

可以说在过去的几十年间，总体来看，中国女性在获得各级各类教育机会方面已经基本实现了与男性平等，男女两性受教育水平的差距日趋缩小。但同样由于不同地区经济社会发展水平差异、城乡发展不平等等结构性因素的影响，不同地域女性的受教育状况也存在显著的差异，女性群体内部的分化非常明显。与此同时，教育领域的性别平等开始涉及一些更深层次的问题，如教材内容的性别平等意识、教师教学方式、学校激励机制、教育管理决策层的女性缺位、高等教育中不同学科的性别隔离等。相对于机会平等而言，在内容、过程方面争取男女平等的难度更大，面临来自价值观念层面的冲突会更剧烈，教育领域的性别平等还有很长的路要走。

三　社会劳动参与率有所回落，性别差距在分化中波动

妇女参与社会经济劳动、获得体面的工作、拥有独立稳定的收入来源，不仅对妇女生活需求的满足至关重要，也是妇女独立做出各种生活选择的基础和前提，更是妇女更广泛地参与国家和社会事务管理的起点和保证。

妇女劳动力人口总体规模持续扩大，但劳动参与率持续下降。在我国社会就业人口总体规模持续扩大的过程中，我国女性就业人口的规模也不断增长，但增幅低于男性，这使得女性就业人口占社会就业人口总量的比例持续下降。2015 年，全国女性就业人口总体规模约为 3.32 亿人，占就业人口总数的 42.9%。

鼓励妇女走出家庭、参与社会劳动、获得经济的独立，是马克思主义妇女观的重要主张。新中国建立伊始，中国政府就大力倡导妇女作为一个独立的社会个体积极参与社会劳动，并通过女职工保护等一系列强有力的国家法律政策来保障和支持妇女就业，使得中国妇女的社会劳动参与率在 20 世纪后半叶一直在世界主要经济体中处于相对较高的水平。但改革开放以来，随着市场经济在中国的逐步建立，受大规模农村青壮年劳动力涌入城市劳动力市场引起的自由竞争加剧、劳动生产率提升、低龄劳动力受教育年限延长等诸多因素的影响，中国男女两性的劳动参与率都经历了较大幅度的下降，加

之计划经济时代国家对女性就业的庇护性政策举措日渐式微，以致16岁及以上女性劳动年龄人口劳动参与率的缩减幅度较男性更为突出（见图4）。

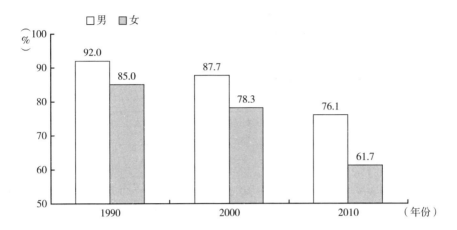

图4　历年分性别16岁及以上人口的劳动参与率

资料来源：国家统计局历次人口普查及1%人口抽样变动调查。

　　女性就业结构逐渐优化，优质就业岗位小幅波动。与我国整体的产业结构转型一致，女性劳动者从事第二、第三产业的比例也同步提高，各类女性负责人、专业技术人员、办事人员及有关人员所占比例较10年前提高了13个百分点。近年来，我国公有经济企事业单位中女性专业技术人员持续增加，2015年，公有制企事业单位中有女性专业技术人员1458万人，比2010年增加188万人，所占比例达47.2%，提高2.1个百分点。其中，女性高级专业技术人员150万人，增加48万人，所占比例达37.5%，提高2.2个百分点；女性中高级专业技术人员达到661万人，占中高级专业技术人员的44.1%，比2000年提高了9个百分点。

　　长期以来，在城镇单位就业因为工作环境相对较好、劳动报酬相对较高、工作性质较为稳定、福利保障相对规范而被视作较为体面、优质的工作机会，故女性在城镇单位就业人口中所占的比例也常常成为考量女性就业质量的重要指标。1995～2015年的20年间，城镇单位就业人员在经历了20世纪90年代末的国企改革大裁员之后，于2010年前后开始大幅度增加，

2015 年达到 1.8 亿人左右，其中女性就业人员的规模也同步变动，2015 年达到 6527 万人。女性在城镇单位就业人员中所占比例经历了一个周期更长、先降后升的波动，从 1995 年的 38.5% 持续下滑，降至 2013 年的 35.0% 后开始逐步回升，2015 年缓慢恢复到 36.1% 的水平（见表2）。

表 2　历年分性别城镇单位就业人员及女性比例的变动情况

单位：万人，%

年份	总数	女性数	男性数	女性比例
1995	15301	5889	9412	38.5
2000	11613	4411	7201	38.0
2005	11404	4325	7079	37.9
2010	13095	4862	8233	37.1
2011	14413	5228	9185	36.3
2012	15236	5459	9777	35.8
2013	18108	6338	11770	35.0
2014	18278	6546	11732	35.8
2015	18080	6527	11553	36.1

资料来源：历年中国劳动统计年鉴。

子女的养育是家庭核心议题，计划生育政策的实施进一步提高了子女在家庭中的地位。与此同时，在市场化改革中政府针对家庭子女养育方面的公共服务提供不足，客观上加大了承担家庭主要照料责任的女性在平衡工作与家庭责任承担上的矛盾。在经济发达地区，尤其是在大城市，一些女性或主动或被动地回归家庭，成为"全职太太"或"全职妈妈"。2015 年生育政策进一步调整，二孩政策落地"遇冷"，在一定程度上也折射出女性在生育和个人社会参与上所面临的困境。不少学者对世界各国生育和公共政策的研究发现，营造一个真正对女性和家庭友好、性别平等的社会环境，对实现生育率的回升具有至关重要的影响。[1]

---

[1] 吴帆：《欧洲家庭政策与生育率变化——兼论中国低生育率陷阱的风险》，《社会学研究》2016 年第 1 期。

四 参与决策管理小步改进，高层参与缺位依旧突出

妇女在公共事务、政治决策中的参与状况是衡量一个国家或地区妇女社会地位的关键性指标。一定比例的妇女进入各级决策层，在政治决策中发挥实质作用和影响力，参与国家和社会事务的民主管理和民主监督，对于保障妇女各方面权益的实现、推进性别平等意识被纳入决策主流具有至关重要的作用。本报告选取了全国人大、全国政协、中共中央委员会、公务员及村居委会等几个不同层级的政治决策和社会事务管理机构中女性的比例，来反映女性在中国社会事务、政治决策中的参与状况。

女性在国家议会中所占比例，一直是国际社会评价一个国家妇女社会地位的重要指标，鉴于很多国家女性在高层的政治事务参与中比例都较低，联合国等国际组织从 20 世纪 70 年代就开始呼吁各国采取积极措施，提升女性在国家主要政治决策机构中的比例，并把至少达到 30% 作为初步的阶段性目标。全国人民代表大会作为中国最高权力机关，在国家重大事务的决策中发挥着重要的作用。客观来说，相对于中国妇女在教育、健康等其他领域的巨大进步，中国妇女在高层级政治决策参与方面的情况亟待改善，这也是中国妇女地位在世界各国的排名中长期处于中下游的重要原因。

图 5 展示了新中国建立后，女性在全国人民代表大会中所占比例的变动情况。全国人民代表大会中女性比例从 1949 年第一届的 12.0% 快速升至第四届的 22.6%，在此后很长一段时间维持约 21% 的水平，第十届甚至回落到 20.2%。为改变这一局面，2004 年《全国人民代表大会和地方各级人民代表大会选举法》明确提出："全国人民代表大会和地方各级人民代表大会的代表中，应当有适当数量的妇女代表，并逐步提高妇女代表的比例。"2007 年，十届全国人大五次会议正式通过了《关于第十一届全国人大代表名额和选举问题的决定》，明确要求"第十一届全国人民代表大会代表中，妇女代表的比例不低于 22%"，2011 年国务院颁布的《中国妇女发展纲要（2011－2020 年）》也再次强调，要采取积极措施进一步提高女性在全国人

大等决策机构中的比例。上述努力使第十二届全国人大的女代表比例达到23.4%的历史新高，但这距离联合国等提出的30%目标还有很长一段路。

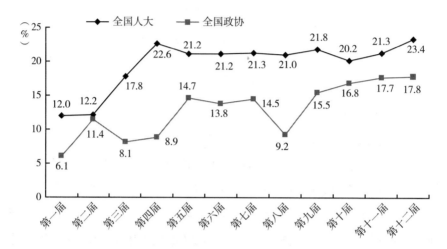

图5 历届全国人民代表大会、全国政协委员会的女性比例

资料来源：全国人大统计资料、全国政协统计资料，转引自国家统计局社会科技和文化产业统计司编《2015中国妇女儿童状况统计资料》，中国统计出版社，2015。

总体而言，全国政协委员会中女性所占比例在近几届也有小幅提升，但整体水平较低，亟待实施积极的措施予以提高。

中国共产党是中国的执政党，其全国代表大会和中央委员会是中国经济社会发展诸多重大事务的最核心决策机构。相关数据显示，在中国共产党全国代表大会中女性所占比例自第十四届以来一直呈稳步增长的发展态势，但在中央委员会这一更为核心的机构中，女性所占比例却一直在较低的水平上波动起伏，第十八届中央委员会的205位委员中只有10位女委员，仅占4.9%（见图6）。

村居委会作为中国基层民主制度的重要组成，是社会治理的重要基石，也是国家相关政策、措施最终落地的重要阵地。特别是对农村土地等重要生产资源具有实际掌控权的村委会，其在维护妇女权益方面如何作为，对基层妇女的生活有着最直接的影响。长期以来，女性在城镇居委会中所占比例相对较高，从2000年的约60%经过2006年较大幅度的调整后，维持在50%

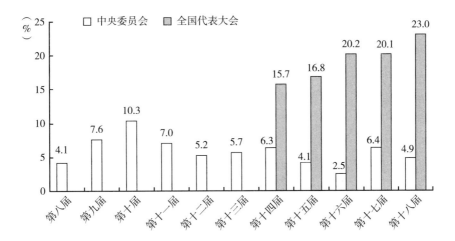

图6 历届中共中央委员会、中共全国代表大会的女性比例

资料来源：人民网，转引自国家统计局社会科技和文化产业统计司编《2015中国妇女儿童状况统计资料》，中国统计出版社，2015。

左右；而村委会成员的女性比例在2000~2005年一直徘徊在15%，2006年提升至约20%后长期维持在22%左右的水平（见图7）。

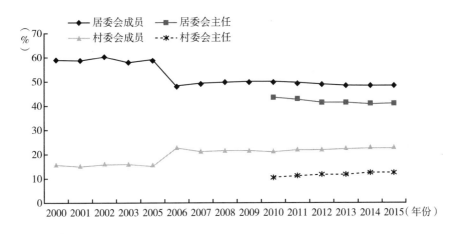

图7 2000~2015年村委会、居委会成员及主任的女性比例

资料来源：国家统计局社会科技和文化产业统计司编《中国妇女儿童状况统计资料》（2011、2015）。

针对村委会中女性比例长期偏低的现实国情，《妇女权益保障法》
（2005 年修正）和《中国妇女发展纲要（2001－2010 年）》都试图从法律和
政策层面为妇女参与村居委会提供制度性保障；2010 年新修改的《村民委
员会组织法》对妇女进入村委会、村民代表大会又做了进一步规定，消除
了文化传统和现实社会环境中对女性基层政治参与的诸多掣肘和阻碍。许多
地方也在探索采取规定比例和定位选举①等各种积极措施，以切实提高妇女
入选村居委会的比例，但效果并不太理想。

近些年，女性在国家公务员招聘中呈现明显的强势，中央机关及其直属
机构新录用的女公务员占录用总人数的比例逐年提高，2015 年已经超过半
数，达 51.9%，比 2011 年增加 12.5 个百分点；地方新录用公务员中女性占
总人数的比例也有明显提高，由 40.2% 提高到 44.1%。后备力量的增强，
也许可以为多年后女性在决策层占据更多席位增添一些筹码。

五　婚姻家庭内部更趋平等，但传统性别观念有所回归

婚姻自主性进一步增强，夫妻关系更趋平等。《婚姻法》作为新中国成
立后颁布的第一部法律，深刻地改变了中国女性在婚姻家庭中的地位。女性
受教育程度和经济独立性的提升，进一步增强了其婚姻自主性，初婚年龄呈
上升趋势②，特别是在大城市，一些高素质的大龄未婚女性数量增长较快，
"剩女"已经成为一个社会热议的话题。越来越多的年轻夫妻在婚后独立门
户，家庭结构核心化、家庭规模小型化趋势增强，家庭关系也由大家庭的纵
向代际关系转向小家庭的横向夫妻关系和亲子关系，家庭内部个体的独立性
和平等意识增强，亲属关系向双系发展。③ 对于婚姻家庭关系的一些最新研

---

① 主要指村委会中有关妇女事务的职位（如妇女主任或计生专干）专门从妇女候选人中选
出。有的地方男女共同投票，有的地方仅由妇女投票选举产生管理妇女事务的特定职位的
村委会委员。
② 王鹏、吴愈晓：《初婚年龄的影响因素分析：基于 CGSS2006 的研究》，《社会》2013 年第
3 期。
③ 王跃生：《中国家庭代际关系的维系、变动和趋向》，《江淮论坛》2011 年第 2 期。

究发现，当前中国家庭中夫妻关系总体趋于平等。最新一期中国妇女社会地位调查的数据显示，男性在家庭中分担家务的比例有了较大的提升，而在家庭重大事务的决策中，夫妻共同商量已经成为主流，妻子参与相关决策的比例与10年前相比也有了明显的提升。①

妇女对家庭重要资产的拥有率相对较低，对家庭财产所有权的关注度提升。夫妻共有财产制度是我国婚姻法一贯的主张，即在婚姻关系存续期间夫妻双方或者一方所得的财产，除特别约定外，均归夫妻共同拥有。2007年《中华人民共和国物权法》的颁布，强化了公民明晰个人财产所有权的观念。2010年第三期中国妇女社会地位调查数据显示，女性名下有房产、农村宅基地、存款及机动车等重要资产的比例均低于男性。数据显示，女性名下有房产的占42.1%，其中农村女性为33.5%，分别比男性低22.5个和35.9个百分点。这意味着一旦遭遇婚姻变故，女性往往会处于不利的境地。为使物权法与婚姻法的衔接更加顺利，2011年最高人民法院颁发了《最高人民法院关于适用〈婚姻法〉若干问题的解释（三）》，对家庭资产的所有权归属等进行了规定。这一司法解释的发布在社会上引发了强烈争议，不少人认为此法不利于家庭的和睦、不利于维护中国传统的婚姻家庭伦理②，对现实中传统男方置房、女方添置家具或日常用品的婚居模式等产生了一定的冲击。随着近些年房屋价格的不断飙升，新婚夫妻在婚房购置、署名等问题的处理上也出现了一些新的模式，如一些地方兴起小夫妻婆家、娘家"两头走"③或双方共同置房方式。也是基于这些社会现实，有专家认为婚姻法司法解释（三）的出台，虽然短期来看可能不利于女性，但长远来看，则可能会进一步弱化女性对男性在财产尤其是房产等方面的依赖，增强女性自觉维护个人权益和独立自主的意识，增强社会公众男女平等的现代观念。

---

① 杨玉静、郑丹丹：《婚姻家庭中的妇女地位》，宋秀岩主编《新时期中国妇女社会地位调查研究（上卷）》，中国妇女出版社，2013。

② 赵玉：《司法视域下夫妻财产制的价值转向》，《中国法学》2016年第1期。

③ 李永萍、慈勤英：《"两头走"：一种流动性婚居模式及其隐忧——基于对江汉平原J村的考察》，《南方人口》2015年第4期。

　　"男主外、女主内"的传统性别观念有所增强。社会公众对于"男主外、女主内"这一传统性别分工的认同度有所回升，相比10年前，2010年有更多的人对此观点表达了认同（见图8）。① 人们性别观念的变化与同期女性劳动参与率的下降相互呼应，这一方面反映了随着人们生活水平的提高，特别是家庭经济条件的改善，社会公众对家庭建设的重视程度提升，期待传统的家庭事务主要承担者女性能把更多精力投入家庭事务中；另一方面也反映出我国在经济社会快速发展的几十年间，对于劳动者工作－家庭平衡的社会支持体系建设关注不足，支持家庭发展的公共政策严重缺位，致使曾经被最彻底解放出家庭的中国妇女在21世纪中国经济社会有了巨大发展的情况下不得不重新返回家庭，重操家庭妇女的"旧业"。无论是女性出于自由选择还是迫于劳动力市场和社会对女性发展的不友好环境，强化男女两性的传统性别角色分工，对于男性和女性的自由发展都会产生制约，不利于构建更加平等、和谐的社会环境。

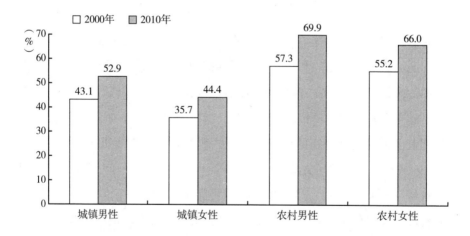

图8　2000年和2010年分城乡、分性别被访者对"男主外、女主内"的认同情况

资料来源：全国妇联、国家统计局，2000年、2010年中国妇女社会地位调查。

---

　　① 全国妇联妇女研究所：《第三期中国妇女社会地位调查主要数据报告》，《妇女研究论丛》2011年第5期。

六 维护妇女发展的国家机制不断完善，法律制度建设取得较大进展

建立提高妇女地位的国家机制，是充分利用政府资源、有效调动社会资源、推进性别平等与妇女发展的重要保障。在过去的 20 多年间，中国提高妇女地位的机制不断健全。1990 年，国务院妇女儿童工作委员会成立，它负责组织、协调、指导、督促有关部门，共同促进性别平等与妇女发展。委员会由相关政府部门部级领导组成，主任由国务院领导担任。20 年多来，成员单位从成立初的 19 个增至目前的 35 个。国务院先后颁布了三个周期的中国妇女发展纲要，明确各阶段妇女发展的总体目标、重点领域及策略措施，并逐步建立和完善纲要评估机制，对纲要落实情况进行监测评估，确保纲要规划目标如期实现。这一机制的完善，增强了政府相关部门推动妇女发展、维护妇女权益的主体意识，有利于妇女共享社会发展成果这一目标的实现。

中国大力支持作为群众团体的妇联组织，利用其从中央到社区的 5 级组织网络系统，开展维护妇女权益、促进妇女发展的相关工作，这为推进中国的妇女发展和性别平等提供了强大的支持和保障。妇联组织在保障妇女权益特别是推动法律政策的顶层变革方面发挥着非常重要的作用，如妇联联合多方力量，经过近 20 年的不懈努力，终于在 2015 年推动全国人大通过了《反家庭暴力法》，这部法律的出台和实施为预防和制止家庭暴力、保护妇女儿童在家庭中的合法权益提供了重要的法律依据。同样也是在妇联组织和法律人士的共同努力推动下，全国人大在 2015 年 8 月 29 日通过的《中华人民共和国刑法修正案（九）》中删除了嫖宿幼女罪，此举加大了对性侵女童违法犯罪行为的惩罚力度，加强了对幼女的保护。

生育政策调整，使育龄妇女健康保障和社会参与受到关注。从 20 世纪 80 年代初实施严格的独生子女政策以来，中国的生育政策虽几经微调，但严格控制生育、稳定低生育水平的基调一直是主线。在经历了 30 多年相对

严格的生育控制后,为缓解日益严峻的人口老龄化、未来劳动力人口不足对经济社会平稳发展的不利影响等压力,2013 年十八届三中全会启动了"单独两孩"政策,2015 年十八届五中全会提出实行全面二孩政策,同年 12 月 27 日新修订的《中华人民共和国人口与计划生育法》规定,自 2016 年 1 月 1 日起"国家提倡一对夫妻生育两个子女"。生育政策调整给育龄妇女生殖健康和社会参与带来了新的挑战,在社会上引发广泛关注。如果缺乏切实有效的支持性措施,如大力倡导男女平等共担子女养育照料责任、切实扩大生育保险覆盖面、大力发展托幼服务等社会公共服务,则很可能进一步加剧劳动力市场对女性劳动力的歧视,女性的生育意愿也难以激发,最终使得生育政策调整的效果大打折扣。①

结　语

妇女发展和性别平等涉及经济社会的各个领域和层面,这也注定了我们很难用几个简单的指标来衡量妇女的社会地位。本报告只能从几个主要的领域撷选部分具有一定代表性的指标,窥豹一斑地对中国妇女的发展状况做一个简要的梳理和探讨。总体来看,在过去的 20 多年间,伴随中国经济社会的快速发展,中国妇女在教育、健康等领域取得了较为显著的发展,妇女整体的人力资本有了很大的提升,这为女性更好地参与经济社会发展提供了良好的条件和基础。但妇女劳动参与率在过去 20 多年间呈现持续下降的发展态势。在过去,由于受到政府强有力的庇护,我国女性的社会劳动参与率一直远高于世界绝大多数国家,但随着市场经济的发展,在男性劳动力供给相对充沛的情况下,政府庇护女性劳动者的力度大幅度减弱,女性被较大幅度地排挤出劳动力市场。而参与决策管理则一直是中国妇女发展的一个短板,也是中国妇女社会地位在一些国际排名中相对偏低的重要影响因素,这方面的改进是最为艰难和缓慢的。婚姻家庭一直是中国社会评价女性地位的重要

---

① 郑真真:《从家庭和妇女的视角看生育和计划生育》,《中国人口科学》2015 年第 2 期。

领域，婚姻家庭状况对于女性的生活也发挥着重要的作用，近 20 多年来，女性在婚姻家庭中的自主度逐步提升，同时国家相关法律制度的实施也深刻地改变和形塑着婚姻家庭关系，给妇女相关权益的维护带来了新的挑战。在中国这样一个大政府的社会治理模式下对中国妇女社会地位状况进行考察，不能忽视国家机制对妇女发展的推动，中国拥有世界上最庞大的维护妇女权益的群体组织——妇联组织，这一组织在维护妇女权益方面扮演着重要的角色，也发挥着不可忽视的重要作用。

作为一个发展中大国，中国的妇女发展还面临诸多的挑战，既有地区发展不平衡等结构性问题，也有传统观念、习俗、文化等对妇女发展的制约，妇女群体内部的分化日趋突出，不同妇女群体的发展诉求更趋多元化，群体间的利益冲突和协调难度也更大。实现性别平等是一个长期而艰难的过程，中国妇女发展在相当一段时期内会一直在路上前进。

附　　录

Appendix

B.21
中国社会发展统计概览（2016）

张丽萍 *

一　经济发展

随着我国经济发展增速趋缓，2015 年全年国内生产总值为 685505.8 亿元，同比增长 6.9%，其中第一产业、第二产业和第三产业分别拉动 GDP 增长 0.3%、2.9% 和 3.7%；2016 年 1~3 季度，国内生产总值为 529971 亿元，同比增长 6.7%。

国内生产总值的增长构成中，2015 年最终消费支出的贡献率为 60.9%，对经济增长的带动作用持续增强；资本形成总额的贡献率较上年降低，为 41.7%；而货物和服务净出口的贡献率降低到 -2.6%。2016 年前三季度，最终消费支出、资本形成总额、货物和服务净出口的贡献率分别为 71.0%、

---

* 张丽萍，中国社会科学院社会学研究所副研究员。

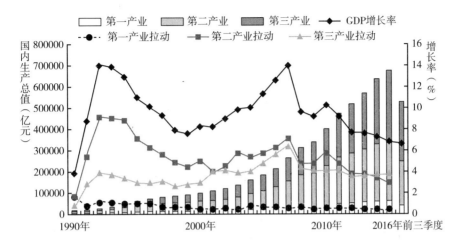

图1　1990年以来国内生产总值增长情况

36.8%和－7.8%。最终消费支出对经济增长的拉动作用一直处于突出地位，成为拉动经济增长的主动力。

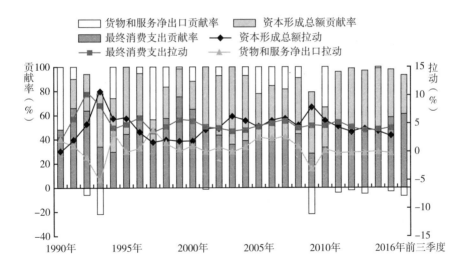

图2　1990年以来三大需求对国内生产总值增长的贡献率和拉动

社会消费品零售总额是分析人民生活、社会消费品购买力、货币流通等方面的重要指标。2015年社会消费品零售总额为300930.8亿元，较上年增

长 10.7%。2016 年 1~10 月份，社会消费品零售总额为 269601 亿元，同比
增长 10.3%。

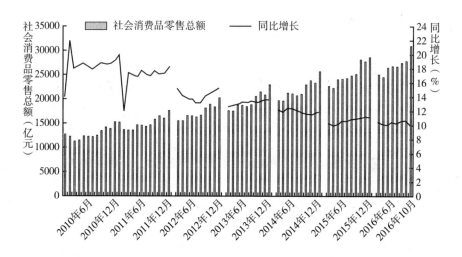

图 3　2010 年以来社会消费品零售总额情况

不同省份的社会消费品零售总额和增长幅度也有很大差别。2015 年社
会消费品零售总额排在前三位的是广东、山东、江苏三个省份。增长比例最
高的是湖北、重庆，为 12.5%，其次是河南和福建两省，增长了 12.4%。

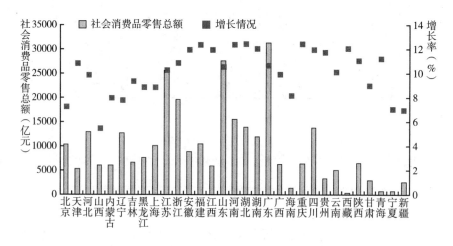

图 4　2015 年各地社会消费品零售总额及增长情况

居民消费水平继续提高，2015年城镇居民消费水平为27088元，农村为9630元，较上年有不同程度的增长。从城乡消费水平对比看，二者的差距处于逐渐缩小的过程中，由2014年的2.9倍降低为2015年的2.8倍。

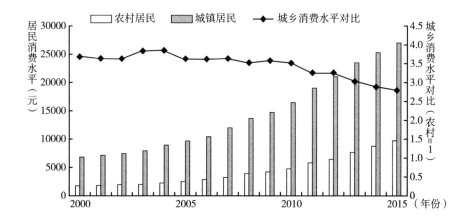

图5　2000～2015年居民消费水平

二　人口与就业

在经济发展、社会转型和计划生育政策的共同作用下，中国人口增长速度降低，人口结构已经发生了转变。总人口数量在2015年底为137462万人，出生率降至12.07‰，死亡率为7.11‰，自然增长率为4.96‰。随着新型城镇化的稳步推进，人口的城乡结构也发生变化，城镇人口比重上升到56.10%。

2015年全面二孩政策的出台标志着实施了30多年的独生子女政策的终结。育龄妇女的生育水平和生育模式都发生了很大变化。2014年育龄妇女生育率为30.93‰，其中一孩生育率为16.43‰，二孩生育率为12.30‰，三孩及以上生育率为2.21‰。而1990年第四次人口普查数据

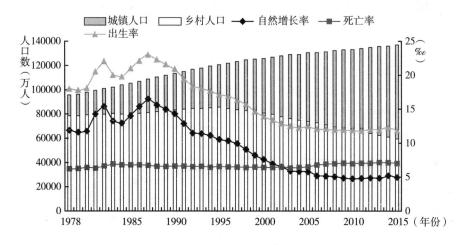

图6　1978~2015年总人口与自然增长情况

显示，1989年的总和生育率为2.35，育龄妇女生育率为79.45‰，其中一孩、二孩和三孩及以上的生育率分别是39.28‰、24.86‰、15.31‰。同时，生育模式也有很大变化，峰值生育年龄推迟，生育时间加长。2014年峰值生育年龄为22~30岁，这个年龄段的妇女生育了63.7%的出生人口，而1989年63.1%的出生人口是由21~26岁的育龄妇女生育的。

由于生活水平的提高和医疗卫生条件的改善，我国人口的平均预期寿命有了较大的提高。2015年全国1%人口抽样调查结果显示，我国人口平均预期寿命达到76.34岁，其中男性为73.64岁，女性为79.43岁。与1981年相比，分别提高了8.57岁、7.36岁和10.16岁。

生育水平的下降与预期寿命的提高对人口数量和结构产生了直接的影响。少儿人口数量和比例逐渐下降，老年人口数量和比例均在提升，中国已经进入严重少子化阶段。2015年0~14岁人口比重为16.5%，65岁及以上人口比重增加到10.5%。人口数量和结构变化的同时抚养比也发生着改变，2015年总抚养比为37.0%，少儿抚养比为22.6%，老年抚养比为14.3%，较上年都有不同程度的提高。

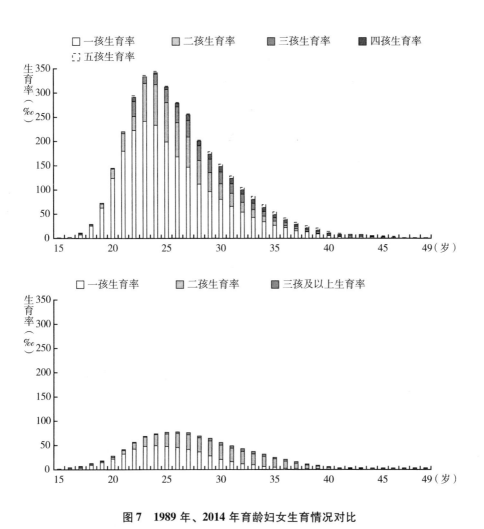

图7　1989年、2014年育龄妇女生育情况对比

当前我国就业形势保持基本稳定。城镇新增就业人数从2013年起每年保持在1300万人以上，2016年1～9月为1067万人。2015年失业人员再就业及就业困难人员再就业人数分别为567万人和173万人，城镇登记失业人数为966万人，城镇登记失业率为4.05%，2016年第三季度末下降为4.04%。相同年份的调查失业率均高于登记失业率。2016年9月底调查失业率首次低于5%。

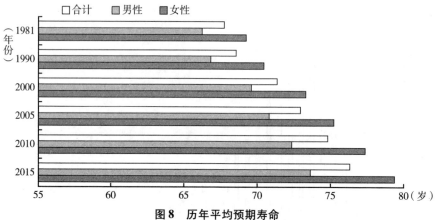

图 8　历年平均预期寿命

图 9　1990~2015 年人口年龄结构和抚养比

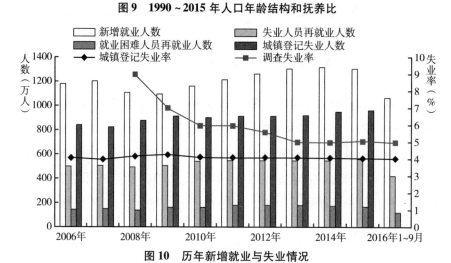

图 10　历年新增就业与失业情况

三 城乡居民生活

城乡居民收入保持增长，城乡居民生活水平明显提高，同时城乡差距依然存在。从收入水平看，2014～2015年城镇居民家庭人均可支配收入从28843.9元提高到31194.8元；农村居民家庭人均纯收入从10488.9元提高到11421.7元。从城乡收入对比看，随着农村居民收入的提高，城乡居民收入差距开始缩小，城乡居民家庭人均可支配收入之比从2006年的近3.3倍降低到2015年的2.73倍。

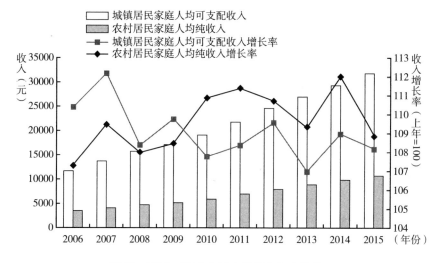

图11 2006～2015年城乡居民收入变化情况

居民人均可支配收入与消费支出在增长的同时也存在着区域差异。2015年上海、北京的人均可支配收入最高，在4.9万元左右，最低的西藏、甘肃、贵州不到1.4万元。人均消费支出方面，最高的上海、北京为3.4万元左右，天津、浙江略高于2.4万元，广东和江苏也在2万元以上。

网上购物是近年来居民消费方式上发生的变化。2015年全国网上零售额达到38773.2亿元，其中实物商品网上零售额为32423.8亿元，分别比上年增长33.3%和31.6%。分区域看，广东、浙江、北京、上海、江苏的网

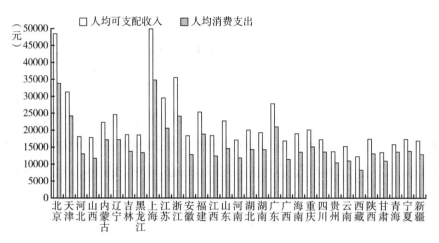

图12　2015年不同地区人均可支配收入与消费支出情况

上零售额远高于其他省份。从增长幅度看，贵州、青海、浙江、四川、陕西
等省的网上零售额增长幅度较高。

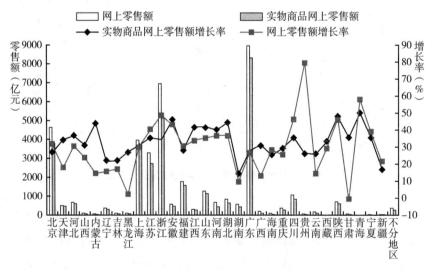

图13　2015年分地区网上零售额

随着扶贫开发工作的深入推进，我国反贫困工作取得一定的成效。2015
年贫困人口数量继续下降，为5575万人，较上年减少1442万人；贫困发生
率降低到5.7%。

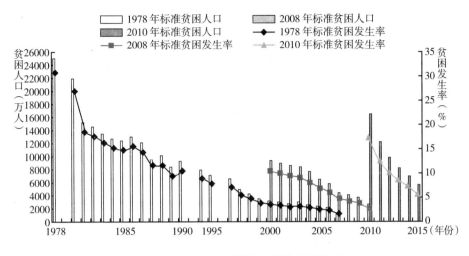

图14　1978～2015年贫困人口数与贫困发生率

　　注：①1978年标准：1978～1999年称为农村贫困标准，2000～2007年称为农村绝对贫困标准。②2008年标准：2000～2007年称为农村低收入标准，2008～2010年称为农村贫困标准。③2010年标准：新确定的农村扶贫标准。

四　教育、科学、卫生、社会保障与社会服务

　　从不同阶段学校的升学率和以不同年龄段人口数据计算的毛入学率可见，初中升学率和高中阶段毛入学率继续提高，初中升学率从1995年的48.3%提高到2015年的94.1%，15～17周岁高中阶段毛入学率由33.6%上升到87.0%；高等教育入学率也继续提升，高中升学率2015年达到92.5%，这一阶段高等教育毛入学率上升到40%。

　　农村留守儿童和进城务工子女的受教育问题也广受关注。普通小学中进城务工人员随迁子女在校生有1013.6万人，农村留守儿童1383.7万人。初中进城务工人员的随迁子女为353.5万人，农村留守儿童635.6万人。

　　科技经费的投入近年来持续增加，R&D经费支出占国内生产总值的比重从2010年的1.73%增加到2015年的2.07%。从总量上看，2012年R&D经费支出超过万亿元后，2015年已经达到14169.9亿元，较上年增加1154亿元。在R&D经费中，基础研究、应用研究和试验发展的投入比例分别为

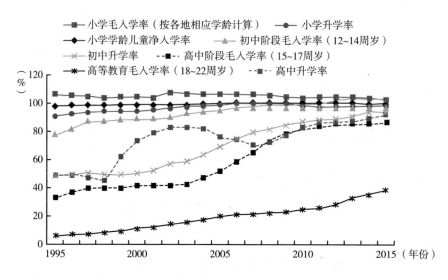

图15　1995～2015年不同教育阶段升学率与毛入学率

注：毛入学率为该级教育在校学生总数占政府规定的该级学龄人口总数的比例。

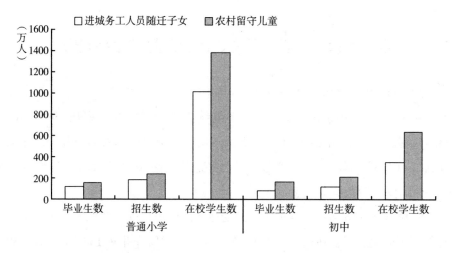

图16　进城务工人员随迁子女和农村留守儿童在校情况

5.1%、10.8%、84.2%。

卫生费用的总量和结构继续发生变化。卫生总费用占GDP的比重从2009年起超过5%，到2015年已经达到5.98%。2015年卫生总费用为

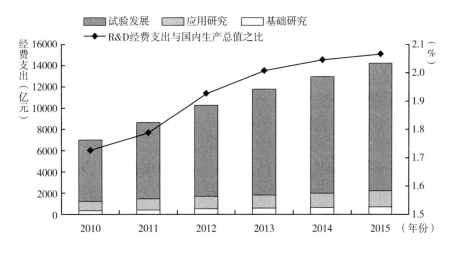

图17　2010～2015年研究与试验发展（R&D）投入情况

40974.6亿元，其中政府卫生支出、社会卫生支出、个人现金卫生支出分别占卫生总费用的30.4%、40.3%和29.3%。与上年相比，社会卫生支出比例继续上升，个人和政府支出比例有所降低。

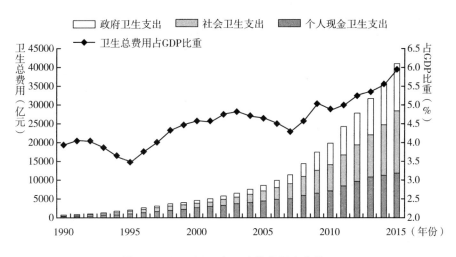

图18　1990～2015年卫生总费用支出情况

我国社会保障体系继续发展完善。从社会保险参保人数看，2015年末全国参加基本养老保险人数为85833万人；参加城镇基本医疗保险人数为

66582万人；城乡居民基本养老保险参保人数为50472万人；参加失业保险人数为17326万人，其中，参加失业保险的农民工人数为4219万人；参加工伤保险人数为21432万人，其中，参加工伤保险的农民工人数为7489万人；2015年末全国参加生育保险人数为17771万人。

从社会保险基金的收支情况看，2015年基本养老保险、城镇基本医疗保险、失业保险、工伤保险、生育保险五项社会保险的基金收入为46012.1亿元，基金支出为38988.1亿元，累计结余59532.5亿元。

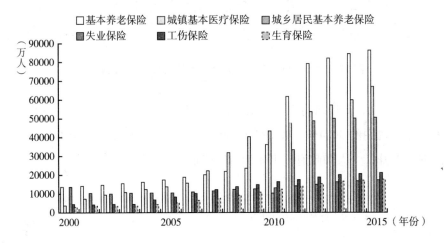

图19　2000～2015年社会保险参保人数

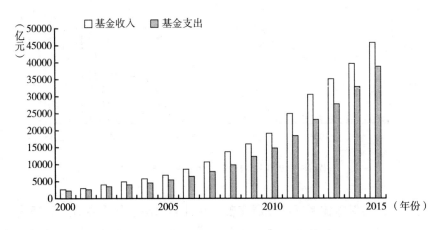

图20　2000～2015年社会保险基金收支情况

社区服务机构和设施继续发展完善，社会服务机构覆盖率大幅提升。截至 2015 年底，全国共有各类社区服务机构 36.1 万个，比上年增加 11 万个，社区服务机构覆盖率达到 53.0%。便民、利民服务网点由上年的 30.2 万个降低到 24.9 万个，减少 5.3 万个。

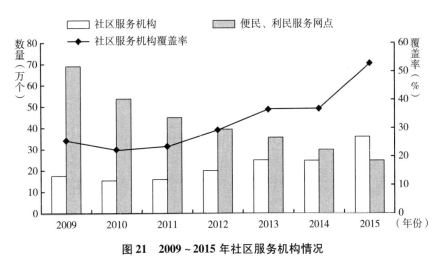

图 21　2009~2015 年社区服务机构情况

专业社工队伍是开展社会工作的前提和保障。社会工作师报考人数及合格人数逐年增多，专业社工人员的队伍逐步壮大。2015 年社会工作师合格人数为 13155 人，累计合格人数为 51722 人；助理社会工作师合格 34274 人，累计合格人数达到 154461 人。

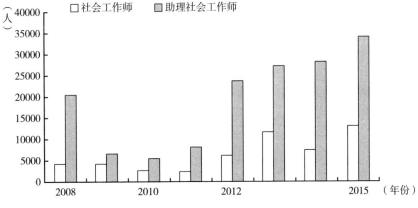

图 22　2008~2015 年社会工作人员合格情况

参考文献

中华人民共和国国家统计局编《中国统计年鉴 2016》，中国统计出版社，2016。

中华人民共和国国家统计局编《中国统计摘要 2016》，中国统计出版社，2016。

中华人民共和国国家统计局网站，http：//www. stats. gov. cn/tjsj/。

国务院人口普查办公室、国家统计局人口统计司编《中国 1990 年人口普查资料》，中国统计出版社，1993。

Abstract

This is the 2016 Annual Report (the Blue Book of China's Society) from the Research Group on "The Analysis and Forecast of China's Social Development", issued by Chinese Academy of Social Sciences (CASS). Researchers and scholars from various research institutions, universities and government departments report on statistical data released by the government or social science surveys. This project is organized by the Institute of Sociology at Chinese Academy of Social Sciences.

Based on the main theme of expanding the scale of middle income group and constructing olive-shaped society, this book analyzes the general situation of economic and social development, and points out that there still exists significant amount of problems and challenges. This book proposes that the contribution of social consumption towards overall economic growth has jumped to 71%. However, private investment in fixed assets has decreased significantly. With the promotion of further reform on the whole economic system, the central role of market in the allocation of resource should be maximized, which is critical for the enhancement of private investment. This book also suggests that, during the supply-side structural reform, the government should also take full consideration of specific situation of Chinese society. On the one hand, government should take priority of employment, promote economic structural adjustment and industrial upgrading, and facilitate technological and management innovation. On the other hand, this book also emphasizes that, it is crucial to pay attention to the situation of the decreasing residents' income and consumption in both rural and urban areas. Only through promoting domestic consumption and narrowing the income gap, the scale of middle income group could be expanded. This book also focuses on the issues of social security system, medical and health-care reform, social order, food and drug safety, environmental protection, public opinion management, and social attitude.

Based on the topics above, this book, on the one hand, builds the foundation of discussion on reliable survey data and statistics; and on the other hand, offers insightful opinions on topics such as the effect of supply side reform on employment, new problems during the process of rural land reform and upgrading of agricultural production. Meanwhile, some chapters study the issues relating to residents' income and consumption, and problems and challenges in the process of expanding middle-income group. Some chapters focus on employment, living condition, social attitude, and social belief system in large cities. Also, there are chapters that analyze the knowledge and attitudes towards genetically modified organism among the public in China. Topics such as the welfare coverage of the difficult population and direction of social security system reform have been covered. Furthermore, topics concerning education reform, medical and health-care reform, social order and conflict, internet-based public opinion, food and drug safety, and environmental protection, also have been covered by this book. In general, each chapter of this book gives both insightful research and detailed policy recommendation.

Contents

I   General Report

Abstract: This year is the preliminary stage of the Thirteenth Five Year Plan for China's social and economic development. The Fifth Plenary Session of the 18th CPC Central Committee has deployed new strategy for social and economic development. On the one hand, the new strategy has proposed the philosophy of innovative development, coordinated development, green development, open development, and development shared by all. On the other hand, the new strategy has proposed policy agenda for stabilizing economic growth, adjusting

industrial structure, transforming mode of development, fixing problems, and improving social well-being. In general, the economic growth has been stabilized with significant achievement on structural adjustment. Meanwhile, the quality of economic growth has been improved. In the area of social development, the general situation and people's well-being have made great progress. The scale of middle income group has been further expanded, and the social development has accelerated the process of constructing olive shaped society. However, during the social and economic development, there are many risks and challenges which should be addressed.

Keywords: Philosophy of Development; People's Well-being; Middle Income Group; Social Governance

Ⅱ Reports on Social Development

B. 2 Income and Consumption Conditions of the Urban and

Rural Residents in China, 2016　　　　　*Lyu Qingzhe* / 023

Abstract: This paper analyzes the overall income and consumption in urban and rural China in 2016. In 2016, income level continues to increase steadily across both urban and rural residents. Meanwhile, the gap of income inequality has been narrowed, and residents' consumption demonstrates an upward trend with the stabilization of the consumption structure. However, admittedly, there are many factors which have negative effect and become obstacles to boost both income increase and domestic consumption. For example, the decrease of economic development rate, the increase of pressure of income increment, and the structural problem of income distribution, affect the transformation of residents' consumption structure. Furthermore, the lack of sufficient social security and the soft environment of domestic consumption pose negative effect on current residents' consumption and consumers' willingness and confidence. Moreover, insufficient public goods investment reduces residents' consumption tendency and expectation. For the next year, the economic growth rate will remain at about 6.5%, and both residents' income and consumption will remain stable increase.

Keywords: Income of Residents; Consumption of Residents; Quality of life

B.3 2016: The Impact of Industrial Structure Adjustment on the Employment of University Graduates

Mo Rong, Wang Xinyu / 036

Abstract: In 2016, China's labor market maintains at a stable situation throughout the year, and substantial employment opportunities are created. For the first three quarters, a total of 10.67 million urban jobs were created, which already accomplished the annual target set at the beginning of the year. The urban registered unemployment rate still maintains at a low level of 4.04%. During the process of addressing overcapacity and reducing inventory, the employment pressure has been accumulated. China's government has promoted a series of policies to improve the employment situation. On the one hand, behind the stable employment situation, the fundamental factors include: China's economic growth rate keeps at a reasonable range, the industrial structure has been upgraded, the bonus of reform has been released, and positive employment policy has been implemented. On the other hand, the regional transition of industry has also affected the location of the employment of university graduates. The percentage of employment of university graduates in the tertiary industry is the highest, while the percentage of employment in education, medical service, and information technology is also increasing. The authors recommend that, with high priority on enhancing employment rate among university graduates, more attention should be paid to the employment stability and the facility of innovation and entrepreneurship. Furthermore, providing effective and flexible employment service, strengthening the statistics collection and forecasting labor market demand, and bridging the gap between university education and labor

社会蓝皮书

market demand, will all improve the quality of employment among university graduates.

Keywords: Structural Adjustment; Employment; University Graduates

B. 4   Analysis on Income Distribution and Future Trend in
China, 2016   *Yang Yiyong, Chi Zhenhe* / 054

Abstract: During 2016, the output growth rate of secondary industry keeps decreasing, which leads to the decrease of national economic growth rate and the adjustment of industrial structural change. As a result, both residents' income and employment affect the structure of income inequality. First of all, the decreasing rate of economic growth will downgrade the wage increase rate among low skilled labor force and reduce related employment opportunities. And both urban residents with lower middle income and rural residents with upper middle income are concentrated in low-skilled labor market. Therefore, the decrease of economic growth rate will widen the income inequality among urban residents. At the same time, this trend will continue the trend of narrowing rural residents' income inequality since 2015. However, the decreasing economic growth rate may have more negative impact on rural residents' average income growth rate than urban residents' income growth rate, which may cause the widening gap of income inequality between urban and rural residents. Therefore, for 2016, the income inequality between urban and rural residents and among urban residents will follow different path, which will cause a widening gap of the income inequality in China.

Keywords: Income Distribution; Income Inequality; Regional Difference; Economic Growth

B. 5   The Advancement of Social Security Reform in China, 2016

Wang Fayun, Wu Wei / 070

Abstract: In 2016, the social security keeps stable advancement, and maintains balance on the account of fund management. The reform of social security and old-age support of government employees has made great progress. The integration of urban and rural basic medical insurance has been pushed forward. The reimbursement of medical insurance for migrants has been accelerated. The adjustment of social insurance rates has been implemented. The comprehensive registration of social insurance participants has been arranged. Long-term health care insurance has been experimented with pilot programs. In conclusion, the whole social security system is more robust with great improvement of insurance level.

Keywords: Systematic Reform; Comprehensive Registration of Social Insurance Participants; Long-term Health Care Insurance; Insurance Level

B. 6   Report on Education Reform of China, 2016   *Fan Lei / 085*

Abstract: The year of 2016 is a critical year for the implementation of deepening comprehensive reform in the field of education. It is also a critical time period for the process of modernization of education system to integrate the policy agenda of the past and the future. Reform regarding education enrollment, compulsory education, higher education, private school system, training for professional teachers, and international communication of educators, is steadily pushed forward. The function of education in the areas of protecting social equality, improving social well-being, and promoting social economic development is strengthened. A series of policies and measures for improving information disclosure, regulating education administration, and constructing stable social situation, have been incorporated into daily administrative operation. The Thirteenth Five Year Plan of National Education Development will have long term

impact for China's education development.

Keywords: Comprehensive Reform; Education Equality; Education Modernization

B. 7 Medical and Healthcare Reform and Development, 2016

Fang Lijie / 099

Abstract: Based on the data from 2015, the problem of high expenditure of medical service has been resolved to some degree. However, there is no significant improvement regarding the difficulty of having adequate medical care. Level-based medical service and reform of public hospitals are still the top priorities for the 2016 medical and health-care reform. And both of them have clearer targets and rigorous evaluation with stronger administrative incentive. However, in terms of specific areas, the reform can not get breakthrough strategy to change the fragmented condition and find a systematic solution. At the end of 2016, new medical and health-care reform has come to a brand-new stage with clear reform path. Joint reform of medical service, medication and medical insurance has replaced the former fragmented plans. And the central role of the government has been acknowledged with stronger political prowess to facilitate further reform progress.

Keywords: Level-based Medical Service; Reform of Public Hospitals; Joint Reform of Medical Service; Medication and Medical Insurance

Ⅲ Reports on Social Survey

B. 8 Report on the New Social Stratum in Metropolis in China

Zhang Haidong, Yang Chengchen and Lai Siqi / 117

Abstract: With the reform and opening-up policy carried on, the marketization has grown rapidly and the new social stratum has become an important force in the period of social transformation. This report is based on the data collected by "the living conditions of megalopolis' residents survey in Beijing, Shanghai and Guangzhou. " It mainly analyzed some aspects of the new social stratum including family economic condition, employment and social security, lifestyle and stratum identification, social participation, attitudes and values. The research finds out that the new social stratum own a better family economic condition, and higher employment and social security level. Meanwhile, the new social stratum has their unique lifestyle and keeps positive attitude towards society. Hence the new social stratum plays an important role in promoting social ideological emancipation, social morality and social progress. In other words, we can conclude that it has become a vital issue for us to lead the new social stratum to develop healthily.

Keywords: the New Social Stratum; Economic Situation; Social Participation; Attitudes and Values

B. 9   Analysis on the Living Condition of the Elderly People Among
        Both Rural and Urban Areas and Future Trend in China
        —*Empirical Analysis based on Four Waves of National
        Survey from 2000 to 2015*
                        Wang Haitao , Fang Yu and Ouyang Zheng / 135

Abstract: China has become an aging society since the late 1990s, and dealing with aging population has become a national long term strategy. The survey of Living Condition of the Elderly People among Both Rural and Urban Areas has been implemented for four waves since 2000. The data demonstrate that, for the last 15 years, the overall living condition of the elderly people has been improved greatly with significant enhancement of economic situation, social insurance, medical service, social participation, and cultural events engagement. With the progress of aging society, China is facing challenges such as shortage of labor force, weakening family function, and inadequacy of medical care. On the other hand,

369

the aging society also brings significant opportunities for demand structural change and industrial adjustment.

Keywords: Elderly People; Aging Society; Living Condition

B. 10 Family Leisure Activities, Social Status, and the
Amount of Reading in China   *Zhang Yi* / 150

Abstract: Using large sample data, this paper comprehensively analyzes the amount of reading of Chinese people, which demonstrates that the amount of reading is closely correlated with family leisure time and individual's social status. People who have higher education level, higher social class, and better social economic situation usually have larger amount of reading. Furthermore, under the background of social development, most people prefer books relating to health-care, life and art. Therefore, the disparity of reading habits among different social classes determines the tendency of reading in the whole society.

Keywords: Family Leisure Activities; Social Status; the Amount of Reading

B. 11 Analysis on Internet Use and Internet-based Social
Network in China, 2016
Zhu Di, Tian Feng and Wang Xiaobing / 166

Abstract: In contemporary society, social network has been widely used and is changing the mode of people's social interaction and social life. From this perspective, based upon the analysis of inter-generational gap of internet usage, this report describes the use of social network by different generations in multiple areas of everyday life. The data of this report come from an online survey which is jointly conducted by the National Survey and Big Data Research Center of Chinese Academy of Social Sciences and Tencent Center for Internet & Society. The main findings of this report can be summaries as "duality of social network". On the one hand, the structure of social network is characterized by instrumentality which provides instruments in everyday interaction and brings convenience and pleasure and fulfill family commitment. On the other hand, social network is a virtual space of practice, which has changed people's interaction, lifestyle and values. At the same time, social network has brought anxiety and dilemma to certain extent. This report generates helpful implications for internet studies and sociological research methods, and gives useful policy implications for social governance and improvement of life quality and security.

Keywords: Social Network; Inter-generational Gap, Social Interaction; Duality of Social Network

B. 12 Knowledge and Attitudes towards Genetically Modified Organism among the Public in China

He Guangxi, Liao Miao, Shi Changhui,

Zhang Wenxia and Zhao Yandong / 189

Abstract: Based on a telephone survey covering 12 areas in China in 2016, this paper described the respondents' knowledge and attitudes towards the genetically modified organism (GMO). The results show that most respondents had never heard of or knew little about GMO. However, among certain groups, GMO had already been stigmatized. The public's general attitude towards GMO was negative, and the percentage of respondents opposing GMO which reached the peak recently had been higher during the last ten years. Further analysis found that wrong knowledge, distrust in the administration and unbalanced perception of risks-benefits all contributed to the public's low acceptance of GMO. At the end of the paper, potential policy recommendations to improve the image of GMO were discussed.

Keywords: Public Attitudes; Genetically Modified Organism; Risks-benefits; Acceptance

Abstract：This paper uses data from the Social Values Research of Chinese Younger Generation and the Core Values of Chinese Socialism Studies to analyze the social values and daily behaviors among young employees. The project has been supported by special funds of the central government. This paper answers the following questions：（1）What is the overall condition and working situation of the young people in businesses and industries；（2）What are the characteristics of their daily behaviors and social values；（3）What are the divergence and convergence regarding their social belief and values among the young employees；（4）What factors affect the young employees in their social value formation and development, and how their social values change over the period of adaption and resistance. And the author provides academic questions and policy recommendations based on the empirical research.

　　Keywords：Young Employees；Social Values；Inter-generation

Ⅳ　Reports on Special Subjects

Abstract：A significant change in the online public opinion field of China in 2016 is that the government's control over the Internet has been further intensified, leading to a sharp reduction in negative comments towards government policy and public governance. The rise of Pinko group shows a strong patriotic enthusiasm and the defense of the political system. On the other hand, the rampage of Internet Celebrity based on online live show platform shows that the new generation of Internet users' interest in politics subsides and shifts into a self-expression and entertainment mentality.

Keywords: Public Opinion Circle; Question and Answer Community; App Algorithm; Pinko; Internet Celebrity; Dissident

B. 15　The Report on the Rural Land Reform in China, 2016

Gao Qiang / 248

Abstract: With the advancement of industrialization and urbanization, large amount of peasants migrate to urban areas. When some peasants relocate to metropolitan areas and find employment opportunities in secondary or tertiary industry, their land in villages is transferred to others. Therefore, the traditional mode of agrarian operation has changed dramatically. However, the lack of rural land restoration mechanism is negatively affecting both the process of urbanization of migrant peasants and the effective utilization of rural land resource, which hinders the modernization of the agricultural industry. From the current experience, many provinces have launched innovative pilot program and made significant progress. With the advancement of urbanization and migration of peasant workers, it is necessary to restructure a unified social security system for both urban and rural residents. And the establishment of rural land restoration mechanism should also be experimented with great caution. Therefore, regarding the rural land restoration mechanism for migrant peasants, most pilot programs should be exploratory and proceed cautiously.

Keywords: Peasant Worker; Reform in Rural Area; Restoration of Rural Land; Property Rights

B. 16　Analysis on Food and Drug Safety and Future

Trend in China, 2016　　　　　*Luo Jie, Zhang Hao* / 262

Abstract: Food and drug safety is important for keeping healthy and maintaining good quality of life. Both the Party and government give high priority

on food and drug safety, which becomes a national level policy agenda. The year of 2016 is the beginning year of the 13th Five-Year Plan, which is also the decisive stage for the establishment of a moderately prosperous society in all respects. In 2016, the Food Safety Law of the People's Republic of China has been implemented for one year. The legal framework has been improved, the qualification rate of food sampling examination has been increased, and the criminal cases against violation of the Food Safety Law have been reduced. The medicine and medical device review and approval process has been accelerated, the consistency evaluation of generic drugs has been fully promoted, and government incentive toward medicine innovation has been fully launched. However, on the other hand, there still exist many problems regarding food and drug safety, people are far from satisfied with the food and drug safety and administration, and the task of insuring food and drug safety still has a long way to go.

Keywords: Food and Drug Safety; Food Sampling Examination; Medicine Innovation

B. 17　Environmental Protection in China: Current Situation and New Agenda, 2016

Jia Feng, Yang Ke, Zhang Huicong, Tian Shuo, Huang Jingyi,

Zhang Zijiao and Zhou Liantong / 276

Abstract: Since the Twelfth Five-Year Plan, under the leadership of the CPC Central Committee and the State Council, the environmental regulation has been strengthened and the environmental protection has made significant progress. However, the situation of environmental regulation system is still inconsistent with the current state of social and economic development. The ecological environment deterioration has not been reversed. Since the 18th National Congress of the Communist Party of China, the CPC Central Committee and the State Council have placed the promotion of ecological progress and environmental protection on a more strategic position with a series of policy deployment. The Thirteenth Five

Year Plan is the decisive stage for the establishment of a moderately prosperous society in all respects, which also provides opportunity, time windows and challenges for the overall improvement of environmental quality. The Thirteenth Five Year Plan has proposed the philosophy of innovative development, coordinated development, green development, open development, and development shared by all. The environmental protection of China will follow the ideology of green development, deepen policy reform in all aspects, strengthen the law enforcement and construct a balanced environmental regulatory structure among government, business, and society. The ideology and practice of green development will also bring global environmental protection to a new stage.

Keywords: Environmental Protection; Environmental Problem; Environmental Regulation

B. 18　2016 Report on the Situation of Public Security in China

Zhou Yandong, Gong Zhigang / 295

Abstract: With the constant improvement and innovation of the Tridimensional Prevention and Control System of Public Security, the overall situation of public security tends to be smooth and orderly. In 2016, the domestic terrorism has been effectively curbed; however, the international cases of terrorist crime take place frequently, which indicates higher risk of terrorism. In our society, the personal safety of the general public has been improved, whereas the property safety is facing a significant challenge. Along with the structural optimization and power conversion at the new era, the number of dispute mediation cases is gradually increased, and the dispute resolution mechanism has played an important role in reducing the public security cases. Illegal fund-raising crime, special types of community safety and logistic delivery safety are becoming the three "new dilemmas" of the prevention and control of public security. The authors suggest that it is important to promote a healthy and orderly operation of public security in the aspects of propelling the construction of network information

prevention and control system, enhancing the capability of community safety and building a safety regulation system of the logistic delivery.

Keywords: Situation of Public Security; Prevention and Control System; Social Order

B. 19   China's Employees Condition during the Supply-side
Structural Reform in 2016   *Qiao Jian* / 313

Abstract: In 2016, under the background of the supply-side structural reform and the downward pressure of China's economic growth, the employment situation has been stabilized. At the same time, the structural contradiction has become more significant, and the progress of wage increase has been more cautious. The State Council has promulgated policy prohibiting the delay of salary payment. The policy regarding lowering social insurance premium rates and the deferment of retirement will be promulgated soon. The situation of occupational safety maintains at a stable stage. Law of the Peoples Republic of China on Prevention and Control of Occupational Diseases removes the barriers in the process of the prevention of occupational diseases. On the other hand, the amount of labor disputes keeps increasing, while the amount of collective actions relating to labor dispute has been decreasing slightly. The reform of Labor Union has made new progress: all levels of unions have relocated their functions; the organizational framework has be optimized, the management team has been diversified; both the appointment system and the part-time members have been implemented; the working arrangement has re-oriented towards employee-centered structure; new areas of labor union have been explored with better networking structure and socialization mode. The paper also carries out analysis on the labor policy in the areas of deregulation and the improvement of labor market flexibility under the background of the supply-side structural reform.

Keywords: Supply-side Structural Reform; Reducing Cost; Reform of Labor Union; Labor Market Flexibility

Abstract: 2015 is an important historical year for women's development and gender equality of China. Twenty years ago, the UN's Fourth World Conference on Women was held in Beijing and equality between men and women had been established as a basic state policy for promoting progress in the country and in society since then. It is obvious to all that, with rapid economic and social development, great progress has been achieved in the promotion of gender equality and women's development in China over the past two decades. At the same time, China is highly aware that, as a developing country with the world's largest population, and restricted by its limited level of economic and social development, it will continue to be confronted with new situations and problems in its efforts to promote women's development. There is still a long way to go to achieve gender equality in China, and many tasks remain to be tackled. The report profiles Chinese women's status from health, education, economic, social participation, marriage and family, and laws and regulations.

Keywords: Women's Development; Gender Equality

V   Appendix

权威报告·热点资讯·特色资源

皮书数据库
ANNUAL REPORT(YEARBOOK)
DATABASE

当代中国与世界发展高端智库平台

所获荣誉

● 2016年，入选"国家'十三五'电子出版物出版规划骨干工程"

● 2015年，荣获"搜索中国正能量 点赞2015""创新中国科技创新奖"

● 2013年，荣获"中国出版政府奖·网络出版物奖"提名奖

● 连续多年荣获中国数字出版博览会"数字出版·优秀品牌"奖

成为会员

通过网址www.pishu.com.cn或使用手机扫描二维码进入皮书数据库网站，进行手机号码验证或邮箱验证即可成为皮书数据库会员（建议通过手机号码快速验证注册）。

会员福利

● 使用手机号码首次注册会员可直接获得100元体验金，不需充值即可购买和查看数据库内容（仅限使用手机号码快速注册）。

● 已注册用户购书后可免费获赠100元皮书数据库充值卡。刮开充值卡涂层获取充值密码，登录并进入"会员中心"—"在线充值"—"充值卡充值"，充值成功后即可购买和查看数据库内容。

社会科学文献出版社 皮书系列
SOCIAL SCIENCES ACADEMIC PRESS (CHINA)

卡号：639313168544
密码：

数据库服务热线：400-008-6695
数据库服务QQ：2475522410
数据库服务邮箱：database@ssap.cn
图书销售热线：010-59367070/7028
图书服务QQ：1265056568
图书服务邮箱：duzhe@ssap.cn

S子库介绍
ub-Database Introduction

中国经济发展数据库

涵盖宏观经济、农业经济、工业经济、产业经济、财政金融、交通旅游、商业贸易、劳动经济、企业经济、房地产经济、城市经济、区域经济等领域，为用户实时了解经济运行态势、把握经济发展规律、洞察经济形势、做出经济决策提供参考和依据。

中国社会发展数据库

全面整合国内外有关中国社会发展的统计数据、深度分析报告、专家解读和热点资讯构建而成的专业学术数据库。涉及宗教、社会、人口、政治、外交、法律、文化、教育、体育、文学艺术、医药卫生、资源环境等多个领域。

中国行业发展数据库

以中国国民经济行业分类为依据，跟踪分析国民经济各行业市场运行状况和政策导向，提供行业发展最前沿的资讯，为用户投资、从业及各种经济决策提供理论基础和实践指导。内容涵盖农业，能源与矿产业，交通运输业，制造业，金融业，房地产业，租赁和商务服务业，科学研究，环境和公共设施管理，居民服务业，教育，卫生和社会保障，文化、体育和娱乐业等100余个行业。

中国区域发展数据库

对特定区域内的经济、社会、文化、法治、资源环境等领域的现状与发展情况进行分析和预测。涵盖中部、西部、东北、西北等地区，长三角、珠三角、黄三角、京津冀、环渤海、合肥经济圈、长株潭城市群、关中—天水经济区、海峡经济区等区域经济体和城市圈，北京、上海、浙江、河南、陕西等34个省份及中国台湾地区。

中国文化传媒数据库

包括文化事业、文化产业、宗教、群众文化、图书馆事业、博物馆事业、档案事业、语言文字、文学、历史地理、新闻传播、广播电视、出版事业、艺术、电影、娱乐等多个子库。

世界经济与国际关系数据库

以皮书系列中涉及世界经济与国际关系的研究成果为基础，全面整合国内外有关世界经济与国际关系的统计数据、深度分析报告、专家解读和热点资讯构建而成的专业学术数据库。包括世界经济、国际政治、世界文化与科技、全球性问题、国际组织与国际法、区域研究等多个子库。

法 律 声 明